LES TRÉSORS

DU

PEUPLE SOUVERAIN

OU

LA PATRIE ET L'AGRICULTURE

Lettres à l'académie des Sciences morales et politiques

PAR

Georges CRIST de Lafoux

DIEU, PATRIE, LIBERTÉ
Fais bien et laisse dire.

CANNES
IMPRIMERIE CANNOISE, F. VERNE, DIRECTEUR
4 — Rue Bossu — 4
1895

Georges CRIST de Lafoux

POLITIQUE

LES

TRÉSORS DU PEUPLE SOUVERAIN

ou

LA PATRIE ET L'AGRICULTURE

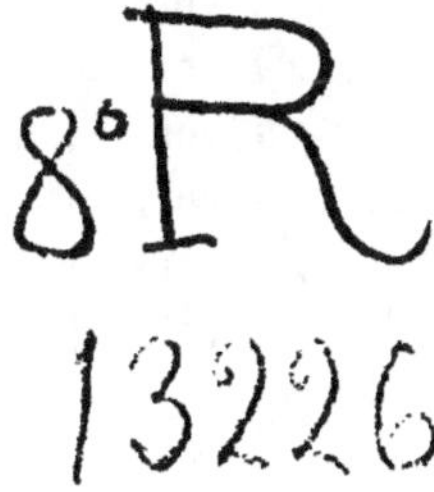

OUVRAGES DU MÊME AUTEUR

PARUS OU A PARAITRE. *Ceux-ci sont marqués d'un astérisque.*

——— ———

A Paris, dans l'Est et en Orient. Siège de Sébastopol, bataille de Traktir, prise de la tour Malakoff .... 2 vol.

Lettres sur Rome. Aventures de Boutichon, guerre d'Italie, batailles de Castelfidardo et de Mentana, chute du pouvoir temporel.. 2 vol.

Récits sur la Guerre du Mexique. Siège de Puebla, occupation de Mexico, conquête de la Sonora, drame de Quérétaro................ 2 vol.

A Metz. Histoire du lieutenant Citi, batailles, investissement, capitulation, captivité de l'armée française .... 2 vol.

Cent sonnets .... 1 vol.

Rayons poétiques ou l'Amour et la Science .... 1 vol.

Les Folies du Cœur, poèmes .... 1 vol.

' **Souvenirs poétiques** .... 1 vol.

* **La Fée héroïque,** drame en 5 actes : *La Chaufferette,* proverbe dramatique en vers ; *A quelque chose malheur est bon,* proverbe dramatique en vers .... 1 vol.

La Fée aux longs cheveux blonds, les Soirées de Cannes, Fil-de-Fer, Philosophie rationnelle .... 1 vol.

Le Temple universel et la Société des Justes .... 1 vol.

Une Année à Cannes .... 1 vol.

La Patrie et l'Agriculture .... 1 vol.

* **Le Monument ou la Religion de tout le monde** .... 1 vol.

* **Correspondance** .... 2 vol.

* **Aphorismes** .... 1 vol.

* **Le Fouet indépendant,** journal .... 1 vol.

* **Confidences du capitaine Exact** .... 1 vol.

* **Inventions** .... 1 vol.

* **Reconstruction des Tuileries** .... 1 vol.

* **Géographie** .... 1 vol.

LES TRÉSORS

DU

PEUPLE SOUVERAIN

OU

LA PATRIE ET L'AGRICULTURE

Lettres à l'académie des Sciences morales et politiques

PAR

Georges CRIST de Lafoux

DIEU, PATRIE, LIBERTÉ
Fais bien et laisse dire.

CANNES

IMPRIMERIE CANNOISE, F. VERNE, DIRECTEUR

4 — Rue Bossu — 4

1895

Cannes (A. M.), le 15 août 1895.

A Mademoiselle JULIETTE de JOINVILLE, auteur des *Vibrations* et *d'A travers le Cœur*, ouvrages de prose et de poésie couronnés, en son château de Mirougrain (Eure-et-Loir).

Georges CRIST de Lafoux.

—◦◦◦◦—

DÉDICACE

—

Chère Mademoiselle,

Etant femme d'esprit et de cœur, femme de lettres et femme poète ; ayant été placée et élevée aux Loges, couvent national de la Légion-d'Honneur, par les soins directs d'une reine, auguste autant que malheureuse, qui repose dans la nécropole de Dreux, tout près de votre domaine ; comblée de tous les dons de la nature, c'est-à-dire douée de la beauté physique et morale ; aimant tous les arts et les cultivant avec succès ; parlant ou connaissant presque toutes les langues, y compris celles de la musique, de la sténographie et de l'abbé de l'Epée ; enfin descendant du sire de Joinville qui fut l'ami et l'historien du roi saint Louis, je suis, avec raison, très heureux et très fier de l'estime et de l'amitié dont vous continuez à m'honorer, et que tous mes efforts, croyez-le bien, tendront à justifier, à mériter, à conserver.

Dans ces conditions que puis-je mieux faire que d'admirer votre personne, vos talents, vos œuvres divines, et vous exprimer, en toute circonstance, ma profonde gratitude pour vos bons procédés envers moi ? Aussi suis-je amené à considérer comme un devoir de vous dédier ce nouvel ouvrage que je public sous les auspices de l'académie des Sciences morales et politiques, et qui traite de la Patrie, que vous aimez et que vous chantez si bien, et de l'Agriculture, qui vous est aussi familière que la poésie, et qu'à l'imitation du grand Sully et de tant d'autres, vous placez en tête de tous les arts.

Puisse ce nouveau témoignage de respect, de sympathie, de tendresse que je me permets de vous adresser en même temps que mes vœux sincères pour votre santé et votre bonheur à l'occasion de votre fête, vous être agréable ou utile, et vous prouver que si l'horrible fatalité prend plaisir quelquefois à séparer les âmes sympathiques et vertueuses, la douce amitié, fruit de la civilisation, sait les unir, malgré l'absence et en dépit de tout, par le souvenir, la reconnaissance et la fidélité.

Que votre grand nom et votre grand cœur, chère Mademoiselle, me soient toujours propices et favorisent ce nouvel effort de ma pensée, le dernier peut-être, en vue de rendre la France forte, l'Europe libre et les peuples heureux. C'est mon désir le plus vif après celui de vous savoir heureuse.

En attendant, chère Mademoiselle, veuillez croire à l'affection, au dévouement respectueux de celui que vous nommiez autrefois, en plaisantant, votre Camarade ou, en abrégeant gracieusement et poétiquement ce nom, votre Mara, et qui, voyant en vous une magnifique exception, vous décerne avec empressement, avec joie toutes les pommes, toutes les couronnes, toutes les palmes et tous les bouquets, en joignant à ces récompenses honorifiques, que d'autres plus autorisés vous ont déjà décernées, les titres glorieux de déesse de la Civilisation, d'idole de la Patrie, de prêtresse de l'Humanité, que vous méritez si bien. Quant à votre Mara, il restera, comme avant, dans le présent et l'avenir, dans ce monde et dans l'autre, urbi et orbi, votre admirateur respectueux autant que passionné. Son encens le plus pur sera toujours pour vous, pour la France et pour ses gloires. Il n'aperçoit au-dessus de ces trésors précieux, que le Ciel ou l'Air infini, tout puissant, éternel, qui est son Dieu et qu'il adore, parce qu'il est beau comme la vertu, créateur comme le génie, lumineux comme la vérité, enfin libre, léger, rapide comme la pensée dont il est sans doute le père, et qu'il inspire, chaque jour, dans le sens du progrès, de la civilisation, de la liberté.

Votre très humble serviteur, admirateur et ami,

GEORGES CRIST DE LAFOUX.

capitaine, chevalier de la Légion d'honneur
et de plusieurs ordres étrangers,
membre correspondant de la Société de Géographie
de Marseille.

Cannes, villa Lily de Lafoux.

Cannes (A. M.), le 14 juillet 1895.

A Messieurs les Membres de l'académie des Sciences
morales et politiques, à Paris.
GEORGES CRIST DE LAFOUX.

LETTRE

Monsieur Jules Simon, directeur,

SONNET

Maître, un sentiment de frayeur
Me trouble, en livrant cet ouvrage :
C'est qu'étant l'œuvre d'un .... sauvage
Mes écrits ne fassent horreur.

Et cependant, plein de courage,
De zèle, de force, d'ardeur,
Que me faut-il ? La France sage,
Son peuple heureux, son Dieu sauveur.

Là point de coupable délire ;
C'est l'humanité qui m'inspire :
Le bonheur de tous est le mien ;

Mais vivant tout seul en ermite,
Je fuis la foule qui s'agite,
De là mon malheur et... le sien !...

Toutefois, persuadé que ni l'indulgence ni l'équité ne lui feront défaut, qu'on invoquera même, au besoin, à son profit le bénéfice des circonstances atténuantes, le soussigné vous prie humblement, monsieur le Directeur, de recevoir, avec votre bonté habituelle, d'abord les vœux qu'il forme pour votre santé et votre bonheur à l'occasion de la Fête Nationale, ensuite l'expression de ses sentiments d'estime, de respect, d'admiration pour votre nom illustre, vos immortels travaux et votre immense gloire, enfin le présent ouvrage sur la Patrie et l'Agriculture qu'il a l'honneur d'adresser à l'académie des Sciences morales et politiques, et qui n'a d'autre but que de rendre la France riche et son peuple heureux.

Si cette faveur lui est accordée, il sera rassuré, consolé, récompensé.

En attendant, que Dieu protège notre pays et rende la civilisation triomphante.

Recevez encore, Maître vénéré, avec l'hommage de son profond respect, les salutations les plus sincères, les plus affectueuses, les plus empressées de

Votre très humble serviteur et admirateur,

GEORGES CRIST DE LAFOUX,

capitaine, chevalier de la Légion d'honneur
et de plusieur ordres étrangers,
membre correspondant de la Société de Géographie
de Marseille.

Cannes, villa Lily de Lafoux.

LES
TRÉSORS DU PEUPLE SOUVERAIN

OU

LA PATRIE ET L'AGRICULTURE

LETTRES A L'ACADÉMIE DES SCIENCES MORALES ET POLITIQUES

PREMIÈRE PARTIE

LA PATRIE

LETTRE I

Nous avons dit un mot des droits et des devoirs du peuple : il nous reste à parler de ses trésors.

Les principaux trésors du Peuple souverain sont ou doivent être l'INDÉPENDANCE, la PATRIE et l'AGRICULTURE. Il peut y en avoir de plus brillants, de plus séduisants, de plus commodes, il n'en est point de plus doux, de plus avantageux, de plus indispensables. Mais il faut qu'à l'imitation de presque tous les trésors ceux dont nous parlons soient enfermés, enchâssés, sertis dans ces écrins protecteurs que l'on nomme l'ordre, la famille, la propriété, les lois, les devoirs, les frontières, la religion, la morale, etc. C'est de l'ensemble de ces barrières, de ces limites, de ces divisions, qui sont comme les fondements d'un édifice, que l'on voit s'élever et resplendir le magnifique labyrinthe de la civilisation contemporaine, inondé d'air, de lumière, de soleil, purgé de son Minotaure, de sa superstition, de ses erreurs, enfin peuplé de tous les chefs-d'œuvre, de toutes les merveilles, de tous les enfantements de la nature de la science et des arts. Le fil d'Ariane y est remplacé par la vapeur et l'électricité, qui filant en ligne droite, ne permettent pas de s'égarer.

Aujourd'hui nous nous occuperons particulièrement du Pays et de l'Agriculture.

L'un est le père, l'autre la mère. Nous en sommes les enfants. Le premier commande, administre, protège ; la seconde nourrit, fortifie, comble de bienfaits. Nous devons donc obéir à l'un et chérir l'autre de tout notre cœur.

Le président de la République, nommé pour sept ans par les députés et les sénateurs réunis en congrès, est le gardien de ces trésors ; l'Etat en est l'administrateur, le moteur ; il se compose de neuf ministères et comprend 90 départements, avec ceux de l'Algérie, et 36,000 communes.

La patrie n'étant qu'une famille agrandie doit être administrée comme une famille ordinaire. La règle doit être le travail et l'économie. Chacun doit travailler pour tous, et tous doivent aider, secourir, et nourrir chacun, lorsque c'est nécessaire ; celui qui ne sait, qui ne peut ou qui ne veut pas travailler a droit à la soupe et au pain. Diogène jouit de cet avantage et vécut jusqu'à l'âge de 91 ans. Nous devons croire que les peuples et les gouvernements ont fait quelque progrès depuis ce temps, dans le sens de la générosité, du désintéressement, de l'indulgence.

Un peuple est d'autant plus riche, plus libre et plus heureux qu'il s'acharne davantage au travail et qu'il est plus sobre. Il n'y a pas de prière qui soit plus agréable à Dieu que l'activité, pas d'hommage qui lui plaise davantage. Les Hollandais se battent contre les flots irrités de la mer, et en triomphent ; les Italiens contre les débordements du Pô et en triomphent également. Or il n'existe pas de peuples qui soient plus comblés de biens que ceux-là. Les Chinois sont également laborieux, actifs, patients, et, à part leur manie de vivre séparés du reste du monde, ce que leur grande Muraille atteste, il est certain qu'ils sont heureux. Après l'air que nous respirons, à notre insu, la nuit et le jour, dans le repos et dans le mouvement, le travail est ce qui est le plus indispensable à l'homme. « Le travail, dit une chanson, c'est la liberté. »

La patrie française, dont Voltaire a dit :

« A tous les cœurs biens nés que la patrie est chère ! »

se compose des territoires continental, insulaire et algérien, de la population, des monuments, des machines, des marchandises, des habitations, de l'argent monnayé, etc. Il faut y ajouter le domaine colonial qui est presque infini, la part d'air et de soleil que Dieu nous donne, et qui est plus ou moins grande selon la latitude des lieux, enfin les témoignages d'estime, d'amitié, de sympathie des peuples voisins ou éloignés lesquels sont une satisfaction, une protection et une force.

La France, étant sensiblement située à égale distance du pôle nord et de l'équateur, se trouve dans des conditions climatologiques excellentes, même avantageuses.

On y distingue cinq zones ou régions de culture représentées par le *cidre*, le *vin*, le *maïs*, l'*huile* et les *parfums* de lavande et d'oranger.

Le froment y mûrit partout ainsi que la pomme de terre et la betterave qui nous rappellent ces savants illustres, Parmentier, Chaptal et Achard, et qui ne permettent plus aux disettes de se produire.

La France compte 40 millions d'habitants en chiffres ronds en y comprenant ceux de l'Algérie (l'occupation de la Tunisie n'est qu'un protectorat). On y trouve 20 millions d'agriculteurs ; ses productions agricoles annuelles dépassent le chiffre de 15 milliards. Ses revenus s'élèvent à près de 3 milliards. Nous en reparlerons plus loin.

L'étendue de la France, du nord au sud, est de 250 lieues environ, et de l'est à l'ouest de 150 lieues, seulement. Sa superficie étant de 500 mille kilomètres carrés, la densité de sa population est de 80. C'est le nombre d'habitants par kilomètre carré.

Les habitants y sont doux, hospitaliers, travailleurs ; le gouvernement libre, les produits variés. Aussi ce pays privilégié n'a-t-il pas d'ennemis. Il ne compte que des admirateurs et... quelques rares envieux qu'il faut soumettre en les comblant de bienfaits.

Les frontières des Etats sont comme les murs extérieurs des maisons ; elles protègent contre les intempéries et contre les malfaiteurs. Elles ne devraient jamais changer, quand elles sont conformes à la raison, à l'équité, à la justice. L'étendue d'une patrie doit être au moins égale à celle que l'on peut franchir, en un jour, en chemin de fer, lorsque, partant d'un point central nommé capitale, on se dirige vers toutes les extrémités nommées frontières. Cela nous donne environ 200 lieues de rayon et 400 de diamètre.

Ce qu'il faut à un peuple, après l'amour du travail, de la famille et de la patrie, c'est d'abord une Divinité qu'il puisse, sinon toucher, du moins connaître, voir, et dont il reçoive chaque jour, à chaque instant, des bienfaits plus que des tourments, ce qui le portera à l'aimer, à l'adorer. Sous ce rapport la plus puissante, la plus visible, la plus infinie et la plus éternelle des divinités, c'est le Ciel ou l'Air immense dans lequel nagent tous les mondes et que les anciens appelaient *Cœlus* ou le plus ancien des Dieux. Priestley, savant anglais, nous en a fait connaître la composition. Des Français, après Galilée et Torricelli, sont parvenus à l'emprisonner et à le faire travailler encore mieux que dans les moulins à vent et les vaisseaux à voile ; on lui fait percer les tunnels, construire des ponts et des digues, enfin soulever des fardeaux énormes.

L'air à la campagne est plus doux, plus fortifiant que dans les villes ; en mer il est plus salutaire encore que dans les champs. On remédie à l'inconvénient des villes agglomérées par la construction de larges boulevards plantés d'arbres comme à Toulon et à Paris et par la création de jardins publics.

Il faut encore au peuple la santé, la frugalité, la paternité, la probité, la liberté ; il lui faut aussi la science, la patience, l'expérience et la sapience ; il lui faut enfin la douceur et la justice, le patriotisme et l'humanité.

On ne doit pas donner raison à ce mot de Danton : « qu'il vaut mieux être pêcheur que de gouverner les hommes. » Sans doute il est très honorable d'être pêcheur ; saint Pierre et Mazaniello le furent, nous le fûmes aussi un peu dans notre enfance ; mais il est plus glorieux de gouverner et de rendre les hommes bons par la bonté, justes par la justice, heureux par la félicité et l'abondance ; c'est ainsi que firent Saturne, Bacchus, Busiris, Osymandias, Sésostris, Salomon et mille autres dont le nom a traversé l'océan des âges et dont le souvenir est toujours vénéré.

La patrie représentée par le berceau, par le lit de l'hymen et par le tombeau des ancêtres, est ce qu'il y a de plus respectable au monde. Quand on s'y sera attaché et qu'elle deviendra aussi aimable que possible, on ne voudra plus s'en séparer. On préférera la mort à l'absence de cette chose sacrée. On pourra alors, et sans danger, abolir l'échafaud, les prisons et les casernes.

———

LETTRE II

La Patrie ! quoi de plus doux, de plus beau, de plus respectable que cette chose sainte et sacrée ! qui ne sent son cœur
s'attendrir, ses yeux se mouiller de larmes à ce nom vénéré,
qui dérive de *père*, et qui réveille tout à la fois dans notre esprit
et dans notre cœur des souvenirs de joie et de tristesse, de
gloire et de deuil, de triomphe et de décadence ! D'un autre
côté, quel pays au monde, quel coin de terre béni, fût-il même
situé à Bagdad ou en Syrie, au bord du Nil ou à celui de l'Euphrate
offre autant d'avantages, donne autant de douceurs, d'agréments,
de sécurité que la patrie française, que l'on n'a plus la force de
quitter dès qu'on l'a vue une fois, qui inspire tous les sacrifices
quand on y a vu le jour, et qui est en même temps le pays des
arts et des plaisirs, du bien-être et du travail, tant industriel
qu'intellectuel. Ce pays tant vanté, qui rappelle Corinthe, Babylone, Thèbes, Memphis, Constantinople n'est-il pas, comme
son nom l'indique, le sol de la vaillance et de la Liberté ? le ca-
ravansérail de tous les peuples ? le temple de toutes les gloires ?
le palais de tous les enchantements ? et en plus le bouclier de
tous ses voisins, le rempart de tous les peuples opprimés ? Que
la France s'agite, et aussitôt l'Europe tressaille ! C'est que la
première est libre et puissante, tandis que la seconde ne l'est
pas encore tout à fait.

Au temps présent, juste un siècle après la Révolution, les
esprits que l'on dit confondus par la fraternité, sont divisés par
les opinions, les passions, les ambitions ; tiraillés par les suggestions, les excitations, les provocations, et finalement en
ébullition, au degré de l'eau bouillante, absolument comme si

nous n'étions pas en République et en liberté ! D'où vient cela ?

Comment se fait-il donc que les diverses classes sociales, le capital et le travail, les patrons et les ouvriers, les bourgeois et les malheureux, qui devraient vivre en bonne intelligence puisque le peuple est souverain, qu'il est libre, qu'il fait les lois, sont sans cesse en lutte, se combattent entre elles avec acharnement ? Est-ce l'orgueil des uns ou l'impatience des autres qui cause ce malaise ? Sont-ce les riches qui ont tort ou les pauvres ? Nous n'hésitons pas un seul instant à dire que ce sont ces derniers : quand le chômage est périodique, les grèves intermittentes ; quand le désordre persiste et que le sang coule ; quand la liberté n'est plus qu'un vain nom et que les lois que l'on vote mécontentent parce qu'elles sont mauvaises, on peut avancer hardiment que les élections générales n'ont pas été libres, sincères, spontanées, que les électeurs ont agi contrairement à leur raison, à leur conscience, à leur devoir, et que des influences occultes, des pressions étrangères, obtenues à force d'argent, de cadeaux, de promesses, se sont produites.

Les bourgeois comptent pour peu de chose dans les élections, les patrons également ; ce qui compte ce sont les travailleurs, dont le nombre s'élève à dix millions ce qui est beaucoup. On peut donc dire que le peuple est souverain, qu'il fait les lois et que s'il est mal gouverné, c'est sa faute.

Puisque ces braves gens peuvent envoyer à la Chambre des hommes probes, républicains, désintéressés, pourquoi ne le font-ils pas ? Et s'ils y envoient des perturbateurs, des exaltés, des casse-cou, à qui la faute si le char de l'Etat verse dans l'ornière, ou s'il est cahoté fortement ? Nous avouons qu'on peut se tromper, que tout le monde même se trompe ; mais pourquoi vouloir mettre ces erreurs sur le compte des autres, en rendre responsables le gouvernement, la religion, les gens paisibles, les vieillards, les femmes, les enfants ? Si les électeurs se trompent en votant pour celui-ci plutôt que pour celui-là, le devoir, le patriotisme, l'humanité, tout leur fait un devoir, de prendre patience et d'attendre la fin de la législature afin d'envoyer au palais Bourbon de meilleurs éléments.

Ce qui est vrai c'est que nous jouissons d'un climat béni, que nous sommes comblés de biens, que nous possédons, on le dit du moins, le plus avantageux le plus paternel, le plus écono mique de tous les gouvernements, la République ; enfin que notre pays est à la tête de la civilisation, qu'il brille partout au premier rang, dans les arts, les lettres, les sciences et l'industrie. Alors pourquoi sommes-nous en lutte incessante, tous souffrants, tous malheureux, tous mécontents? Sont-ce les cinq milliards que nous avons payés aux Prussiens qui, pénétrant chez nous malgré la loi sur l'espionnage, nous désorientent ? ou bien l'audace et l'activité des anarchistes qui, corrompant, dés-agrégeant et détruisant tout nous inspirent les réprésailles? ou bien enfin l'intervention des Dieux, tant des anciens que des nouveaux, qui voyant leur culte abandonné, délaissé, soulèvent contre nous l'univers ?

Nous l'avons déjà dit dans nos ouvrages précédents ; la fièvre qui nous dévore tous est causée, moitié par l'abus des jouis sances qui nous sollicitent et nous charment, qui nous entraî-nent et nous corrompent, et moitié par le désir, la soif, l'ambition de posséder, soit un capital, soit la renommée, soit la puissance. Il est évident que tout le monde ne peut pas être président de la République, ni poète à la façon de Victor Hugo ou de François Coppée, ni riche comme M. de Rothschild ; c'est-à-dire que nous ne pouvons pas être égaux, semblables ; mais tout le monde croit à cette vérité chimérique, et l'on se bouscule à qui mieux mieux afin d'atteindre le but que l'on s'est proposé.

Le moyen d'atteindre ce but nous l'avons indiqué, c'est de nous fondre tous dans l'amour sublime de la patrie, et, au lieu

de travailler pour nous seuls, de nous tromper et de nous ruiner
ce qui nous oblige à des efforts de Sisyphe, de travailler pour
elle, pour tous, et de l'empêcher ainsi de se tromper et de se
ruiner elle-même, en un mot de l'empêcher de mourir. Nous ne
pensons pas qu'il existe de moyen plus efficace d'être heureux
que celui que nous proposons.

Nous aussi nous sommes indigné, mécontent, malheureux ;
et cependant nous sommes propriétaire et rentier. Nous travaillons de nos mains, comme le fait un menuisier, un mécanicien, pour nous occuper, pour nous distraire ; car nous sommes
endetté, hypothéqué, et soumis à la règle sévère d'un régime
maigre et aquatique qui délabre notre santé et abrège notre vie.
Mais nous aimons la République et nous respectons les Bouci-
cault, les Galliera, les Wallace, les Bischoffsheim, les Ruel, qui
font du bien aux pauvres, qui sont bienfaisants quoique riches
et qui ont ainsi droit à l'estime publique.

Toutefois nous figurons au contrôle des rentiers, des satisfaits,
des heureux. Ainsi nous avons perdu notre fortune en faisant
travailler des ouvriers et nous ne pouvons la reconquérir que
par les privations et les sacrifices. C'est ce que nous faisons.

On sait qu'une maison à laquelle on fait une mauvaise réputation, qu'elle soit ou non hantée par les démons, reste sans
locataires, et dès lors s'enlize peu à peu dans les dettes, les hypothèques et les intérêts ; elle finit par disparaître tout à fait
comme les infortunés qui traversent la grève de Mont-Saint-
Michel à marée basse, afin d'abréger le chemin, et qui y trouvent la mort. Cela n'a pas lieu quand on possède une terre ; on
peut toujours y récolter de quoi vivre, de quoi manger, et aussi
de quoi solder les impositions quand on la fait valoir soi-même.
Notre aïeul paternel a élevé douze enfants de cette manière là.
C'est que la maison n'est qu'un amas de pierres, de bois mort
et d'étoffes délicates, où le grain ne germe pas, mais où les mites

vivent plantureusement, tandis que la terre est un sol fertile
qui nourrit, qui enrichit même celui qui sait le travailler et qui
se résigne à ce labeur. Le malheur a voulu que nous eussions
des pierres et non de la terre ; quand nous disons le malheur,
c'est une façon de nous exprimer qui n'est vraie qu'à demi. On
nous laissait le choix entre les terres et les maisons ; nous pouvions, sinon choisir, du moins tenter les chances d'un tirage au
sort que l'on nous proposait. Or, par bonté d'âme, nous laissâmes
choisir les autres ; nous eûmes donc les pierres qui étaient en
mauvais état et qui demandaient une prompte réparation. Nous
fîmes exécuter cette réparation avec soin, trop de soin peut-être,
et de là naquit notre ruine.

Le serpent de l'Écriture sortit, non du mur qui avait été renversé, mais au contraire de celui qui avait été relevé, embelli,
consolidé dans l'intérêt de tous.

Quoique notre alimentation et notre entretien ne nous
coûtent que 0 fr. 35 c. par jour, soit 10 fr. 50 par mois,
nous patientons, nous n'accusons personne de notre ruine, et
nous n'avons aucune pensée de haine ou de vengeance. On
devrait bien nous imiter.

Nous avons habité tout seul, pendant quatre mois, à Rome,
une maison commode et bien située qui était vide depuis dix
ans parce qu'on disait partout qu'elle contenait des démons.
Nous y avons entendu, en effet, de grands bruits la nuit, mais
nous n'y avons jamais vu personne. Les démons n'existent que
dans l'imagination des hommes crédules.

Notre mécontentement à nous s'exprime par le contraire de la
colère ; nous opposons à l'injustice ou à l'erreur la patience, la résignation, la philosophie, et nous ne cessons ni d'être Français ni
d'être libre, ni d'être heureux. Il nous faut si peu pour vivre :
un peu de pain, un peu d'herbe, un peu d'huile et un peu d'eau,
c'est tout. Les jours de gala, de solennité, de débauche, nous

ajoutons à tout cela un peu de lait. Dire que nous sommes gras,
serait se risquer, mais nous ne sommes ni languissant, ni lym-
phatique, ni paresseux. Nous jouissons au contraire d'une
excellente santé, et nous travaillons dans notre maison autant
que les ouvriers les plus robustes dans les professions les plus
pénibles. Nous nous couchons de bonne heure, mais nous nous
levons de bonne heure aussi ; cela fait compensation.

Aussi ce que nous avons vu naguère de la part des impatients,
des intransigeants, des impitoyables, nous a plongé d'abord
dans la stupéfaction. ensuite dans le désespoir le plus profond.

C'est que les crimes que l'on a commis. presque sous nos
yeux, ont dépassé tout ce que l'imagination la plus hardie, la
plus féconde, aurait pu rêver ; c'est-à-dire que le rêve insensé
de Caligula, qui souhaitait que le peuple romain n'eût qu'une
seule tête afin de la trancher d'un seul coup, a été sur le point
d'être réalisé dans notre malheureux pays. Des exaltés, des
fanatiques, des mécontents, ayant commis des erreurs et
ne voulant pas les réparer, ont considéré la Patrie, chose
apparente, tangible, réelle. comme un bien leur appartenant. comme une propriété légitime, et. mettant à profit les
récentes découvertes de la science, ont tenté de faire sauter en
l'air, par le moyen de la dynamite, de la poudre verte et des
bombes à renversement, non seulement quelques-uns de leurs
ennemis, mais l'Etat tout entier. la religion tout entière,
le peuple souverain en bloc, ce que Marino Faliero, doge de Venise, essaya de faire au XIIIe siècle. et ce que les Anglais tentè-
rent à leur tour, à Londres, au XVIIe siècle, par la conspiration
des poudres qui fut découverte. On a vu par les engins
meurtriers de Henri et de Vaillant et par d'autres que nous pas-
sons sous silence que l'effort du socialisme absolu, intolérant.
cruel, plus absolu que les Caligula, les Dracon et tous les tyrans de
l'antiquité, s'attaquait non plus à l'individu, au particulier revêtu

des insignes du pouvoir, comme on le faisait jadis, mais bien à la nation tout entière, au gouvernement tout entier, qui est celui de tout le monde, enfin à la société, aux lettres, aux sciences, aux beaux-arts, en un mot à la civilisation qui est également à tous. C'est là selon nous un indice des plus graves, dont on doit s'occuper sans retard, qu'il faut empêcher de germer, de prendre racine sous peine de retomber dans les excès de la barbarie, de la jacquerie, de la confusion, sous peine de rétrograder, de mourir !...

Depuis, M. Carnot, président de la République, est tombé sous les coups des assassins. Il faut donc agir. Il y a urgence.

LETTRE III

L'amour de la Patrie est tout entier dans le dévouement, l'abnégation, le sacrifice de Léonidas arrêtant, pendant quelque temps, aux Thermopyles. avec trois cents soldats déterminés les millions de guerriers que commandait Xerxès et les faisant rétrograder, mais trouvant ensuite sur ce point une mort glorieuse et prévue. On le voit encore dans l'héroïsme des Suisses. conduits par Guillaume Tell et triomphant seuls des armées autrichiennes. Le serment de Grütli, en 1307, fut le commencement de ce triomphe, de cette gloire ; les combats de Laufen (1339) de Sempach (1386), de Morgarten (1315) en furent la fin.

Aujourd'hui la Suisse est libre ; elle fut protégée par l'Allemagne et par la France ; elle s'agrandira un jour en se fondant dans ces deux grands peuples qui l'avoisinent et qui l'aiment. Nous faisons des vœux pour qu'il en soit ainsi.

Le patriotisme a rendu la Grèce et la Suisse célèbres dans l'univers entier. Petits par l'étendue du territoire, ces pays glorieux sont devenus grands, même les plus grands, par les sciences, la philosophie, les beaux-arts. Nous n'en finirions pas si nous voulions citer le nom de tous les grands hommes qui ont illustré ces nobles patries. Les Homère, les Orphée, les Pindare, les Ictinus, les Apelle, les Périclès, les Alexandre, les Sapho, ne sont ni plus ni moins célèbres que les J.-J. Rousseau, les Rachel, les Schwartz, les Bernouilli, les Bitzius. les Sismondi, les Thalberg, les de Staël, les Dufour, les Herzog, les Rustow, les Guillaume Tell, les Gessner, les Lavater, les Saussure, les Lefort, les Arnold. Les uns et les autres sont des foyers lumineux, des phares éblouissants qui éclairent et guident les nations dans le sentier glorieux de la civilisation et de la liberté.

Cette vertu du patriotisme se révèle surtout dans le noble caractère de Cornélie, fille de Scipion l'Africain et mère des Gracques, qui montrait ses douze enfants quand on lui demandait à voir ses bijoux, et qui, ayant élevé ces enfants dans l'amour de la patrie, de la République. de la gloire, disait mélancoliquement à ceux qui lui restaient encore et qu'elle avait auprès d'elle : « On m'appelle toujours la fille de Scipion ; quand donc m'appellera-t-on la mère des Gracques ? » Rien n'est plus noble, plus touchant, plus édifiant que ces paroles sublimes. Elles sont aussi fières que sages. Venant d'une illustre romaine qui était simple dans ses goûts, mais noble dans ses aspirations, elles excitent l'admiration, l'enthousiasme. On comprend que rien n'est plus propre à former l'esprit et le cœur de la jeunesse que l'expression de ces nobles sentiments. Enfin on voit la vertu du patriotisme éclater dans toute sa force avec l'héroïsme de Jeanne Darc dont nous nous occuperons bientôt.

Comment se fait-il que les hommes illustres qui s'éteignent à Paris ou aux confins de la France, inspirent des regrets, font verser des larmes, même à ceux qui ne les connaissaient que de réputation, qui ne les avaient jamais vus, et dont les obsèques sont célébrées au loin ? Pourquoi la mort de Victor Hugo, de Renan, de Taine, de Louis Figuier, de Chevreul, de mille autres et en dernier lieu celle du maréchal Canrobert a-t-elle été universellement regrettée ? Pourquoi les services religieux célébrés à Cannes en l'honneur de celui ci et du comte de Pourtalès ont-ils réuni un si grand nombre de notabilités ? C'est que les grands hommes sont une propriété du peuple souverain ; que celui-ci s'imprègne de leurs œuvres, de leurs inventions, de leurs services, de leur gloire, comme il s'imprègne de l'air et des rayons du soleil et qu'il finit par s'en montrer fier. Or les honneurs qu'on leur rend le touchent, l'émeuvent, excitent son émulation, et si ces honneurs ne le rendent pas plus riche, ils le rendent positivement plus heureux. N'est-il pas vrai qu'on écoute avec recueillement, avec émotion la parole sage, mesurée, divine de M. Jules Simon ? celle de M. François Coppée ? celle de Victorien Sardou et de tous les académiciens, de tous les membres de l'Institut ? C'est que le cœur de la Patrie palpite en eux plus qu'en nous et que les feux de leur génie nous enflamment, nous éblouissent, nous transportent. Ils sont notre religion.

On respecte aussi les gloires étrangères ; mais elles inspirent moins de sympathie. On se borne à les admirer de loin.

Enfin cet amour de la Patrie qui avait commencé, en France, avec la vierge de Vaucouleurs, préluda à la Révolution française et la rendit triomphante.

Quel est donc cet amour puissant, terrible, capable d'accomplir de tels miracles ? Quel en est le foyer ? le stimulant ? le génie ? L'amour de la Patrie est celui de la famille développé jusqu'aux limites des frontières naturelles ; c'est le cœur du citoyen se sentant ému à la vue de ses frères, de ses amis qu'il aime ; c'est le noble sentiment qui pousse l'homme à faire des sacrifices en vue du bonheur de ses semblables, enfin c'est un cœur humain puissant multiplié par quarante millions de cœurs également puissants et accomplissant des prodiges en tous lieux.

Les Prussiens affirment que la patrie allemande comprend tous les pays où l'on parle allemand. C'est cette théorie injuste qui nous a fait perdre l'Alsace-Lorraine. Nous, Français, nous entendons par patrie le pays que l'on nommait Gaule autrefois, et qui avait pour limites, à l'est, le cours du Rhin majestueux, depuis sa source jusqu'à son embouchure; c'est ce que nous avons possédé et ce qui est réellement français. Hélas! nous ne sommes pas près de la posséder en entier. Pour les Anglais la patrie est partout où ils peuvent planter leur drapeau. Pour les Turcs la patrie est au ciel. Pour Voltaire elle était partout où l'on se trouvait bien.

On meurt pour la patrie comme on meurt pour une femme aimée ! On vit aussi pour elle dans l'espoir de voir le peuple plus libre, plus heureux, plus puissant. Les grands ministres, les hommes d'Etat célèbres, tels que Sully, Richelieu, Louvois, Colbert, Louis XIV, Napoléon, ne pensaient pas à eux en s'occupant des affaires de leur pays ; ils s'occupaient surtout de la masse des citoyens et ils consacraient à cette mission sainte tout leur temps, toutes leurs forces, tout leur génie. De là l'admiration et le respect qu'ils inspirent.

Dans l'antiquité on vit de beaux traits de patriotisme. Ceux que nous relatons ci-après et que nous trouvons dans des livres de morale nous semblent les plus remarquables, les plus touchants.

« Epaminondas, général thébain, ayant reçu une blessure grave d'un Spartiate au combat de Mantinée, et les chirurgiens ayant déclaré que dès qu'on aurait retiré le fer de la plaie, le blessé expirerait, tous les amis de celui-ci et tous les assistants se montrèrent consternés. Lui ne s'émut pas de cette affreuse nouvelle ; il demanda ses armes, et ayant su que les Thébains avaient été victorieux : « J'ai assez vécu, dit-il, puisque je meurs sans « avoir été vaincu ; ne regardez pas ce jour comme la fin de ma « vie, mais plutôt comme le commencement de mon bonheur, « et le comble de ma gloire. Je laisse deux filles immortelles, « Leuctres et Mantinée ; Thèbes, ma patrie, est triomphante. « Sparte humiliée, la Grèce libre, je n'ai plus rien à souhaiter. »

Ayant prononcé ces mots, le héros thébain retira le fer de sa plaie et peu après rendit le dernier soupir.

L'exemple de Léonidas mourant aux Thermopyles avec ses 300 héros afin d'arrêter, ou au moins, de retarder l'invasion de Xerxès, l'ennemi de sa patrie, et dont nous avons déjà parlé, est également un trait touchant, sublime dont on est ému.

Voici un autre fait mais plus récent, et qui nous touche de plus près ; nous l'empruntons à la *Morale en action*.

« Après la bataille de Rosbach gagnée par le roi de Prusse Frédéric II sur les impériaux et les troupes françaises sous les ordres du maréchal de Soubise (1757), un général prussien, parcourant les lignes, s'aperçut que l'on continuait à se battre sur un point peu éloigné ; il s'en approche et voit avec étonnement un grenadier français aux prises avec six hussards noirs Abrité derrière une pièce de canon, le Français criait, en combattant comme un héros, qu'il préférait mourir plutôt que de se rendre. Le général ému, ordonne aux hussards de cesser le combat qui avait lieu à l'arme blanche et dit au grenadier : « Rends-toi ; tu es seul ; ta résistance est inutile. — Elle ne peut l'être. Je lais-serai ces gens-ci et je rejoindrai mon drapeau, ou bien je mourrai, et je n'aurai pas la honte d'être fait prisonnier.— Mais ton armée est en déroute.— Je ne le sais que trop. Ah ! si nous avions eu un général comme le roi de Prusse ou le prince Fer dinand, je fumerais à présent ma pipe dans l'arsenal de Berlin ! -- Je donne la liberté à ce Français, dit le général prussien ;

hussards suivez-moi ; et toi, brave grenadier, prends cette bourse et va rejoindre tes camarades. Si le roi mon maitre avait 50 mille soldats comme toi, l'Europe n'aurait que deux souverains, Frédéric II et Louis XV. — J'en ferai part à mon capitaine ; mais gardez votre argent ; en temps de guerre je ne mange de bon appétit que la soupe des ennemis ; vous, vous êtes digne d'être Français ! » Et le soldat s'en alla. N'est-ce pas admirable ?

On sait que le premier besoin de l'homme primitif fut le langage, le cri, la poésie, le second la faim, le troisième l'amour, le quatrième la sécurité, le cinquième et dernier la curiosité, l'observation, l'invention. Aujourd'hui que tout est soumis, dompté, il lui faut une patrie plus grande que celle d'autrefois.

Par le cri les hommes se reconnurent entre eux et se trouvèrent semblables, par la faim ils s'unirent et cultivèrent la terre, par l'amour ils créèrent la famille et construisirent des maisons, par le besoin de sécurité ils s'associèrent et se protégèrent réciproquement ; enfin par l'observation ils découvrirent que les hommes étaient tous faibles et inégaux, et que dès lors le plus capable ou le plus vertueux d'entre eux devait commander, régner, gouverner. On appelle cela le progrès humain.

Les familles, augmentant sans cesse, engendrèrent la cité, et celle-ci, multipliée à son tour par elle-même, donna naissance à la patrie, qui est le pays où l'on est né, le coin du ciel où l'on a vu le jour, le hameau où l'on a passé son enfance, enfin le pays où l'on parle la même langue, où l'on porte le même nom, où l'on pratique les mêmes mœurs et la même religion.

Le contraire de la patrie c'est la captivité de Babylone qui dura 70 ans et pendant laquelle le peuple Juif, ayant suspendu ses harpes mélodieuses aux saules pleureurs des bords de l'Euphrate, restèrent constamment silencieux, n'ayant au cœur qu'une profonde amertume, dans les yeux des larmes brûlantes et dans l'esprit le souvenir de la patrie absente, de Sion, de sa beauté, de sa gloire. C'est aussi la captivité de l'armée française, en 1870, qui dura un an, et celle des Alsaciens Lorrains qui dure toujours. C'est encore la forteresse ou prison d'Etat qui se dresse sur les rochers à pic de l'île Sainte Marguerite, prison dont nous apercevons les murs épais et nus de nos croisées et où depuis l'homme au Masque de fer qui était le frère de Louis XIV jusqu'au maréchal Bazaine tant de personnages remarquables et tant de chefs algériens et tunisiens ont été enfermés. C'est enfin Cayenne et Nouméa, la Bastille et les bûchers, le Golgotha et Sainte-Hélène!... En un mot, le contraire de la patrie, c'est l'exil, ou l'absence, la captivité ou le bannissement, la prison ou l'échafaud !...

Ce qui porte à aimer la patrie, ce sont les voyages, la lecture, les associations ; ce qui étouffe ce sentiment c'est le *at home*, c'est la vie d'ermite, c'est le temps du service militaire passé dans son pays natal. Nous ferons remarquer que les petits Etats inspirent l'égoïsme ou la cupidité, et qu'ils doivent dès lors se fondre dans les grands, dans l'intérêt de tout le monde.

On ne défend bien son drapeau que lorsqu'on aime bien sa patrie, et on aime, on chérit d'autant plus celle ci qu'on y jouit davantage des douceurs du bien être et de la liberté. L'amour du drapeau sans l'amour du pays, c'est le culte du crucifix sans la foi, c'est-à-dire une chose absurde. Ce n'est pas un morceau d'étamine plus ou moins nuancé qui nous porte à braver les dangers, à sacrifier notre vie ; c'est la patrie, la famille, le foyer dont cette étoffe est le symbole, l'image, la représentation.

Rendons la patrie aimable, juste, équitable pour tous ; que chacun s'y attache comme à sa propre famille, et pour cela prenons exemple sur le gouvernement des Etats-Unis qui vit dans l'abondance, les inventions, la liberté, n'ayant ni dette publique ni armée permanente, ni prisons ni casernes, ni forteresses, ni asiles d'aliénés, ni suicides, ni ennemis, et qui rivalise avec les nations européennes les plus civilisées et les plus avancées sous le rapport des lettres, des sciences et des beaux-arts. On n'a qu'à citer Franklin, Morse, Eddison, Fenimore Cooper, Beecher Stowe, Rhumford, Fulton, Maury, pour s'en convaincre. Washington fut le Saturne de ce pays enchanteur, et Lincoln le martyr. On les adore toujours.

Un propriétaire endetté est un homme à la mer; un Etat endetté est un géant qui se noie. Or la France est endettée.

Les impôts, les revenus d'un Etat, doivent servir, non à faire la guerre, mais à payer, à entretenir les services publics ; à acquérir des terres, des forêts, des œuvres d'art ; à faire des présents aux souverains étrangers, à restaurer les monuments, à entretenir les routes, à créer des ports, des chemins de fer, des tunnels, à aider les communes éprouvées par les calamités, à récompenser le mérite, en un mot à empêcher que rien ne se perde et que tout profite au peuple. On peut avancer que dans un Etat prospère ou tout le monde paye l'impôt national, tout appartient à tous. On n'a le droit de déposséder personne de son bien, mais on peut le lui enlever pour cause d'utilité publique moyennant certaines formalités et certaines compensations.

Mais puisque tous les hommes aiment leur patrie, que le nègre lui-même, si indifférent à tout, ne parvient à l'oublier, quand il en est séparé, qu'à force de boire du rhum, voyons rapidement ce qu'est la patrie française, ce qu'on y trouve, ce qu'on y voit, ce qui captive. Nous verrons après s'il faut l'aimer ou la haïr, la défendre ou l'abandonner, nous en montrer fiers ou rester indifférents à son passé, à ses malheurs, à sa gloire.

LETTRE IV

Les historiens et les géographes nous apprennent, ceux-ci, que la France est l'un des principaux Etats de l'Europe occidentale, qu'elle est ou qu'elle était comprise entre le Rhin, l'Océan, les Alpes et les Pyrénées, deux frontières liquides et deux solides, ce qui est l'idéal pour un peuple, d'autant plus que dans les premières qui nous concernent, l'une est douce et l'autre salée, et que dans les secondes l'une peut être tournée des deux côtés et l'autre percée à sa base sur plusieurs points de part en part, absolument comme on perce une figue avec une aiguille. Les tunnels du St-Gothard, du mont Cenis et du Simplon le prouvent. Quant aux historiens ils nous font savoir que la France actuelle, qui se nommait GAULE autrefois, fut *celtique* ave les druides, *romaine* avec Jules César, *chrétienne* avec les abbayes de Lérins et de Marmoutier, enfin *barbare* ou *germaine* à la chute de l'empire romain ; que CHARLEMAGNE, l'un des pères de la patrie, soumit les peuples divers qui s'étaient partagé ce pays, savoir les FRANCS, les BOURGUIGNONS, les VISIGOTHS, les VANDALES, etc., et qu'ayant fait sa capitale d'Aix la-Chapelle, il fonda, au VIII⁰ siècle, le premier empire d'Occident, qui n'eut qu'une durée éphémère, par la faute et la faiblesse de ses quatre successeurs, mais qui commença l'existence politique et la civilisation de notre pays.

La France est par 42°20′ et 51°5′ de lat. N. ; 7°9′ de long. O. et 5°55′ de long. E.

Quatre peuples amis et de même race la touchent, l'ITALIE, l'ESPAGNE, la SUISSE et la BELGIQUE ; mais on voit en plus chez elle deux grands peuples, l'ALLEMAGNE et l'ANGLETERRE, qui la gênent, l'humilient tout en l'excitant à la révolte et qui pour un motif ou pour un autre ne veulent pas s'en aller. L'un est sur la rive gauche du Rhin et dans les Voges, à deux pas de la Champagne, ou l'on sacrait les rois autrefois ; l'autre, dans la Manche, à deux encâblures de Saint-Malo, patrie de Chateaubriand, de Lamennais et de Dugay-Trouin. Ils paraissent attendre que la *souricière de Belfort*, qu'ils nous ont laissée par force, par préméditation, et qui est placée entre les Vosges et le Jura, attire les républicains, et qu'ils s'y jettent à corps perdu comme l'Empire ou plutôt l'armée, et non la France, se jeta sur Sarrebrück, en 1870. C'est une glu dangereuse qu'il est nécessaire de signaler à l'attention de nos hommes d'Etat.

L'Allemagne n'a besoin ni de l'Alsace ni de la Lorraine ; ces provinces ne peuvent la rendre ni plus forte ni plus heureuse ; ce qui lui faut c'est un port ou une rade sûre sur la Méditerranée, qui puisse abriter ses vaisseaux allant dans l'Extrême-Orient par le canal de Suez, ou en revenant, et dont rien ne soit capable de l'en chasser. L'exemple de Gibraltar la tente évidemment. Mais ne pouvant s'emparer par la force de Nice et de la Savoie, qui représentent son idéal, elle essaye de la ruse, de la perfidie, de l'habileté, pour arriver à ses fins. Qu'on viole le traité de Francfort en passant par la trouée de Belfort, en entrant dans la souricière, et aussitôt, que l'on soit vainqueur ou vaincu, on violera à notre égard le traité de Turin qui nous a donné les départements du Sud-Est en 1860. Voilà pourquoi l'Italie est l'alliée de l'Allemagne. Quant à la Russie elle s'éloignerait de nous si elle s'apercevait que nous ne respectons pas nos engagements. Nous croyons inutile de faire remarquer que la Provence, par sa situation, est beaucoup plus précieuse que l'Alsace, Nice que Strasbourg ou Colmar.

Nous devons donc opposer au machiavélisme des uns et des autres, le calme, le sang-froid et la justice. La probité vaut mieux que la vanité, l'union mieux que la discorde.

Nous voudrions inaugurer une politique de paix par un acte de magnanimité, de désintéressement, qui étonnerait tout le monde, mais qui serait fécond en résultats heureux, c'est à-dire en rendant à la Prusse, à qui nous avons cédé l'Alsace, Belfort qui fait partie de ce pays, après avoir offert toutefois, à ceux de ses habitants qui voudraient rester Français toutes les compensations désirables. Sans doute nous laisserions là des souvenirs chers à nos cœurs, le Lion de Bartholdi, à côté des Kléber, des Kellermann, des Gutenberg, du maréchal de Saxe et de tant d'autres héros français, mais il nous resterait la ressource de la diplomatie et nous en userions largement en vue de reconquérir ces biens. Celle-là ne fait répandre ni le sang ni les larmes, on peut donc l'éterniser. Aujourd'hui l'association religieuse a le moyen de faire triompher la justice ; il faut donc prendre garde. La justice c'est d'attendre d'autrui ce qu'on aura fait à autrui.

Quatre mers baignent la France : la MANCHE l'ATLANTIQUE, le GOLFE DE GASCOGNE et la MÉDITERRANÉE.

Quatre grands fleuves l'arrosent : la GIRONDE, formée de la réunion de la DORDOGNE et de la GARONNE, le RHÔNE, la LOIRE et la SEINE. Leurs principaux affluents sont pour la DORDOGNE, qui sort des monts d'Auvergne, l'*Isle*, la *Vézère*, la *Corrèze* et la *Dronne*, qui sortent des monts du Limousin; pour la GARONNE qui sort du Val d'Arran, en Espagne, le *Tarn*, l'*Aveyron*, l'*Ariège* et la *Save*.

Le RHÔNE, qui sort du lac de Genève et un peu plus loin du Mont-Furca (Alpes), reçoit le *Doubs* et l'*Ain*, qui sortent du Jura, l'*Isère*, qui sort du mont Cenis, la *Drôme*, qui sort des Alpes du Dauphiné, la *Durance*, qui sort du mont Genèvre, et à droite, la *Saône*, qui sort des Faucilles, l'*Ardèche*, la *Cèze* et le *Gard* qui sortent des Cévennes.

La LOIRE, qui sort des Cévennes, au mont Gerbier-des-Joncs (Ardèche), reçoit l'*Allier*, le *Loiret*, l'*Erdre*, la *Sarthe*, la *Mayenne*, le *Loir*, et à gauche, le *Cher*, l'*Indre*, la *Vienne* et la *Sèvre Nantaise*.

Enfin, la SEINE, qui sort du plateau de Langres (Cote-d'Or), reçoit l'*Aube*, la *Marne*, l'*Oise*, l'*Aisne*, et à gauche, l'*Yonne* et l'*Eure*.

On y trouve quatre cours d'eau secondaires : le VAR, qui prend sa source à Entraunes (A.-M.), et qui, après avoir reçu la *Tinée*, la *Vésubie* et l'*Esteron*, se jette dans la Méditerranée, près de Nice ; l'ADOUR, qui finit à Bayonne, la MEUSE et l'ESCAUT qui se jettent dans la mer du Nord.

Quatre grandes chaînes de montagnes protègent la France : les PYRÉNÉES, qui la séparent de l'Espagne, les CÉVENNES, au centre, les VOSGES et le JURA, qui la séparent de la Suisse et de l'Allemagne, enfin les ALPES qui la séparent de l'Italie. On y voit les monts d'*Auvergne*, l'*Argonne*, les *Ardennes* et les *Faucilles* ainsi que les collines de *Caux*, de *Picardie*, du *Cotentin*, de *Normandie*, du *Perche*, du *Nivernais* ; on y voit aussi les *Alpes de Provence*, du *Dauphiné*, *Cottiennes*, *Grées*, *Pennines* et *Bernoises*.

On fabrique du sel à Hyères et à Agde, par l'évaporation des eaux de mer, et on extrait du sel gemme un peu partout.

Le mont BLANC, dans la Haute-Savoie, a 5.000 mètres d'altitude environ ; c'est le point culminant de l'Europe ; le MONTE-ROTONDE (Corse) a 3 000 mètres, la MALADETTA (Pyrénées) 3,400 mètres, l'ESPINOUS (Cévennes) 1,300 mètres.

On trouve en France quatre grands lacs : de *Thau*, de *Berre*, du *Bourget* et de *Genève* ; quatre caps ou promontoires, de *Gris-Nez*, de la *Hogue*, de *Saint-Mathieu* et du *Finistère*. Quatre baies : de la *Seine*, du *mont Saint-Michel*, de *Saint-Brieuc* et de *Douarnenez* ; quatre pointes : d'*Ailly*, *Saint-Mathieu*, du *Croisic* et de *Penmarin*.

On y compte quatre grands canaux, ceux du *Midi*, mettant en communication la Méditerranée et l'Océan, du *Centre*, de l'*Ourcq*, qui traverse Paris, et de *Bourgogne*.

On y voit six grandes îles : la *Corse, Oléron, Ré, Noirmoutier, Belle-Ile* et *Ouessant* ; quatre presqu'îles: le *Cotentin*, l'*Armorique, Quiberon* et l'*Artois* ; quatre archipels : *Lérins, Hyères, Pomègue* et *Ouessant* ; quatre golfes : de la *Seine*, de *St Malo*, du *Lion* et de *Gascogne* ; quatre plateaux : de *Langres*, de *Gâtine*, de *Satory* et d'*Orléans*.

On y rencontre quatre climats caractérisés par certains végétaux et certains produits, tels que la *pomme* et le *cidre*, la *vigne* et le *vin*, l'*olivier* et l'*huile*, l'*oranger* et le *néroli* ; quatre stations hivernales ; *Hyères, Cannes, Nice* et *Menton* ; quatre races d'hommes parlant encore un langage différent : les *Bretons*, les *Provençaux*, les *Basques* et les *Parisiens*, ce qui montre que l'unité n'est pas faite ou n'est pas parfaite, que le mélange ne s'est pas encore opéré ; cependant quatre grandes lignes ferrées, partant de Paris et se dirigeant vers les quatre points cardinaux, transportent partout, et à chaque instant des montagnes de marchandises et des flots de passagers. Mais si l'on a conservé la langue du berceau, la langue d'origine, on a appris à parler toutes les langues particulières, l'*arabe*, l'*anglais*, l'*allemand* et le... *volapuck*, à professer toutes les religions le *catholicisme*, le *calvinisme*, le *luthéranisme* et le *mosaïsme*, à pratiquer toutes les philosophies particulièrement le *franc-maçonnisme*, le *saint-simonisme*, le *communisme* et le *collectivisme*, sans songer que tout cela tient dans la main et se réduit à ce seul point, le *patriotisme*, que nous professons nous-même et que nous proclamons la philosophie par excellence. C'est ce patriotisme qui inspirait Énée lorsque ce roi, racontant ses malheurs à Didon, s'écriait : « La ville étant en flammes, les habitants « consternés réunis autour de moi, je quittai en pleurant les « rivages de la patrie, son port hospitalier et les champs où fut « Troie. »

On trouve en France quatre classes d'hommes courageux, patients, sobres, qui ne demandent qu'à vivre en paix dans le travail et le bien-être : ce sont les *marins*, les *mineurs*, les *métal-lurgistes* et les *usiniers*. A côté d'eux se dressent quatre autres classes plus heureuses, mieux partagées, plus prévoyantes, les *négociants*, les *agriculteurs*, les *artistes* et les *rentiers*.

Les centres miniers sont ceux de Saint-Etienne (Loire), de Montceau (Saône-et-Loire), de la Grand-Combe (Gard), d'Anzin (Nord). On trouve des mines d'or à Lyon et en Bretagne.

Quatre philosophes célèbres, après J.-J. Rousseau, l'auteur du CONTRAT SOCIAL, ont tenté de refondre la Société et de l'asseoir sur de meilleures bases. Aucun n'a réussi. Proudhon, Cabet, Considérant, Pierre Leroux, Louis Blanc y ont perdu leur latin.

La France de l'avenir comptera 100 départements au lieu de 87, 100 mille communes au lieu de 36,000 et 100 millions d'habitants, en y comprenant ceux de l'Algérie, au lieu de 40 millions. La France est appuyée, non seulemeut sur l'Italie et l'Espagne qui sont ses bras, mais aussi sur les quatre provinces nord africaines *Oran*, *Alger*, *Constantine* et *Tunis*. Au sud de ces points s'étendent le *Sahara*, le *Soudan*, le *Haut Sénégal* et le *Sénégal*, qui touche la Guyane et l'Amérique du Sud. Un peu au-dessous du Sénégal, se dresse l'île de *Sainte-Hélène* que les Anglais devraient nous céder afin de resserrer nos liens d'amitié.

Après Paris, qui en est la capitale, la France possède MARSEILLE la ville la plus commerçante du monde, LYON, BORDEAUX et ROUEN, qui en sont les plus manufacturières ; puis des villes secondaires telles que NANTES, TOURS, LILLE, CHALONS, NANCY, RENNES, etc., qui sont de vraies capitales.

L'ANGLETERRE et la RUSSIE ne sont pas des Etats, ce sont des mondes. Ils sont comparables à celui de l'Empire du Milieu qui contient cinq cents millions d'habitants. Ils font peur.

La FRANCE et l'ALLEMAGNE, quand elles cesseront d'être divisées, auront un sort pareil. La confédération est le dernier mot de la politique. La situation géographique de la France et sa civilisation lui font une loi de devenir l'Etat central de toute l'Europe, le foyer intellectuel de toutes les nations, le temple de la civilisation et des beaux-arts.

La France possède quatre grandes colonies, l'*Indo-Chine*, *Madagascar*, le *Sénégal* et l'*Algérie*. Il faut y ajouter une foule de possessions moins importantes dans l'Inde, dans l'Océan atlantique, en Océanie et au centre de l'Afrique.

L'histoire de notre pays comprend quatre dynasties principales, les *Mérovingiens*, les *Carlovingiens*, les *Capétiens* et les *Napoléoniens*, et plusieurs dynasties latérales, les *Valois*, les *Bourbons*, les d'*Orléans*.

Quatre Républiques y ont existé, celle de la modération, du début avec Louis XVI pour roi, celle des Sans-Culottes avec Robespierre pour chef, celle de 1848 avec le prince Napoléon, enfin celle de 1870 avec M. Thiers et ses successeurs. Celle-ci dure toujours... *parce qu'elle est conservatrice*.

La France a eu quatre grands souverains qui ont été comme les pères de la patrie, CHARLEMAGNE, FRANÇOIS Ier, LOUIS XIV et NAPOLÉON.

Elle a eu aussi quatre drapeaux, le *rouge*, le *bleu*, le *blanc* et le *tricolore*.

Quatre poètes immortels, *Corneille*, *Racine*, *Voltaire* et *Victor Hugo*.

Quatre historiens, *Thiers*, *Michelet*, *Henri Martin* et de *Joinville*.

Quatre guerriers hors ligne, *Charlemagne*, *Henri IV*, *François Ier* et *Napoléon*.

Quatre hommes d'Etat puissants, *Sully*, *Colbert*, *Richelieu* et *Louvois*.

Quatre linguistes admirés *Beauzie*, *Bescherelle*, *Larousse* et *Littré*.

Nous demandons qu'il n'y ait plus en France que quatre armées de 50 mille hommes chacune, tout en conservant les écoles militaires existantes, et que la sécurité publique soit assurée par les pompiers, les gendarmes, les sergents de ville et les douaniers.

L'armée territoriale monterait la garde et ferait faction en lunettes. On n'y verrait aucun mal.

Ainsi que nous l'avons déjà dit, la superficie de la France est de 500 mille kilomètres carrés, en chiffres ronds ; il faut ajouter à ce nombre la superficie de l'Algérie qui est de 40 mille kilomètres carrés environ.

Il se produit en France et en Algérie près d'un million et demi de naissances chaque année, et un million de décès seulement. La population augmente donc, comme partout. On ne doit pas craindre cette augmentation. Nous occupons Tombouctou, la capitale du Soudan, Madagascar et l'Indo-Chine. Dans ces pays peu peuplés le territoire est immense et fertile.

10 millions d'hectares sont consacrés aux céréales et donnent, avec 500 millions d'hectolitres de grains, un produit de 3 milliards.

15 millions d'hectares sont consacrés aux prairies, aux pâturages ; total 8 milli. rès

2 millions d'hectares sont pris par les vignes : 2 milliards.

2 millions d'hectares par les vergers ou potagers ; 2 milliards.

7 millions d'hectares par les forêts ; 1 milliard.

Enfin 4 millions d'hectares restent sans culture et sont improductifs.

Lorsque tout sera cultivé avec soin et que l'Algérie inspirera moins de crainte ou plus d'attrait, la France pourra contenir, loger et nourrir 80 ou 100 millions d'habitants.

Il faut ajouter à ces divers produits de la surface du sol ceux des mines qui se composent des granits, des calcaires, du sel, des métaux, de la houille, de la tourbe et représentant des milliards de revenus, et ceux des industries alimentaires, chimiques, métallurgiques, textiles, etc., qui ne rapportent pas moins.

Voilà ce que le grand Sully. appelait « les deux mamelles de « la France, les mines et trésors du Pérou ! » Il était dans le vrai.

Il en est de même aujourd'hui ; c'est la terre qui nous nourrit et qui assure notre indépendance. A la vérité la patrie s'est un peu agrandie depuis ce temps ; mais les esprits ont grandi en proportion. Les chemins de fer, les bateaux à vapeur et la civi·lisation mettent la patrie partout.

Cependant il y a quelques ombres à ce tableau, quelques taches à ce soleil ; nous en avons signalé quelques-unes ; en voici d'autres qui sont également affligeantes.

D'abord l'immense étendue des Océans, trois fois plus consi·dérable que celle des continents, réduit à rien le domaine de l'homme, si bien que celui-ci semble plutôt un naufragé sur un radeau qu'un roi sur son trône ou au milieu de ses sujets ; ensuite sur 100 habitants il y en a un qui commet des crimes ou des erreurs et que l'on enferme, que l'on met en prison tous les ans ; il y en a un sur dix mi le qui se donne volontairement la mort ; autant qui meurent de faim, enfin un par million auquel on tranche la tête. Il faut ajouter à cela ceux qui deviennent fous, qui sont déportés et qui s'expatrient et dont le total, tous les ans, est de 10.000. En récapitulant nous trouvons :

Condamnés à la prison, marqués au fer rouge, déshonorés, 400.000, ci 400.000

Suicidés, devenus fous, déportés. . .   4.000

Morts d'inanition, de faim 4.000

Décapités   40

Total. 418.040

Ajoutons encore, ne serait-ce que pour mé·moire, les victimes des accidents, des guerres, des tremblements de terre, des inonda·tions, et les divorces prononcés par les tribu·naux, etc., soit. 10.160

Total général. . . .   428.200

On voit d'un côté que la population tend à diminuer par des causes purement morales, et de l'autre que l'agriculture, qui est encore la plus sûre, la moins trompeuse, la plus indispensable des richesses de notre pays, est délaissée, abandonnée, quoique le nombre des agriculteurs soit encore considérable. On doit donc s'appliquer à guérir celle-là par celle-ci en la rendant aimable, attrayante, bienfaisante, et aussi productive que possible. Cela nous semble facile.

Il existe encore quelques points noirs qu'il est utile de signaler; d'abord notre armée active de 500 milles hommes est trop considérable ; elle enlève les bras à l'agriculture et elle semble menacer l'Europe. Avec les chemins de fer, les télégraphes électriques et l'éclairage électrique on peut sans crainte ni danger confier la garde des frontières à des escouades. Quant aux monuments, aux maisons de l'intérieur, l'armée territoriale est là pour veiller à leur conservation. C'est sa propriété, son bien. En second lieu les dettes de la France s'élèvent au chiffre effrayant de 40 milliards, en y comprenant les 20 milliards de la dette flottante. On conçoit que celle-ci ne peut plus augmenter sans péril. On doit la diminuer au plus tôt si l'on veut éviter la banqueroute.

Mais si ses revenus sont considérables, 3 milliards, si ses productions agricoles dépassent le chiffre de 15 milliards chaque année, on constate que 8 ou 10 millions d'hectares environ restent sans culture et sont improductifs, et que d'autre part le sol ne produit pas tout ce qu'il produirait si les bras ne lui faisaient pas défaut. Cependant la France est encore le seul pays de l'Europe qui puisse se suffire à lui-même et résister tout seul aux invasions et aux coalitions de ses voisins et de ses ennemis. C'est en un mot le plus beau, le plus agréable et le plus puissant pays du monde, sans en excepter la Chine. Qu'on le rende encore plus fort, aussi fort que possible, en lui restituant ses frontières naturelles, et on le rendra inoffensif, généreux, humain La force ne va jamais sans la bonté et celle-ci accompagne toujours la justice.

Nous savons que nous sommes tous inégaux par l'intelligence et la position sociale, mais tous égaux, tous semblables, par la sensibilité, la faiblesse, les infirmités et la mort. On ne recherche donc le pouvoir, la fortune, que pour avoir plus de moyens de faire le bien. L'air et l'or étant les dieux de notre époque, l'un au ciel, l'autre sur terre ou dans la terre, nous emportons le premier avec nous, dans nos os, en mourant, mais il n'en est pas de même du second que nous abandonnons à des héritiers, à des amis, à des parents souvent indifférents. Le plus reconnaissant des héritiers est l'Etat. Quant à nous c'est à lui que nous voulons laisser notre fortune.

Nous venons d'examiner rapidement la France sous son aspect physique, matériel ; il nous faut voir ce qu'elle est au point de vue moral : selon nous c'est le beau côté de la médaille.

———

LETTRE V

———

Il existe en France trois grands pouvoirs publics, le *législatif*, qui procède directement du peuple souverain, l'*exécutif*, qui représente la loi, et le *judiciaire* qui la fait observer. L'aspect moral de notre pays tient dans ces trois noms. Nous pouvons, nous devons en ajouter un quatrième, le pouvoir *académique*, parce que l'instruction est tout. D'ailleurs il faut qu'une table ait quatre pieds, une pyramide quatre faces, un carré quatre angles, enfin une famille quatre personnes au moins, le père, la mère, l'enfant et le serviteur, le voisin, l'ami, le parent ou le protecteur. Alors tout est solide, tout est complet. La famille, la table, la pyramide sont des images de la société.

Nous ne considérons pas la religion et l'armée comme des pouvoirs publics, pour ce motif que l'une ne donne rien et que l'autre coûte beaucoup. En dehors des hosties de Pâques qui sont très minces, quoi qu'elles soient censées contenir le corps et le sang de Jésus-Christ, et des cendres en petite quantité qu'elle distribue le lendemain du mardi gras, l'Eglise ne donne absolument rien. Elle se borne à menacer, les uns des flammes de l'enfer, les autres de la colère divine, ce qui n'émeut plus personne aujourd'hui. En outre, elle demande constamment, elle fait des quêtes partout, à tout propos, pour n'importe qui ou n'importe quoi ; sans songer qu'une pareille conduite serait presque blâmable dans un autre et qu'elle est en complète contradiction avec la loi qui interdit la mendicité. Que l'on demande l'aumône dans la rue, dans les temples ou à domicile c'est toujours à peu près la même chose.

Il ne faut pas que l'interdiction soit pour le malheureux seulement, il faut qu'elle soit pour tout le monde. D'ailleurs l'Eglise doit donner l'exemple de la dignité. Plus de quêtes, plus de mendiants, plus d'humanité dégradante nulle part ; mais des droits certains, réels, indiscutables. L'infortuné, l'estropié, le malheureux a droit à la protection de l'Etat, à l'aide de la patrie, à la pitié de ses compatriotes, de ses concitoyens, de là un impôt dit d'humanité. D'un autre côté les citoyens voyant dans la patrie une sorte de mère doivent avoir à cœur de la servir, de l'aimer, de la défendre ; ils doivent lui donner les moyens de tout voir, de tout savoir, de tout administrer, de tout équilibrer, afin que chaque chose soit à sa place, que le mérite soit récompensé et que chacun vive et soit aussi heureux que possible.

L'Eglise ne se borne pas à demander et à ne rien donner ; elle veut, elle exige, encore qu'on lui donne, qu'on la paye.

Ainsi on est obligé d'acquitter un droit en venant au monde, c'est le baptême, sacrement qui devrait être gratis au moins pour attirer et séduire plus facilement les fidèles qui vont faire sa connaissance ; c'est le mariage ; c'est le commencement de la mort, l'extrême-onction, qui peut-être considérée comme un exercice illégal de la médecine; enfin c'est la mort elle-même et c'est la messe qui la suit. Tout cela coûte fort cher et, entre nous soit dit, tout cela est inutile. Les sages-femmes sont là pour laver le nouveau né de ses souillures et les croque-morts pour nous enterrer.

Que l'on chante les louanges de Dieu, le dimanche, quand on en a le temps, ou qu'on en fait sa profession, on l'admet, le dimanche étant un jour de repos ; mais qu'on soit obligé de payer pour entendre ces chants, ou pour demander qu'on les exécute à l'intention de telle ou telle personne, cela se conçoit moins et même ne se conçoit pas du tout. Puisque la profession du prêtre est de prier, il doit prier pour tous les hommes, sans exception, d'autant plus qu'il n'a pas besoin de prier pour lui-même.

Cependant il faut une religion, un clergé, un épiscopat une association quelconque ; sans doute, mais nous trouvons tout cela dans l'INSTITUT DE FRANCE, qui n'est qu'une réunion de savants, d'hommes sages, de philosophes, d'artistes, de penseurs. Le culte que l'on y recommande est celui de la CIVILISATION, l'association que l'on y exige est celle du PATRIOTISME, enfin la divinité que l'on y adore est celle qui inspire les hommes de génie et qui vit au ciel, c'est DIEU !

Quand on voit des enfants qui, à leur première communion, à l'âge de douze ans, accomplissent ce devoir, ce sacrement en portant à la main un cierge énorme, qui est plus long que leur taille et qui coûte vingt et trente francs, et qu'il en est de même pour les petites filles, on ne peut moins faire que d'être étonné ; on doit dès lors demander des réformes. Cette cérémonie devrait

être uniquement universitaire ; elle a lieu, du reste, chaque
année dans les établissements d'instruction, à la fin des études
scolaires, et rien n'est édifiant comme ces distributions solennelles de prix et de couronnes où l'amour-propre, l'émulation
des élèves et l'orgueil légitime des parents jouent les principaux
rôles ; alors pourquoi des premières communions avec de
grands cierges allumés qui peuvent, comme à Ephèse, tout brûler, tout incendier, le temple et Dieu, la patrie et la jeunesse?
Est-ce qu'un paquet de bougies ne serait pas plus pratique, plus
économique et plus commode? Plus de premières communions
dans ces conditions dangereuses. L'autorité a le devoir et même
le droit de les empêcher dans l'intérêt de tous. Une religion qui
menace partout et toujours comme une épée de Damoclès, n'est
pas un bienfait, c'est un non sens. On doit la modifier.

L'armée, elle, a rendu de grands services ; tout le monde le
reconnaît ; mais elle inspire des inquiétudes, des craintes continuelles ; en temps de paix ce sont les conseils de guerre qui
effrayent, c'est le nombre considérable des condamnés au boulet,
à la déportation, à la peine de mort, qui inspirent la répugnance ;
ce sont les 28 jours des réservistes qui gênent ; en temps de
guerre c'est bien pis ; là la jeunesse est diminuée de moitié ; et
comme il faut aux estropiés, aux amputés, aux aveugles qui sur-
vivent, mais qui sont devenus impuissants par la faute des armes
à feu, des soutiens immédiats et permanents, il s'ensuit que toute
la fleur de la jeunesse y passe. Ce n'est pas une hécatombe que
l'on offre à la divinité, ce sont des *kilotombes*, des *myriatombes*.
Tous sont enterrés, immolés, sacrifiés, ou bien privés d'une partie
de leurs membres, ce qui est encore plus gênant, plus affreux.
Cependant une armée nationale est nécessaire, d'abord pour
conserver les traditions militaires, ensuite pour alimenter l'Algérie, les colonies, la gendarmerie, les sapeurs-pompiers, les sergents de ville, les chemins de fer, etc. Nous en convenons ; nous
dirons donc un peu plus loin en quoi elle doit consister.

N'est-il pas vrai que l'Académie française, si recherchée, si admirée, si glorieuse depuis Richelieu, qui en fut le fondateur, est un foyer intellectuel auquel rien ne peut être comparé ? Qu'on y parle un langage divin ? Qu'on y récompense le mérite, le travail, le patriotisme, ce que l'Eglise ne fait pas ? Que les qua_rante immortels qui en font partie et dont on doit doubler le nombre, composent l'élite de la nation, et sont bien autrement estimables et estimés que les anciens dieux, les anciens prophètes et les anciens sorciers ? Que de noms illustres et glorieux en effet, ont brillé et brillent encore dans cette association d'écrivains, de poètes et de philosophes ! Voltaire, Boileau, V. Sardou, A. Dumas, Camille Doucet, François Coppée et les autres.

Que manque-t-il à l'Institut de France pour être complet ? Peu de chose. D'abord cent académiciens au lieu de quarante; c'est ce que nous venons de dire, ensuite une académie d'AGRICULTURE. Quand on voit l'empereur de la Chine ou fils du Ciel s'occuper personnellement de cet art, on se demande pourquoi nos savants le négligent ou ne lui donnent pas tout le relief qu'il comporte et qu'il doit avoir. L'institution du Mérite agricole, quelque recommandable qu'elle soit, ne suffit pas. Il faut pouvoir ou savoir mettre la main à la pâte.

C'est au sein de cet Institut si fécond, si varié, si puissant que fleurissent nos savants et nos artistes célèbres. Les noms de ceux ci ne sont pas moins illustres que ceux de l'Académie française. Les sciences ont leur Pasteur, leur Sédillot, leur Brouardel, les sciences morales et politiques auxquelles nous avons l'honneur de nous adresser aujourd'hui, leur Jules Simon, leur Michel Chevalier, leur Dusommerard ; les beaux arts, leur Meissonnier, leur Carpeaux, leur Gounod ; enfin les inscriptions et belles-lettres, leur Champollion, leur Renan.

Les Beaux-Arts ne cessent d'étonner par la richesse et la variété de leurs conceptions ; c'est à tel point que l'espace qui leur est réservé au Salon chaque année est devenu tout à coup insuffisant, ce qui a nécessité la création d'un nouveau palais celui du Champ de Mars. Que de toiles magnifiques les artistes vivants exposent dans ces salons? Que de statues, de bas-reliefs, de médaillons on y admire ! Et les architectes, les ingénieurs, les compositeurs, les graveurs, les mécaniciens! Comment faire leur éloge? C'est tout un monde à part cherchant, trouvant et exposant des combinaisons, des constructions, des inventions à perte de vue. Les *Merveilles de la science* par L. Figuier sont devenues le paroissien de tout le monde, et plus ou moins chacun est mécanicien, constructeur, inventeur. Sans doute tous les inventeurs ne sont pas heureux comme M. Eiffel ou notre ancien camarade Lebel ; il en est de ceux d'aujourd'hui comme de ceux d'autrefois ; on les repousse, on les arrête, on les emprisonne. Mais les esprits ne cessent pas de chercher, les mains d'agir, les machines de fonctionner ; aussi ne cesse t-on pas d'admirer.

Il semble cependant qu'après l'audace de Sommeiller, qui perça le Mont-Cenis, de de Lesseps, qui creusa le canal de Suez, de Riquet, qui fit communiquer l'Océan avec la Méditerranée, au moyen d'écluses ; qu'après les heureuses inspirations des Fulton, des Stephenson, des Seguin, des Sauvage, ces inventeurs des bateaux à vapeur, des locomotives et de l'hélice ; qu'après la découverte de l'électricité et de l'air comprimé que l'on fait servir aux besoins de la vie, aux progrès de l'industrie, des arts et des sciences il n'y ait plus rien à faire, plus rien à chercher. Mais une idée en fait naître une autre et on travaille. Le tunnel du Mont-Cenis a donné naissance à ceux des Cordillères, du Saint-Gothard et en dernier lieu à celui du Caucase, montagne épaisse qui sépare l'Europe de l'Asie et dont le sommet le plus élevé a près de 6 000 mètres d'altitude. Le canal de Suez a fait naître celui de la Baltique et celui de Panama.

Pardon : on a sans doute oublié, en s'occupant de celui-ci, qu'on ne peut escalader le Ciel après les efforts infructueux des Titans et des Géants. C'est donc une erreur que l'on a commise ; mais tout le monde se trompe ; donc jetons un voile discret sur ce passé affligeant. Si le canal projeté existait il faudrait le combler. On doit unir les hommes mais séparer les Océans. C'est déjà beaucoup que d'audacieux Prométhée, les Ampères, les Morse, les Eddison, les Arago, les Frankin, les Volta, aient ravi le feu du ciel, qu'il se soient emparés de la foudre de Jupiter, par les paratonnerres et les accumulateurs, et qu'ils la fassent servir à nos besoins. On ne doit tenter ni l'impossible ni Dieu.

Et la Société des gens de lettres, cette pépinière d'écrivains, de romanciers, de journalistes, ne sème-t-elle pas journellement dans les masses, qui aujourd'hui savent et veulent lire, mille chefs-d'œuvres littéraires recherchés, estimés, admirés ? Que d'E. Zola, moins le gros mot, c'est-à-dire des écrivains hors ligne, émeuvent, plaisent, captivent par leurs écrits intéressants ! que de Jules Verne vulgarisent les sciences en faisant voyager les esprits partout, même en ballon. Où sont les Robinson Crusoé dans ce siècle si fécond en merveilles ? on n'en voit nulle part. L'effort collectif a succédé à l'effort individuel et, les machines aidant, l'association a vaincu, supprimé ou tourné tous les obstacles. C'est le siècle des roues, des pistons, des treuils, des engrenages, des courroies sans fin. Ici un simple cylindre mu par le gaz d'éclairage imprime des millions de journaux en quelques heures ; là un peu de pétrole enflammé dans une boîte à ressort fait mouvoir un char à quatre roues et lui donne la vitesse d'un cheval ; plus loin le même procédé met en mouvement un bateau à vapeur ; enfin les bicyclettes égalent la vitesse des locomotives. Et les faucheuses, les batteuses, les moissonneuses, les tondeuses ! et les machines pneumatiques ! et les cables sous-marins ! et la chloroformisation ! et la photographie ! et le téléphone ! et le phonographe ! et la machine à coudre !

Nous n'en finirions pas si nous voulions tout citer, tout indiquer. Or, émerveillé, ravi, nous nous figurons volontiers que
tout est fait, imaginé, créé, qu'il n'y a plus rien à trouver et qu'à
l'imitation du Père éternel, de Jéhovah, nous pouvons nous
livrer aux douceurs du repos. Et puis, nous pensons qu'il est
temps de laisser notre pauvre petite planète tranquille, afin
qu'elle puisse croître, grandir, grossir tout à son aise, comme
nous aimons à le faire nous-même, et, avec le temps, atteindre
le volume de Jupiter qui est 1.200 fois plus gros que le sien
ou celui de Saturne qui est cent fois plus grand, ou celui du Soleil
autre planète en fusion, qui est un million 400 mille fois plus
grande. Nous dirons en passant que cette inégalité des planètes
nous a toujours préoccupé. Aujourd'hui nous en connaissons le
motif. Tout a un commencement et grossit en consommant de
l'air, et tout brûle pour le restituer ; et cela recommence pour
durer ainsi toujours, toujours. Nous saisissons l'occasion qui se
présente pour demander que notre globe change de nom. Nous
proposons celui de *Lis*. Cela ne pourra que lui plaire et nous
pensons que cela ne mécontentera personne. Terre signifie déjà
la croûte superficielle de notre planète. Il ne faut pas que la pauvreté de notre langue éclate sur ce point important.

Lorsque notre pauvre petit monde aura ce volume énorme
de Jupiter ou de Saturne ou du Soleil, auquel nous aurons contribué par nos dépouilles mortelles, par nos ossements, nous
verrons s'il faut jeter un pont sur le Bosphore comme on l'a fait
à Brest et comme le fit Xerxès aux Dardanelles, au temps de Léonidas, ou s'il faut au contraire continuer à dormir sur nos deux
oreilles, comme nous le faisons en ce moment. Qui vivra verra.

Ainsi toutes les choses glorieuses, merveilleuses, surprenantes
dont nous venons de parler constituent la patrie morale, intellectuelle, active et féconde. On doit convenir avec nous que
c'est le plus beau côté de notre principal trésor, celui que les

feux du génie éclairent de tous côtés. Nous pouvons donc nous écrier avec Mme de Staël : « Oh! la patrie, c'est tout ce qu'il y a de bon et de beau sous le Soleil. »

Nous devrions parler du personnel recommandable et nombreux de nos arsenaux, de nos flottes, de nos manufactures, de nos ports, de nos établissements d'instruction, d'observation, de civilisation qui existent partout; de nos phares lumineux qui guident les vaisseaux et empêchent les naufrages ; de ces observatoires puissants qui permettent de lire dans le ciel comme dans un livre, et de trouver dans ce missel de la Divinité mille secrets intéressants qui étonnent, qui ravissent, et qui rapprochés de la petitesse de l'homme et de la grandeur de la nature, tendent à nous mettre en communication avec Dieu ! mais nous serions trop long si nous voulions tout dire et nous considérons comme un devoir de ne pas abuser de la patience de nos lecteurs indulgents.

Encore un mot cependant.

La Patrie c'est cet immense hôtel des Invalides construit par Mansard sous le règne de Louis XIV où, à côté des grandes illustrations militaires repose Napoléon, le plus grand génie des temps modernes et de tous les temps, le plus parfait des guerriers, le plus sage des législateurs, le plus rayonnant de tous les souverains, de tous les prophètes, de tous les dieux ; et en même temps, hélas ! le plus infortuné de tous les mortels, le plus malheureux de tous les hommes ; en effet après avoir comme Hercule, Thésée, Prométhée, purgé la terre de tous ses monstres il fut condamné par l'horrible fatalité à mourir, presque seul, à la fleur de l'âge dans une île déserte, très éloignée de la France, et située au milieu de l'Atlantique à 5 ou 600 lieues des côtes de l'Afrique et de l'Amérique, comme si la destinée de ce grand homme eût été de naître dans une île, de régner quelque temps sur une île, enfin de mourir tristement au fond d'une île, après avoir rempli l'univers de son nom, de ses exploits et de sa gloire. Jeanne Darc l'inspira et comme elle il fut malheureux. Que tous deux vivent éternellement dans nos cœurs !

C'est le Panthéon, autre temple de mémoire, qui contient le souvenir ou les cendres des grands hommes, des génies immor-. tels qui illustrèrent la France. A cette vue, à cette image vénérée le cœur se remplit de tristesse et les yeux de larmes ; mais aussitôt après on frissonne d'enthousiasme, d'orgueil, d'admiration. C'est là, en effet, que des marbres modestes perpétuent la gloire et le nom des Voltaire, des J.-J. Rousseau, des Montesquieu, des Lamartine, des A. de Musset, des V. Hugo, des Lavoisier, des Soufflot, des Champollion, des Renan, des L. Figuier et des autres qui furent les pères, les guides ou les foyers puissants de la Patrie, de la civilisation, de l'humanité et dont les noms connus, admirés, rayonnent partout.

C'est encore le palais des Beaux-Arts où, dans une fresque admirable rayonnante de coloris, notre grand peintre Paul Delaroche a représenté la GLOIRE distribuant des palmes et des couronnes aux artistes de tous les pays et ayant pour aréopage, pour tribunal auguste, suprême, les quatre grands Arts grec, romain, gothique et de la renaissance, et les trois plus illustres représentants de l'architecture, de la sculpture et de la peinture ancienne, savoir Ictinus, Phidias et Apelle. Il y manque Homère.

C'est enfin le magnifique palais de l'Académie nationale de musique, chef-d'œuvre de Garnier, où vivent, palpitent, émeuvent toujours, les Auber, les Halévy, les V. Massé, les Rossini, les Gounod, les A. Thomas et qu'aucun monument de ce genre n'éclipsera jamais. Là on admire quelques-uns des chefs d'œuvre de Carpeaux et d'autres artistes renommés tels que Meissonier, Courtois, Français.

Et le Palais de justice, qui rappelle Saint-Louis ! et le Louvre ! et le Luxembourg ! et la colonne Vendôme ! et celle de la

Bastille ! et l'arc de triomphe de l'Etoile ! et les quatre jardins anglais placés aux quatre points cardinaux de la capitale et qui sont comme les jardins d'agrément du peuple souverain ! tout cela n'est-il pas fait pour inspirer l'orgueil, l'amour, la reconnaissance des citoyens, et finalement leur dévouement, leur fidélité, leurs sacrifices à la patrie ?

LETTRE VI

Nous avons vu que Paris était la capitale de la France. Cela signifie, en bon français, qu'il en est la tête. Les autres grandes villes n'étant que secondaires n'en sont que les organes essentiels.

Que voit-on dans une tête humaine ? A l'extérieur deux yeux afin de bien voir, deux oreilles afin de bien entendre, deux narines afin de bien respirer, enfin deux rangées de dents bien blanches et bien dures afin de bien mordre les aliments et les ennemis. Ce sont, avec ses ongles, les seules armes apparentes que l'homme possède, et on peut dire à sa louange qu'il s'en sert avantageusement, à l'occasion.

Il n'y a dans cette tête harmonieuse, ronde et dure qu'une seule langue qui est tout à la fois l'instrument du langage, du goût, de la tendresse et de la déglutition ; mais que l'on profane, que l'on déshonore, que l'on souille, par l'abus des injures, du tabac et de l'absinthe, et aussi par les excès de table. A l'intérieur la tête contient une matière molle, blanche, sensible, sorte de collodion animal que l'on nomme cerveau ou substance cérébrale et qui de là se répand par tout le corps en une infinité de réseaux presque imperceptibles et sous différents noms. C'est le siège de l'entendement. Donc pas de liberté d'avoir deux drapeaux, deux patries, deux langues et deux familles. Par suite, pas de liberté d'enseignement ni d'association.

Ainsi les organes extérieurs perçoivent les objets, c'est-à-dire en reçoivent une impression plus ou moins vive qu'ils transmettent aussitôt au cerveau ; celui-ci, maître souverain, juge, choisit, conçoit, ordonne et exécute. C'est la volonté ou puissance de l'âme dont on a fait une chose séparée, mais que l'on n'a pas suffisamment expliquée jusqu'ici. Les agents de cette volonté sont les bras et les jambes, c'est-à-dire les quatre membres. On y ajoute des outils, des machines, des animaux et des vélocipèdes.

On voit que des objets extérieurs naissent les sensations et de celles-ci les idées. Comment ce phénomène peut-il se produire ? De la même manière que celui de la végétation Un germe en contact avec la terre devient racine, plante, feuille, rameaux, fleurs et fruits. On sait comment cela se produit ; on n'en connaît pas bien la raison.

Les quatre grands pouvoirs publics dont nous avons parlé représentent exactement les quatre organes principaux d'une tête humaine.

Ils communiquent comme eux avec le peuple souverain par un système nerveux composé : 1º Du *fonctionarisme* breveté et salarié ; 2º Des *professions libérales* diplômées comprenant les *médecins*, les *pharmaciens*, les *hommes de loi* et les *professeurs* ; 3º Des *journalistes, publicistes, auteurs dramatiques* et *compositeurs* ; Enfin des *pensionnés civils, militaires, marins* et *ouvriers*.

Les fonctionnaires et les savants formant la première classe devraient être tenus de fournir chaque jour ou chaque semaine à leurs supérieurs hiérarchiques un rapport sur l'ensemble de la situation, tant matérielle qu'intellectuelle et morale de la population qu'ils seraient chargés de guider, d'éclairer, de protéger, de sauver. Pas de délations, des clartés seulement.

Les deux autres classes seraient mises en rapport avec l'État par l'espoir des honneurs et de la gloire ; elles seraient soumises comme les deux premières à l'amour de la patrie et au respect de la légalité, au culte de la civilisation et de la liberté.

L'enveloppe protectrice de ce fruit, de ce corps social, représentant le corps humain, serait composée des gendarmes, des sapeurs-pompiers, des personnes de la police et des agents de la sûreté.

On abolirait la mendicité, le vol, l'assassinat, l'adultère, en un mot tous les crimes, en donnant à tous les citoyens le pain dont ils auraient besoin, l'argent qu'ils désireraient, la femme qu'ils voudraient épouser, enfin la propriété qu'ils ambitionneraient. On ne mourrait plus de faim, on n'aurait plus l'idée de donner la mort à son semblable ni de se la donner à soi-même. Il n'y aurait plus ni attentats à la pudeur ni offenses à la morale publique. Il n'y aurait pour les malfaiteurs endurcis que l'expatriation ou le travail agricole forcé dans la patrie.

Le travail étant la suprême loi, tous les travailleurs seraient estimés. Ils pourraient aller de la base au sommet de l'édifice social, mais ils pourraient également aller du sommet à la base. Le mérite et la conduite décideraient des grades, des emplois, des honneurs et de la fortune.

Ainsi le président de la République est le sommet, le cerveau, le maître puissant du corps social. Ce président ou chef d'Etat est la représentation, l'image vivante du peuple souverain, de la patrie, de la loi et enfin de Dieu.

Vouloir renverser tout cela est peine perdue ; c'est en outre folie ou impiété car on ne change pas ce que Dieu a fait et bien fait, pour mettre à sa place des rêves insensés ou impraticables. Quand on aura crevé les yeux un homme, ou au corps social qui le représente, il arrivera ceci, c'est que cet homme ou ce chef ne pourra plus se conduire ni conduire les autres ; quand on lui aura bouché les oreilles il ne pourra plus s'apercevoir du danger ni y échapper ; quand on lui aura brisé les dents il ne pourra plus ni mordre son pain ni mordre personne ; enfin quand on lui aura bouché le nez, il ne pourra plus respirer et il mourra. Donc tout doit rester comme Dieu lui-même l'a établi. Notre devoir consiste à le perfectionner, à le compléter, à le modifier, mais sans toucher à la base de l'édifice qui doit être aussi immuable que Dieu même.

Mais la tête et les bras, même armés d'outils et de machines, même en possession des chevaux et des bicyclettes, ne suffisent pas au corps humain. Il lui faut d'autres organes non moins utiles qui lui permettent de vivre, de sentir, de travailler et surtout de procréer en vue de la famille et du bonheur. On trouve les uns dans la cavité thoracique ou poitrine, et les autres dans la région abdominale. Les premiers sont des organes essentiels, nobles, délicats, majestueux, tout puissants. On les nomme *cœur*, *estomac*, *poumons* et *foie*. Ils reçoivent l'air vital et les sucs des aliments qui pénètrent dans l'intérieur par la respiration et l'alimentation, les transforment en alcool au moyen d'une sorte de combustion et de fermentation et, mis en communication, en contact avec le cerveau, avec la tête par le sang ou torrent de la circulation, qui va du cœur aux extrémités par des canaux ou vaisseaux que l'on nomme *artères*, et des extrémités au cœur par d'autres canaux que l'on nomme *veines*, lui permettent d'agir, de penser, de voyager, de combattre.

Au-dessous de ces quatre organes nobles qui sont représentés dans le corps social par le COMMERCE, l'INDUSTRIE, l'AGRICULTURE et les ARTS, on trouve quatre organes secondaires plus communs, moins délicats, mais tout aussi nécessaires, qui sont le *diaphragme*, les *intestins*, les *reins* et les *organes de la génération*. Ils servent de transition entre l'homme et la bête ; mais ils concourent au bonheur du premier, ils font même davantage, ils le complètent et le rendent éternel.

Tel est l'homme moral.

La matière dont cet homme est composé, pétri, comprend d'abord une substance dure, résistante, remplie de moëlle et de sinovie ; ce sont les *os* qui représentent la charpente d'un édifice et qui ont grossi lentement en consommant de l'air et des aliments. Viennent ensuite des *muscles*, ou des *chairs* qui sont les ressorts des os ; puis des *tendons* ou *ligaments* qui servent à joindre les membres, enfin une peau très épaisse et très dure que l'on nomme *épiderme* et qui recouvre et protège le tout, en respirant par des ouvertures imperceptibles que l'on nomme *pores*. Sur cette peau comme sur la surface terrestre croissent des cheveux et des poils que l'on peut assimiler aux végétaux d'abord parce qu'ils en ont la forme ensuite parce qu'ils absorbent comme ceux-ci l'acide carbonique répandu partout dans l'homme et dans son voisinage. On sait que ce gaz très abondant dans la nature est impropre à la vie des hommes et des animaux, qu'il est mortel pour eux.

Dans le corps social l'épiderme c'est l'*instruction* représentée d'abord par l'*école*, le *lycée*, la *Sorbonne* et les *facultés*, ensuite par le *Collège de France*, la *soumission*, l'*émulation* et la *civilisation*.

Tel est le corps humain vu d'un peu haut ; tel doit être aussi le corps social ; et tel il sera tant que les hommes aimeront à vivre et qu'ils sauront ou pourront se servir de leur raison plus que de celle des autres. Nous ne voulons plus retourner à l'état de nature. Nous nous réjouissons d'en être sorti.

Si, nous élevant un peu au-dessus de la matière, nous considérons l'homme au point de vue de ses facultés morales, nous trouvons en lui l'*esprit*, l'*intelligence*, la *raison*, la *prévoyance*, la *bonté*, la *sociabilité* ; nous y voyons aussi la *cupidité*, l'*insatiabilité*, l'*ambition*, la *colère*, la *vengeance*, etc. Entre ces passions extrêmes qu'il est facile d'exciter ou d'apaiser à distance quand on a de l'argent et du talent, on aperçoit la *plaisanterie*, la *gaîté*, la *médisance*, la *calomnie*, le *mensonge*, l'*erreur*, etc. Tous ces sentiments moins les premiers sont des ennemis de l'homme.

Les dieux les plus puissants pour cet être que nous appelons parfait, sont l'*air* et l'*or*, l'un vivant en liberté sous le ciel, dans les champs, sur les montagnes et sur les Océans, l'autre caché, enfoui, emprisonné, enchaîné dans les cités où il opère les miracles les plus extraordinaires et en même temps les bassesses les plus inexplicables par l'éblouissement qu'il cause. Prenons donc l'homme tel qu'il est et donnons au corps social chargé de le gouverner et de le représenter les moyens de diminuer ses défauts, d'épurer ses goûts, d'apaiser ses passions ; en un mot de le rendre meilleur s'il est bon, et parfait s'il est meilleur que les autres.

LETTRE VII

Peut-on souhaiter pour une capitale qui s'impose à l'admiration
du monde entier une plus belle tête que celle que Paris
représente ? des yeux plus doux ? des oreilles plus fines, plus
délicates ? enfin une langue plus harmonieuse, plus séduisante,
plus caressante que celle dont notre patrie a été douée par Dieu ?

Et ses dents ! sans doute elles ont eu à souffrir du froid au
temps des barbares et de sainte Geneviève, et plus récemment,
en 1814, 1815 et 1870, avec les Alliés, les Allemands et les
Communards ; mais elles sont encore solides et toutes à leur
place. Aucune ne manque ni ne bouge. Elles peuvent encore
tout mordre, tout engloutir, tout détruire ; cela est arrivé plusieurs
fois ; cela peut arriver encore ; mais la France que personne ne
menace, que tout le monde estime, est revenue de ses erreurs
et de ses colères. Aujourd'hui elle ne pense ni à manger les
autres ni à se manger elle-même. On l'excite, on la harcèle de
tous côtés pour qu'elle en arrive là ; mais elle ne bouge pas.
Elle travaille, se recueille, répare ses pertes, panse ses blessures,
mais sans cesser d'aimer la justice ainsi que les peuples pour
lesquels elle a versé son sang. Nous qui l'aimons comme notre
mère nous souhaitons qu'elle grandisse par la probité, la sincérité, la sobriété, en un mot par la vertu plus que par les conquêtes. Nous lui en donnons l'exemple. Il nous suffit de manger,
de mordre notre pain quotidien (nous avons aussi toutes nos
dents), pour tenir en respect nos ennemis et jouir d'une santé
parfaite. La quadruple alliance composée de quatre souverains
puissants a imposé ses lois à la France et à l'Europe. Patientons.
Le vent qui souffle trop fort ne dure pas.

Mais parlons un peu de sa chevelure admirable. Que dire des longs cheveux d'or de la capitale, de ces cheveux que tout le monde admire, aime, caresse ? Voici le *bois de Boulogne* transformé en jardin anglais. Là se trouvent réunis tous les enchantements, toutes les séductions, tout ce qui fait le charme de la vie : beaux massifs de verdure, belles cascades, beaux équipages, belles personnes, belles toilettes, et les restaurants les plus renommés de l'Europe. Or, c'est une tresse de cheveux, un labyrinthe de notre belle capitale.

Voici le *parc de Vincennes* où vit toujours le souvenir de saint Louis qui devint notre compatriote, notre concitoyen par son mariage avec la belle Béatrix, fille de Raymond Bérenger, ancien comte de Provence, où vivent aussi les tristes souvenirs des victimes politiques de tous les temps, mais où l'on trouve des allées ombreuses comme à Versailles, des cafés, des jardins, des chemins de fer, des tramways, des voitures, des laiteries, des marchands, des restaurants, des champs de course, des polygones et jusqu'à des fermes modèles. Ce sont encore là des boucles soyeuses de cette magnifique chevelure de Paris que nous recommandons à l'attention des visiteurs.

Plus loin nous trouvons *Saint-Cloud*, avec son château en ruine, *Meudon*, qui nous rappelle Rabelais, *Satory*, encore humide du sang des martyrs de la Commune, *Saint-Germain*, berceau de Louis XIV, avec son immense forêt peuplée de chevreuils et de faisans, et dont le centre, occupé par les Loges, couvent célèbre de la Légion-d'Honneur, est chaque année le rendez-vous de la jeunesse parisienne ; enfin *Montsouris*, *Monceaux*, les *Buttes-Chaumont* et mille autres squares agréables où l'on se repose, après le travail ou après les repas, où l'on respire un air plus pur, plus salutaire que celui des usines, des ateliers et des maisons, et où les diverses classes sociales sont à ce point confondues qu'on n'en voit qu'une seule, le peuple souverain. Tel ouvrier qui le matin ou le samedi était couvert de poussière, sale, huileux, se présente le soir ou le lendemain dimanche revêtu d'une belle redingote noire, d'un chapeau haut de forme, d'un pantalon de fantaisie, et ayant ses mains recouvertes d'une belle paire de gants. Les sénateurs ne sont pas mieux vêtus.

Voici enfin *Fontainebleau* construit par François 1er ainsi que les cent mille hectares de bois qui l'entourent, et rappelant Christine de Suède et les adieux célèbres de Napoléon à ses soldats. Mais ces bois ne rapportent rien. Qu'on les couvre de vignes, de murs et de fermes et cela rapportera de l'or, du bien-être et de la satisfaction à l'Etat ainsi qu'à beaucoup de gens. On trouve là une école militaire.

Tout le monde connaît le *chasselas* de Fontainebleau, mais tout le monde ne sait pas pourquoi il n'y a pas de vipères dans ces vignobles renommés que nous avons visités et pourquoi elles foisonnent au contraire dans la forêt qui est à côté. C'est que la terre quand elle est cultivée cesse d'être sauvage, épineuse, dangereuse ; elle est civilisée ; tandis que celle qui reste inculte, non seulement ne rapporte rien, mais elle donne encore naissance à des reptiles et à des insectes dangereux. Si on mettait en culture la moitié de cette forêt immense on verrait à la place des vipères, de belles grappes de ce raisin chasselas connu dans le monde entier que l'on pourrait consommer ou vendre. Les vipères, tel est le seul défaut des belles chevelures parisiennes, et encore ne les trouve-t-on que dans les départements limitrophes.

Que manque-t-il donc à la tête de la France, à Paris, à notre somptueuse capitale ? Uniquement cette vertu du patriotisme que certaines associations présentent comme un danger et qui est au contraire une ancre de salut pour tout le monde, et il n'y a en plus que la pipe, le tabac, l'absinthe, dont nous allons parler et que nous proposons de remplacer par les chiques de réglisses, de gomme, de camphre, de jujube, par le vin naturel sucré, le lait sucré, le thé des Alpes, et les caresses de chacun à l'adresse de sa femme, de ses enfants, et de ses amis.

Et ces beaux vignobles du *Bordelais*, des *Charentes*, de *Bourgogne*, du *Languedoc*, du *Rhône* et de la *Champagne* qui donnent ces vins renommés de *Bordeaux*, de *Nuits*, de *Beaune*, de *Chambertin*, du *Beaujolais*, de l'*Ermitage*, d'*Aï*, de *Vertus*, de *Frontignan*, du *Raneio*, du *Médoc*, etc., ne sont-ils pas admirables? Est-ce que tous ces vins d'un bouquet délicieux et riches en alcool ne valent pas la bière? Le cognac ne vaut-il pas le kirsch?

Et ces belles personnes de la *Provence*, de la *Bretagne*, de l'*Aquitaine*, de la *Flandre*, etc., qui font le désespoir des peintres et des sculpteurs, ces belles Arlésiennes surtout avec leur costume pittoresque que l'on ne peut représenter exactement tant elles sont parfaites ! Et ces mille industries parisiennes qui donnent le bien-être à tant de gens et qui répandues dans le monde entier, par leurs produits variés et curieux font pénétrer partout le goût des inventions et la grandeur du nom Français !

Mais voici qui est plus intéressant, plus sérieux.

Quatre ports de guerre protègent nos côtes du côté d la mer Méditerranée et de l'Océan, ce sont : TOULON, ROCHEFORT, BREST et CHERBOURG. Nous supprimons celui de LORIENT, qui est sans importance et qui sera bientôt fondu dans les quatre autres. Abondance de bien nuit quelquefois. On l'a vu par Midas.

Quatre grands ports marchands s'y trouvent : MARSEILLE, BORDEAUX, NANTES et ROUEN ; en arrière de ces villes on trouve *Beauvais*, *Versailles*, *Orléans*, et *Bourges* ; en arrière de celles ci, *Châlons*, *Chaumont*, *Dijon* et *Lyon*.

Au nord on voit *Lille*, *Arras*, *Amiens* et *Mézières* ; au midi *Grenoble*, *Toulouse*, *Nîmes* et *Montpellier* autant de cités charmantes dont on ne peut se séparer quand on en a fait connaissance.

Par Nantes et Rouen, Brest et Cherbourg, la France touche l'Afrique occidentale et l'Amérique ; par Toulon et Bordeaux, Marseille et Rochefort elle touche l'Inde, la Chine, le Japon et l'Australie.

Or, tout cela fait songer à ces illustres pionniers de la civilisation, les Féraud, les Béranger-Féraud, les Garnier, les Roustan, les Courbet, les Flatters, les Bert, les Monteil, les Mizon, les de Brazza, qui ont préparé ou accompli la conquête de Tunis, du Soudan, du Congo, du Sahara, de l'Indo-Chine, en versant leur sang pour la patrie. On pense aussi à tous ces illustres amiraux ou généraux, les Gervais, les Jurien de la Gravière, les Jauréguiberry, les de Courcy, les Montauban, les Forey, les Pélissier, les Canrobert, qui ont cimenté l'alliance Franco-Chinoise et Franco-Russe ou promené sur toutes les mers le drapeau de leur patrie, de la France en vue de le faire aimer et respecter. Et l'on ose dire que ces hommes éminents n'ont pas droit aux éloges ou à la reconnaissance des honnêtes gens ? Qu'ils n'étaient pas Français ? Ah ! contester cela est un grand tort, et on l'oublierait facilement s'il ne cessait pas d'être platonique ; mais on se révolte, on s'insurge et l'on veut tut renverser. Or, à nos yeux c'est un non-sens et même un crime affreux de vouloir faire tout sauter au moyen de la dynamite, parce qu'on n'a pu devenir soi-même ni général, ni amiral, ni maréchal, parce qu'on n'a pas été favorisé par le sort, qu'on n'a su enchaîner ni la victoire comme Masséna ni la fortune comme Achille ; bien plus, cela nous semble le comble de la férocité. Quelque grande que soit notre infortune personnelle nous la verrions cesser à l'instant, nous n'en sentirions plus le poids si nous voyions tout le monde libre et heureux. Ce n'est pas notre bonheur individuel que nous souhaitons en ce monde, c'est celui des autres, du peuple souverain, de tous les mortels.

Nous avons dit que l'association religieuse, que la Providence, avait les moyens de faire triompher la justice ; sa puissance est encore plus grande ; elle a le pouvoir de faire triompher l'injustice. Ce qui la rend dangereuse, c'est qu'elle joint la force, la puissance à la méchanceté ou à la perfidie, imitant en cela tout ce qui a été renversé, foulé aux pieds, tout ce qui est par terre, qui se débat, et qu'elle rêve autant de se venger de ceux qui lui ont fait du mal, que de se montrer reconnaissante envers ceux qui lui ont fait du bien. Nous approuvons ceci sans réserve ; mais nous désapprouvons hautement cela. Une maxime sage qu'on nous a enseignée dans notre enfance dit qu'il faut oublier chaque jour les ressentiments de la veille.

Que l'Eglise souveraine protège la Prusse et l'Italie ou la dynastie de Savoie nous n'y voyons aucun mal ; mais la France a aussi quelques droits à sa reconnaissance. N'est-elle pas la fille aînée de l'Eglise ? Peut-elle oublier Charlemagne?

Quant à une noûvelle guerre continentale, à une guerre de revanche, elle n'y doit pas songer ; d'abord le traité de Francfort s'y oppose ; ce traité doit être respecté ; ensuite la France ne possède ni trésor de guerre, ni trésor de paix, c'est-à-dire ni économies, ni richesses qui lui appartiennent en propre. Elle n'a que des dettes et quelques œuvres d'art d'un prix inestimable mais qu'elle ne peut vendre.

On ne fait pas la guerre sans argent surtout quand on a des ennnemis puissants et nombreux. Un certain maréchal italien, Trivulce, disait qu'il fa'lait trois choses pour faire la guerre : « de l'argent, de l'argent et encore de l'argent » En 1792 Danton modifia légèrement cet aphorisme ; il prétendit que pour faire la guerre sociale et être victorieux, il fallait « de l'audace, encore de l'audace et toujours de l'audace ». On suivit ce conseil audacieux et on réussit parce qu'il se trouva là un Carnot et un Saint-Just qui en comprirent l'importance et la sagesse et qui le suivirent à la lettre à l'aide de la guillotine. Mais on avait alors pour soi le droit, la justice, la raison, Dieu même combattait avec le peuple opprimé, pressuré, malheureux et voulant respirer librement cet air salutaire qui appartient à tous, et dont on le privait injustement sous prétexte de droit divin , de bon plaisir, et de béatitude céleste. Aujourd'hui au contraire tout combattrait contre nous si nous essayions de mettre en pratique cette affreuse maxime qu'on attribue à M. de Bismarck : *La force prime le droit*, et qui ne nous semble qu'une excitation perfide à l'adresse de notre armée. Mais nous serons tous sages, et nous ne deviendrons ni la proie ni la risée de nos ennemis. Nous les vaincrons par des bienfaits s'il sont honnêtes ou par l'indifférence s'ils sont agressifs. Nous pouvons les ruiner en les enrichissant, en les engraissant par notre commerce et notre industrie. Nous pouvons tout faire par la justice.

Mais parlons des officiers d'académie et de l'instruction publique, ainsi que du palais de la Légion d'honneur incendié sous la Commune et reconstruit aussitôt après. Là tous les médaillés sauveteurs, les décorés, les chevaliers, officiers, commandeurs, grands officiers et grands'croix, les uns recevant un traitement, les autres n'en recevant aucun, sont inscrits par rang d'ancienneté, et composent l'ordre national de la Légion-d'Honneur que Napoléon Ier institua en 1802, afin d'exciter l'émulation parmi les citoyens et récompenser tous les genres de mérite. Dans les couvents de cet ordre au nombre de trois, Saint-Denis, Les Loges et Ecouen, les filles des chevaliers et des officiers de l'armée reçoivent gratuitement une éducation soignée. A côté on voit les Ecoles normale, centrale, polytechnique, militaires, des mines, etc., pépinières de savants en tous genres qui plus tard bouleversent la matière, ce qui vaut mieux que de bouleverser la Société.

Mais voici le PALAIS-ROYAL occupé par la Cour des comptes, dans lequel se tenait autrefois le Salon, et qui rappelle l'un de nos plus grands ministres et l'un de nos plus justes rois, Richelieu et Louis XIII ; arrêtons-nous-y un instant, car c'est une merveille d'architecture, en même temps que le centre de tous les arts, de toutes les industries, de tous les enchantements. Les plus beaux étalages s'y trouvent : horlogerie, orfèvrerie, pierres précieuses ; magasins de nouveautés et de modes ; tout est là. Le Palais-Royal contient les premiers restaurateurs de l'Europe et les premiers tailleurs du monde ; on y trouve deux théâtres, celui de la *Comédie-Française* et celui du *Palais-Royal*, un café concert, celui du *Caveau des Aveugles*, deux cafés ceux de la *Rotonde* et des *Hollandais*, une imprimerie, une librairie, celle de la Société des gens de lettres, un éditeur célèbre, M. Dentu, un jardin immense, un bassin, des concerts en plein vent chaque jour, enfin un canon astronomique qui part tout seul lorsque le soleil passe au méridien et que le temps est clair, ce qui indique le midi du lieu. C'est ce canon merveilleux, céleste, qui a imposé sa loi à toute la France. Aujourd'hui en effet on a partout l'heure de Paris, quoique la différence pour nous, habitants du Sud Est, soit d'environ un quart d'heure.

Le Palais-Royal, par sa situation, son origine, son étendue, sa beauté doit devenir le *Palais de l'Institut de France*, et celui-là la tête de la Nation. Cet Institut aura au-dessus de soi Dieu et au-dessous le peuple souverain. Il représentera la civilisation qui marche, le génie qui crée, la sagesse qui conseille, l'intelligence qui prévoit. C'est un monde à part qui doit vivre librement dans l'indépendance, le bien-être, les honneurs et la gloire. On devrait le compléter en créant cinq nouvelles académies qui pourraient être dénommées de l'*Éloquence*, des *Langues vivantes*, de l'*Agriculture*, des *Inventions* et de la *Géographie*. On devrait créer aussi un dixième ministère celui des Inventions.

Un million devrait être inscrit tous les ans au budget pour ce corps vénéré, le plus respectable et le plus utile qui soit au monde et le traitement de chaque académicien porté de 1,200 fr. à 12,000 fr. par an.

Le Palais-Royal serait sa propriété, son palais de ville ; *Chantilly*, qui lui a été légué par le duc d'Aumale, son palais d'été, sa maison de campagne. Virgile avait la sienne, il en avait même deux, celle de sa famille et celle dont lui fit présent l'empereur Auguste pour le récompenser de son patriotisme. Celle ci était située, dit on, dans les environs de Mantoue. L'Institut de France ne peut pas avoir moins qu'un simple poète latin.

Que l'on se figure le palais des *Tuileries* reconstruit, ainsi que nous le proposons, par les soins des soldats et par ceux des civils, et la *Cour des comptes* l'occupant ; que l'on se figure encore l'INSTITUT DE FRANCE installé au Palais-Royal, avec toutes ses archives, ses richesses littéraires, avec tous ses académiciens et leurs familles, et on aura le plus beau de tous les gouvernements, de toutes les associations, de tous les cultes. En face de ce vaste palais on verrait la place du même nom et le PALAIS DES ARTS (Louvre et Tuileries) ; au-delà le *Palais Bourbon* ou corps législatif, et celui du *Luxembourg* ou sénat ; au-delà de ceux-ci l'*Hôtel des Invalides* et le *Panthéon* surmontés de leurs dômes imposants, enfin au-delà ou à proximité de ces glorieux débris, d'abord la *Sorbonne* où repose Richelieu, ensuite l'*Observatoire* où les astronomes en communication avec Dieu lisent dans le ciel comme dans un livre ouvert, et enfin la *tour Eiffel*, le *Champ de Mars* et la gare *Montparnasse* où le Français, ami du changement et des voyages, trouve le moyen de se rendre partout, aux confins de la France occidentale, et de là aux confins du monde, c'est-à-dire dans nos colonies, en Afrique, en Amérique et dans l'Océanie, même à Madagascar, dans l'Inde et dans l'Extrême-Orient.

Du côté opposé, le Palais Royal, devenu Palais de l'Institut, aurait à sa gauche, en regardant le nord, la magnifique *Bibliothèque nationale*, qu'il faudrait agrandir, le palais de la *Bourse* qu'il faudrait supprimer, enfin la *Banque de France*, établissement unique en son genre, qui nous paraît être appelé à acquitter l'énorme dette de la France. Au-delà le mont des Martyrs (Montmartre) avec son église du *Sacré-Cœur* et ses pécheresses aussi ferventes que nombreuses. Sur les côtés on y verrait la belle avenue qui conduit à l'*Opéra*, chef-d'œuvre de Garnier, la rue *Saint-Honoré*, qui mène à l'*Elysée national*, autrefois demeure de Mme de Pompadour, où tant de fois nous avons monté la garde et fait faction, en 1848, et occupé aujourd'hui par le président de la République, la rue de *Rivoli* qui aboutit à la place de la *Concorde*, le plus beau quartier de la capitale et du monde ; enfin des rues qui conduisent aux *Halles*, à l'*Hôtel-de-Ville*, à l'*Hôtel-Dieu* et aux *Boulevards*, qui conduisent aussi aux gares du Nord et de l'Est, et de là au pôle. N'est-il pas vrai que dans ce quartier, dans ce palais qui rappelle RICHELIEU, l'immortel fondateur de l'Académie française, l'Institut de France serait dans son centre, dans son milieu, et infiniment mieux placé que dans son palais actuel à la coupole élégante et vénérable, mais insuffisante et vieillie ?

Puisque nous en sommes aux confidences, nous irons un peu plus loin dans le sens des réformes que nous souhaitons, mais en ayant soin de baisser encore un peu la voix afin de n'effrayer personne. Il y a tant d'hommes susceptibles !

Posséder des maisons et des terres partout et en grande quantité, ne peut être utile qu'à la condition d'en confier la garde, non à des particuliers qui inspirent la défiance, mais à des Etats puissants qui commandent le respect. L'Allemagne avec ses 40 ou 50 souverains et l'Angleterre avec son aristocratie toute puissante ne sont pas dans ces conditions. Au contraire l'Italie, la France et l'Espagne par leur situation et leurs richesses sont capables d'inspirer le respect et l'estime au monde entier d'autant plus que ces nations sont depuis longtemps familiarisées avec les gouvernements populaires. Or, ce sont ces Etats que

l'on redoute le moins et que l'on méprise le plus ! Par exemp,
l'Espagne, qui a conquis le nouveau monde, doublé le cap d.
Bonne-Espérance, produit les hommes les plus remarquables en
tous genres, possédé les terres et les mers, l'Espagne semble un
pays mort ; la France augmente sans cesse ses dépenses et ses
dettes, ce qui doit la mettre au tombeau avant l'heure, enfin
l'Italie avec ses côtes maritimes immenses, avec sa marine
puissante, avec ses ressources infinies ne possède aucune colonie.
Et cependant Rome a été la maîtresse de l'univers ; et puis,
c'est un Gênois, Christophe Colomb, qui a découvert l'Amérique ; c'est un Florentin, Améric Vespuce, qui l'a baptisée ;
c'est un autre Florentin, Galilée, qui a inventé les télescopes
astronomiques et trouvé le mouvement diurne de la Terre ;
c'est encore un Italien, Gioja, qui a inventé la boussole ; c'est un
Gênois, André Doria, qui a trouvé le moyen de diriger les
vaisseaux contre le vent ; ce sont deux savants de Bologne,
Galvani et Volta, qui, après Prométhée, ont dérobé le feu ou les
secrets du Ciel ; c'est un mécanicien de Vérone, Pacificus, qui,
au neuvième siècle, inventa les horloges sonnantes ; enfin c'est
un Italien qui a retrouvé le feu grégeois dont le secret était
perdu. En outre les plus grands peintres, les plus grands
architectes, les plus grands sculpteurs, les plus grands poètes,
les plus grands musiciens compositeurs, les plus grands
guerriers, les plus grands hommes d'Etat, les plus grands historiens, les plus grands orateurs et les plus grands agriculteurs
furent Italiens ou Latins, c'est-à-dire presque Français et
Espagnols.

Alors pourquoi ce merveilleux pays, qui a fait son unité et
acquitté ses dettes, est-il ainsi oublié ? On s'est partagé l'Afrique,
l'Indo-Chine, l'Océanie, en un mot le monde, et l'Italie n'a rien
obtenu. Cela nous paraît injuste ; mais ce qui nous semble
insensé ce sont les manœuvres de montagnes que l'on exécute

tous les ans dans le voisinage de ce pays ami. Masséna, Joubert et Lecourbe n'en firent jamais autant, ce qui ne les empêcha pas de vaincre et de repousser les Autrichiens et les Russes en 1796 et en 1799.

D'un autre côté, Marseille qui a absorbé tout le commerce de transit se trouve à l'étroit et se plaint sans cesse. Selon nous, une cité qui possède 500 mille habitants ne doit plus rien souhaiter, pour ce motif qu'une population au dessus de ce chiffre n'est plus un avantage, un bien ; c'est une confusion, un grouillement, un nuage vaporeux. C'est aussi un danger pour la santé et la sécurité publiques. Il faut donc à ces cités imposantes des succursales, des dérivatifs, des dédoublements.

Le golfe Jouan doit être la succursale de Marseille. C'est là qu'une partie des transports venant de l'Extrême-Orient par le canal de Suez, devra se rendre bientôt. Ce sera une économie d'un jour ou deux, on évitera des naufrages possibles, et le mistral, par l'Estérel, sera mis dans l'impuissance de nuire. Colbert fit creuser le port de Toulon, ce qui entraîna des dépenses énormes ; au golfe Jouan le port est fait ; c'est une rade mais elle est fermée par un écueil de 5 ou 600 mètres de long qui vient à fleur d'eau sur quelques points et que l'on nomme la *Pierre-Fourmi*. L'effort des vagues est donc brisé, quelque temps qu'il fasse, par cette barrière naturelle invisible, par cette digue sous-marine que l'on pourrait compléter à peu de frais et qui laisse les vaisseaux en repos, le mouillage étant excellent. C'est de ce côté que Marseille et le Gouvernement doivent tourner leurs regards.

LETTRE VIII

Et le *Muséum* d'histoire naturelle illustré par les Geoffroy-Saint-Hilaire, les Cuvier, les Buffon, les Ampère ! Et le jardin des plantes créé par Richelieu ne sont-ils pas aujourd'hui riches, agréables, variés et en même temps instructifs ? On y voit tous les animaux possibles, même des hippopotames et des rhinocéros, même des baleines. Et toutes ces écoles de Paris et des départements instruisant la jeunesse, lui apprenant les droits et les devois du citoyen, écoles d'*Agriculture*, *Professionnelles*, d'*Arts et métiers*, du *Prytanée*, de *Saint-Maixent* ou des sous-officiers, ne sont-elles pas des trésors admirables ?

Et tous ces monuments qui étonnent par leurs proportions et leur beauté et que l'on rencontre partout. Ici ce sont les ponts de Paris d'une légèreté et d'une solidité dont rien n'approche, plus loin c'est le pont de Tours qui a 500 mètres de long sur 100 de largeur et sous lequel les bateaux passent et repassent constamment allant, les uns à Nantes et à Saint-Nazaire, les autres à Orléans et à Paris. A côté du pont de Tours on voit la belle statue en bronze de Descartes, dont la philosophie toujours en honneur est caractérisée par ce mot célèbre, *Cogito, ergo sum* (*Je pense, donc j'existe*), maxime qui nous semble erronée et que nous avons remplacée par celle-ci un peu plus matérielle, mais beaucoup plus réelle, plus exacte, plus facile à discerner, *Edamo, ergo sum*. (*Je consomme, donc je vis*). Que consommons-nous ? de l'air, toujours de l'air, à chaque instant, à chaque âge, en tous lieux. Nous ajoutons à cette nourriture naturelle et gazeuse qui ne nous fait jamais défaut, d'abord un peu de lait dans le premier âge, ensuite un peu de tout dans les trois âges suivants. Il nous arrive même, quand la déperdition des forces est trop grande ou que l'ambition est trop forte par suite des études ou par suite des excès, d'y ajouter beaucoup de tout. On dit qu'abondance de bien ne nuit pas ; nous répondons que l'excès en tout est un défaut.

A Chartres c'est sur la grande place, la belle statue de Marceau, jeune héros de vingt-sept ans, qui mourut pour la patrie ; c'est aussi le souvenir de Mme de Maintenon, veuve d'un poète et femme d'un roi, qui ne peut s'effacer de la mémoire des habitants parce que cette femme illustre écrivit des lettres admirables et qu'elle fut la fondatrice de Saint-Cyr, pensionnat des filles nobles et pauvres, qui rendit les plus grands services sous Louis XIV et ses successeurs. Dans cette ville on admire encore la belle cathédrale gothique où Henri IV fut sacré et que l'on devrait débarrasser des pauvres habitations qui l'entourent, afin d'en faire resplendir la beauté. A Angers autre cathédrale gothique admirable, Ecole d'arts et métiers, berceau du grand statuaire David d'Angers. A Rennes, à Saint-Malo, à Lorient, partout des souvenirs glorieux de Duguesclin, de Chateaubriand, de Lamennais, de Jules Simon, de V. Massé, de Bisson, de Barbier. A Cherbourg, la digue immense qui arrête l'effort des vagues, la statue équestre de Napoléon Ier, le port, l'arsenal et les forts qui les protègent. A Angoulème, à Cognac, les souvenirs de François Ier, de la fille de Louis XVI et de son mari le duc d'Angoulème. A Bordeaux, à Lyon, à Toulouse, des monuments dignes des capitales; enfin à Nîmes, Narbonne, Arles, Fréjus, pays plantureux, les ruines des monuments romains que vingt siècles couronnent et qui font rêver au passé.

Mais découvrons-nous et saluons avec respect. Ce magnifique tombeau que nous apercevons dans la Sorbonne, c'est celui du grand ministre, le cardinal de Richelieu, qui agrandit sa patrie et la rendit glorieuse. Honneur à ce prince de l'Eglise qui, aimant son pays, travailla pour l'Etat comme l'Etat avait travaillé pour l'Eglise, et qui mourut pour lui ; on ne peut que l'admirer et le regretter ; honneur aussi au célèbre statuaire Girardon qui cisela les belles figures allégoriques de ce tombeau.

Et le souvenir de toutes ces femmes remarquables qui ont préféré la gloire des lettres ou les douceurs de la famille, à l'amour des plaisirs et des aventures, et qui nous ont laissé des monuments de leur génie ; les Sévigné, les Maintenon dont nous venons de parler, les Deshoulières, les Cottin, les Escudéry, et plus près de nous les G. Sand, les Rosa Bonheur, les Louise Collet, les Anaïs Ségalas, les Amable Tastu, les Juliette de Joinville, les Sophie Gay, les Favart, les Borchard, les Mioland-Carvalho, les Sarah Bernhardt, les Thénard, les Louise Michel, les Ernst, les Rachel, les Juliette Lamber ! Et les professeurs, les docteurs, les recteurs ! et les orateurs, les avocats, les philosophes !

De notre demeure, somptueuse et triste, nous apercevons par la pensée à Nice, la belle statue de Masséna, qui fut prince d'Essling et duc de Rivoli, à Aix; celle non moins admirable du général Miollis ; à Antibes le tombeau du général Championnet, tous guerriers modèles qui s'illustrèrent partout et qui sont immortels.

Et Marseille n'est elle pas une cité admirable, plus belle que toutes celles qui existent, en en exceptant toutefois Paris ? N'a-t-elle pas détrôné Constantinople qui contient 500 mille habitants, Alexandrie qui en contenait 700 mille, Canton en Chine qui en contient 2 millions, enfin Naples, Cadix, Gênes et Barcelone qui sont à ses côtés et qui furent des mondes ?

Comme on voit il est d'autres trésors en France que ceux dont nous avons écrit les noms en tête de cet ouvrage ; nous ne saurions en faire la nomenclature complète ; nous nous bornons à dire que de tous les pays du monde, c'est encore la France qui offre le plus d'attraits, qui inspire le plus de sympathie, qui excite le plus d'admiration. Pourquoi donc ne l'aimerions-nous

pas? Cela ne nous empêche ni de voyager, ni de parler les lan-
langues étrangères, au contraire ; plus on aimera la France et
plus on devra voyager ; les voyages présentent des avantages
qui tournent toujours au profit du plus grand nombre, qui
tournent surtout au profit de la patrie quand on l'aime.

   Mais voici Reims, Dreux. Saint-Denis, cités vénérables, nécro-
poles silencieuses où nos rois furent sacrés et puis ensevelis ;
voici Saint-Germain et Fontainebleau avec leurs forêts immenses
de cent mille hectares peuplées de faisans et de cerfs, nous rappelant l'une la naissance de Louis XIV, l'autre, François Ier et
les adieux de l'empereur Napoléon à ses guerriers, en 1814.
Que de souvenirs font battre le cœur à ces noms glorieux et à
ces dates mémorables ! Nous pensons qu'on devrait faire
quelque chose en faveur de ce dernier. N'est-il pas avec Voltaire,
le plus grand homme du monde ? Quel est le Géant, le Titan,
le Jupiter qui peut lui être comparé ?

   Nous demandons à tout hasard, certain que personne n'en
mourra, d'abord que l'on cède en toute propriété à la France les
îles d'Elbe, Jersey. Guernesey et Sainte-Hélène, ensuite qu'on
lui rende l'Alsace-Lorraine, Metz et Strasbourg, et cela en
échange de la grande île de Madagascar qui nous appartient et
que nous céderions à l'Angleterre, à l'Allemagne et à l'Italie.
Nous aurions alors le commencement, le milieu et la fin de cette
gloire immense, de cette existence rapide, extraordinaire, rayonnante de Napoléon le Grand qui, né à Ajaccio le 15 août 1759 et
mort le 5 mai 1821, sur le rocher de Sainte-Hélène, à l'âge de
52 ans, se couvrit de gloire en arrachant Toulon aux Anglais en
93, l'Italie aux Autrichiens en 97. l'Egypte aux Turcs et aux
Mameluks en 98 et le pouvoir au Directoire en 99.

   Ce pouvoir il l'exerça seul comme consul ensuite comme
empereur, et c'est alors qu'il éclipsa tous les souverains, tous
les guerriers, tous les législateurs et tous les hommes d'Etat

qui l'avaient précédé, par le nombre et la rapidité de ses victoires, de ses conquêtes, de son génie. En 1800 c'est la bataille de *Marengo* suivie des traités de Lunéville et d'Amiens. En 1801 et 1802 qui furent des années de paix le concordat avec le saint siège fut sanctionné et l'ordre de la Légion d'honneur créé.

En 1804, c'est l'occupation de Vienne, après les batailles d'*Elchingen*, d'*Amstetten* et de *Diernstein* où les Russes et les Autrichiens furent vaincus ; le 2 décembre de la même année célèbre bataille d'*Austerlitz*, suivie du traité de *Presbourg*, que l'empereur de Russie ne voulut pas signer, parce qu'il confirmait la réunion des deux couronnes de France et d'Italie sur la tête de Napoléon. Pourquoi MM. Thiers et J. Favre ont ils signé la cession de l'Alsace-Lorraine à la Prusse, en 1870 ? Nous pourrions la reprendre aujourd'hui par la violence.

En 1806, conquête du royaume de Naples et de la Hollande, établissement de la confédération du Rhin dont Napoléon se déclare le protecteur ; bataille d'*Iéna* et occupation de Berlin ; bataille de *Lubeck* et création du royaume de Westphalie.

En 1807, occupation de Varsovie et bataille d'*Eylau*, gagnée sur les Russes ; peu après victoire décisive de *Friedland*, suivie du traité de Tilsitt. Conquête du Portugal.

En 1808 guerre en Espagne, occupation de Madrid.

En 1809, guerre en Autriche ; victoires de *Ratisbonne*, d'*Eckmühl*, d'*Esslin* et de *Wagram*, suivies du traité de *Vienne* et de la construction de la colonne Vendôme au moyen de 12 ou 1500 pièces de canon conquises sur les ennemis.

En 1811 et 1812, campagne de Russie avec 400 mille hommes ; bataille de la *Moskowa*, occupation de Moscou ; retraite, passage du *Niémen* et de la *Bérésina*.

En 1813, victoires de *Lutzen*, de *Bautzen* et de *Dresde* sur les armées coalisées ; peu après défaite de *Leipsick*.

En 1814, la France est envahie par des armées innombrables. Toutefois Napoléon remporte les victoires de *Troyes*, de *Monte-*

reau, de *Bar-sur-Aube*, de *Chaumont*, de *Brienne*, de *Champau-bert*, etc. Mais la capitale, privée de son bouclier, est obligée d'ouvrir ses portes aux ennemis qui auraient pu être vaincus encore une fois si on avait attendu un jour de plus, et on subit la loi des vainqueurs !

En 1815, Napoléon, qui était parti pour l'île d'Elbe dont on lui avait imposé la souveraineté, revient de ce point, débarque au golfe *Jouan* près de Cannes et se rend à Paris par Grasse, Digne, Grenoble et Lyon. Il fait son entrée dans la capitale le 20 mars.

Le 16 juin 1815, victoire de *Fleurus* (Belgique), et le surlendemain, 18 juin, défaite de *Waterloo !*... Peu après départ pour *Sainte-Hélène !*...

En 1821, mort de ce grand homme après une captivité, un martyre qui dura six ans et que rien ne put ni conjurer ni faire cesser. Son corps repose à l'hôtel des Invalides, à Paris, depuis 1840.

Il fit ce qu'avaient fait Charlemagne, Alexandre, César ; il fut comme tous ces guerriers grand et victorieux ; mais ses quatre successeurs, comme les quatre successeurs d'Alexandre et les quatre successeurs du fils de Pépin, ne purent ni supporter le poids de cette puissance immense, ni empêcher les ennemis de la France, de la Révolution, de la liberté, de s'implanter sur notre sol.

Ainsi Napoléon fut empereur des Français, roi d'Italie, médiateur de la Suisse, protecteur de l'Allemagne, gendre de l'empereur d'Autriche, et, par ses frères et ses généraux, roi de Naples, d'Espagne, de Hollande, de Suède et de Westphalie. Il fut aussi le roi de l'Illyrie et de la Dalmatie. Il fut maître un instant de l'Égypte, de Moscou, de Varsovie, de Saint-Domingue et, par le blocus continental, de l'Angleterre.

Après Charlemagne on vit les Normands s'emparer de la moitié de notre pays, après Napoléon on a vu les Germains en faire à peu près autant ; tant il est vrai de dire que les mêmes causes produisent toujours les même effets. Aujourd'hui nous sommes en République, malgré la volonté de tous les gouvernements européens et comme nous nous sentons menacés, nous sommes continuellement sous les armes ; de là notre ruine, notre malaise, notre impuissance. On doit remédier à cela par les combinaisons diplomatiques et les armées territoriales. Nous proposons une de ces combinaisons ; il en existe d'autres. Mais l'abandon de Belfort à la Prusse et le désarmement seraient les plus décisives. Nous avons attaqué cette puissance en 1870 et nous avons été vaincus ; on nous a donc imposé les conditions que nous avions le désir, l'espoir, d'imposer aux Prussiens. Nous devons nous déclarer satisfaits, c'est-à-dire que nous ne devons plus prier pour les morts mais nous occuper des vivants.

« Chat échaudé craint l'eau froide » dit un proverbe ; nous devons le prendre pour nous. On peut être malheureux, se tromper, commettre des erreurs ; on n'a pas le droit de violer ses engagements ; ce serait d'un exemple pernicieux, et nous en serions punis. « Qui vit de l'épée périra par l'épée ! », dit l'Évangile. Méditons ces paroles profondes en abandonnant ou en réclamant à nos voisins par la douceur, par la diplomatie, tout ce qui peut faire naître des *casus belli*.

LETTRE IX

On ne peut pas dire que la France a seule le monopole du génie, qu'elle a tout créé, tout transformé, tout inventé dans la société contemporaine ; les nations voisines ou amies, l Amérique, l'Allemagne, la Suisse, l'Espagne, l'Italie, l'Angleterre. ont eu leur contingent de savants, d'inventeurs, de créateurs; on peut avancer cependant, sans trop s'écarter de la vérité, que la France a été, par sa Révolution, le point de départ de toutes les améliorations. de toutes les transformations, qu'elle a été pour l'Europe et le monde comme le commencement d'une ère nouvelle.

Ainsi l'américain Fulton, l'inventeur des bateaux à vapeur, a eu pour précurseurs Papin, Jouffroy, Audriel et Sauvage qui étaient Français ; un autre américain, Morse, l'inventeur des télégraphes électriques, a été précédé d'Arag, d'Ampère, qui étaient français, de Galvani et de Volta qui étaient Italiens et qui tous avaient découvert les merveilleuses propriétés de l'électricité. A côté de Stephenson, l'inventeur de la locomotive, nous avons Séguin qui trouva la chaudière tubulaire ; à côté de Senefelder, l'inventeur de la lithographie, nous avons l'héliographie de Charles Nègre et la photographie de Daguerre ; à côté de Dreysse et de Krupp, nous avons Chassepot, Lebel, Bange et les autres. Enfin, à côté de Milton, du Tasse, de Camoens, de Virgile, d'Homère, nous avons Voltaire, Mery, Barthélemy, V. Hugo, Lamartine, Casimir Delavigne et mille autres.

Et les phares de Borda et de Fresnel ! et la machine à coudre de Thimmonnier, sont-ils Français ou étrangers ? Et le sucre de betterave, inventé par le prussien Achard, n'est-il pas un peu français? Mais le gaz d'éclairage de Lebon ! la soude artificielle de Leblanc ! et les cables sous-marins sont réellement des inventions françaises. Et Jacquard, l'inventeur du métier à tisser, était il Français ou étranger ? Et la chaussure chevillée, boulonnée à mécanique, si commode, si peu coûteuse et si durable n'a-t-elle pas vu le jour en France ?

Sans doute l'Angleterre a Simpson et Jenner, mais nous avons Paré et Soubeyran; elle a Boyton et nous Vaucanson. L'Allemagne a Liébig, nous avons Cholet ; La Prusse à Luther, nous avons Calvin ; l'Italie, Michel-Ange, Raphaël, nous avons Puget, Brongniart, Meissonier, Soufflot, Lebas ; l'Angleterre a Walter Scott, nous A. Dumas ; Francis Trolopp, nous Eugène Süe ; lord Byron, nous Lamartine, A. de Musset et V. Hugo ; Cook, le célèbre navigateur, nous Dumont-d'Urville, Lapérouse, Bougainville. La Grèce a Phidias et Apelle, nous avons Chaudet, Cortot Ottin, Pradier, Rude, David d'Angers, et dans la peinture, Gros, Gérard, Guérin, Géricault, Ingres, E. Delacroix, Scheffer, Robert et les autres. L'Italie a les siècles d'Auguste et de Léon X, nous avons ceux de Louis XIV, de Napoléon, de Charlemagne.

Avant la Révolution on ne pouvait ni s'élever, ni grandir, pour ce motif que l'Eglise et l'Etat ne demandaient que de la soumission, des cadavres, des bâtons, en un mot des adulations, des prosternements, des avilissements. Sous le souffle puissant de la liberté, les esprits s'élevèrent rapidement et s'élancèrent jusque dans les profondeurs du ciel ; ils descendirent aussi, avec Cuvier, Buffon et Jussieu, jusque dans les profondeurs de la Terre, non plus pour y voir, comme autrefois, les âmes ou les ombres des trépassés, des grands hommes disparus, mais pour examiner, étudier, comprendre les différents âges de notre globe ainsi que les éléments divers qui le composent et les êtres qui y vivent ou qui y vécurent.

C'est donc avec raison que Fénélon, au temps de Louis XIV, s'écriait dans son *Télémaque*, faisant sans doute allusion à la

misère du peuple et à l'éclat de la royauté, du clergé : « Qu'y
« voit-on ? Un monstre dont la *tête* est d'une grosseur énorme
« et dont tout le *corps*, exténué et privé de nourriture, n'a aucune
« proportion avec cette tête ».

En 1795 on créa l'Institut de France dont on se prépare à
célébrer le centenaire, et de nouveaux horizons se déroulèrent
aux regards du peuple souverain.

En 1798 eut lieu la première exposition des produits de l'industrie ; on y vit une centaine d'exposants à peu près. Aujour-
d'hui il y en a cent mille, et quelles merveilles on y expose ! on
en est ébloui.

Mayence revendique l'honneur d'avoir vu naître Gutenberg,
l'inventeur de l'imprimerie, ce grand véhicule de la civilisation ;
mais Strasbourg, mais la France donna à ce grand homme
une généreuse hospitalité et lui éleva, plus tard, une statue.

En 1796 et 1797 eurent lieu ces victoires célèbres qui ont
immortalisé Bonaparte, Masséna et les soldats de la République,
savoir, *Montenotte, Millesimo, Mondovi, Lodi, Lonato, Mantoue, Favorite.*

En 1798, ces héros intrépides étaient au pied des Pyramides
du sommet desquelles, selon le mot de Napoléon, *quarante
siècles les contemplaient !*

En somme l'État, la patrie peut être riche, très riche, sans
rien craindre de personne, et se suffire, tout en répandant des
bienfaits partout. L'Église, elle, est très riche aussi, mais elle est
obligée de dissimuler ses richesses ; elle craint de les perdre
encore une fois, comme si on pouvait emporter ses biens dans
l'autre monde ! L'Église riche fait vœu de pauvreté, l'Église toute
puissante fait vœu d'humilité, enfin l'Église qui dicte des lois
partout directement ou indirectement, en son nom ou en celui
des autres, fait vœu d'obéissance ! Il y a là quelque chose que
la raison a peine à s'expliquer, à comprendre. Aussi ne faut-il

plus dire : Dieu protège la France ; mais bien : que le Ciel protège notre patrie !

On peut appliquer à l'Eglise et à ses erreurs qu'elle décore du nom de dogmes cette réflexion sage d'un écrivain distingué et d'un diplomate éminent : « Un fou qui se croit sage, dit le » comte de Ségur, méprise ou hait tout ce qui ne pense pas » comme lui. Il veut, pour le bien public, forcer son prochain à » se soumettre à son opinion. Tout homme qui émet un avis » opposé au sien est un ennemi de l'ordre, de l'Etat et de » Dieu. » N'est-ce pas ainsi que l'Eglise agit ?

Comme on reconnaît bien là le suprême défaut de la religion, de toutes les religions à ce portrait d'après nature ! Comme le christianisme ou plutôt le catholicisme, nous allions dire le charlatanisme, y révèle son intolérance, son *non possumus*, son immobilité ! Comme on y souffre avec Galilée, avec Jeanne Darc, avec Dolet, avec les Vaudois, les Albigeois, les Camisards, les Huguenots, avec les païens, tous martyrs ou victimes de l'intolérance, de la religion, de l'erreur !

Travaillons et restons unis ! Que la religion ne nous inspire plus d'autre sentiment que la pitié ou l'indifférence. Il faut que le XXe siècle qui va commencer soit aussi le début d'une ère nouvelle, celle de la paix, de la concorde, de la sécurité. Le patriotisme doit être comme l'air vital des Français ; il doit être aussi leur boussole. Ni l'intérêt ni le plaisir ne peuvent remplacer ce sentiment.

Restons quand même et toujours groupés autour de nos chefs, et puisque nous sommes en République renonçons aux conquêtes ; bien mieux, aidons nos voisins à faire celles qui leur sont indispensables, non par les armes, mais par la diplomatie, cela nous rendra invincibles, éternels, tout puissants. Nous aurons vaincu par des bienfaits.

Evidemment le pape nous garde rancune de ce qu'après l'avoir protégé pendant vingt ans, de 1849 à 1870, la France a permis qu'on le dépossédât de Rome dont on lui avait garanti la possession et du palais du Quirinal qu'il considérait comme son bien propre. Mais il était impossible d'agir autrement ; ce n'est pas après avoir combattu avec les Italiens pour l'unité de l'Italie, à Magenta et à Solférino, qu'on devait se battre contre eux pour conserver au pape son pouvoir temporel qui s'effondrait de toute part. La raison ne pouvait admettre cela.

Quoi qu'il en soit selon nous la base de tout pouvoir prépondérant, de toute autorité morale supérieure doit résider, non à Rome ou au Vatican, ou à Berlin, mais dans l'union la confédération de ces trois Etats : La France, l'Espagne et l'Italie qui sont trois foyers éclatants, trois centres lumineux et dont l'histoire est magnifique. Hors de là pas de salut.

Il y a quelque chose de mieux à faire que de garder les peuples par des armées permanentes, ou les faire garder par leurs voisins, comme à Gibraltar, à Jersey et à Malte où les gardiens semblent des dogues furieux et non des pasteurs! c'est de les enfermer dans de bonnes frontières naturelles, comme la Camargue, et de les laisser librement travailler, boire, manger, dormir et procréer dans l'intérêt de leur patrie et de tout le monde. C'est le patriotisme que nous prêchons. Il n'en existe pas de meilleur.

En dépit de certain empereur d'Orient qui, au Xe siècle, fit graver sur sa monnaie l'image du Christ avec ces mots : *Roi des rois*, il est malheureusement vrai que l'humble fils de Joseph et de Marie, que Jésus ne gouverna rien du tout, qu'il ne fut roi que de nom et qu'il devint, par sa faute et celle de ses partisans, la proie de ses ennemis, ce qui n'est pas le fait d'un Dieu, mais d'un homme et d'un homme ordinaire encore. Quant à ses miracles, on sait bien qu'ils ne furent qu'une conséquence de l'ignorance et de la crédulité populaires. On en fait de plus sérieux aujourd'hui. Au surplus, ce nom *Inri* qu'on lit sur les crucifix indique clairement cette absence de pouvoir de notre

Sauveur. Il signifie en effet : *Jésus ne régna jamais* ; ou bien : *Jésus ne ressuscita jamais*. Nous ne disons rien d'invraisemblable en affirmant que l'établissement, le triomphe du christianisme en Occident a tenu à un fil, à un cheveu. Si Clovis Ier eût été vaincu à la bataille de Tolbiac, c'en était fait de ce nouveau culte. Les Ariens auraient eu raison contre lui. Quant à nous, nous professons depuis longtemps un culte nouveau qui ne nous cause aucune gêne et qui nous rend heureux, parce qu'il ne fait mourir personne et que tout le monde peut l'accepter et le pratiquer sans répugnance ; c'est celui de la CIVILISATION, qui est bien plus dans les grands desseins de Dieu que la vocation d'Abraham ou la venue du Messie, et qui donne aux hommes de tous les pays toutes les satisfactions, toutes les jouissances au point de vue du cœur et de l'esprit, sans qu'il soit nécessaire pour cela d'être despote ou ambitieux, ou intolérant envers ses semblables.

En cherchant un peu on pourrait trouver un autre Christ, avec ou sans H, qui serait plus instruit, plus sage, plus prudent, plus fort, plus juste, en un mot, plus utile que l'ancien, et qui continuerait, comme dans certaines religions anciennes, les traditions de l'ancien peuple de Dieu ; son monogramme pourrait être C X T ou C † T ; sa devise *Dieu, Patrie, Liberté* ; ses armes, une faucille ; sa nuance, le gris de fer ou l'orangé ; enfin ses dogmes, le travail, la famille, l'instruction, la civilisation, l'indépendance, la liberté. Nous avons vu à Strasbourg, en 1855, à côté de la statue de Gutenberg, un Christ vivant, bien vivant que tout le monde estimait. Il était coutelier, mais ne menaçait personne.

Mais laissons les morts et les dieux dormir dans la Terre et dans le Ciel, occupons-nous des vivants qui travaillent et qui souffrent. Il n'y a pas de plus noble ni de plus utile occupation que celle-là, surtout quand on a le sincère désir de les rendre heureux.

Nous demandons pour ces vivants, non de nouvelles lois, de nouveaux pièges, de nouveaux châtiments, nous trouvons qu'il y en a assez, qu'il y en a même trop, mais de nouvelles récompenses, de nouveaux témoignages de satisfaction, de nouveaux bienfaits.

Récompenser, c'est créer ; punir, c'est détruire, non pas le mal, il a toujours existé et il existera toujours, mais le bien, c'est-à-dire ce que Dieu a fait.

Nous pensons qu'il faudrait en France quatre ordres honorifiques, le *Sauveteur*, l'*Universitaire*, l'*Agricole* et la *Légion d'Honneur*.

Nous avons dit que pour asseoir l'État sur une base solide il fallait ajouter aux trois grands pouvoirs publics, le *pouvoir académique*, en faisant de l'Université, de l'enseignement, du professorat, de l'Instruction, de la science, en un mot de l'Académie, de l'Institut, magnifique foyer qui éclaire, guide et récompense la vertu, une force, une puissance, une gloire. Ce nouveau pouvoir imposerait ou ferait aimer les lois, la patrie, ainsi que les principes de morale universelle. Il aurait pour mission de vanter les avantages de la paix, et d'inspirer l'horreur de la guerre. Celle-ci, inventée par Bélus et Nemrod 14 ou 1500 ans avant Jésus-Christ, a fait son temps.

Il continuerait à décerner, chaque année, des diplômes et à distribuer des récompenses en vue d'honorer le mérite et la vertu. Il professerait le culte de la patrie, de l'humanité, l'amour de l'indépendance et le respect de la civilisation. Sa devise comme celle du nouveau Crist serait Dieu, Patrie, Liberté. Alors on pourrait substituer à cette maxime erronée : « Hors de l'Église pas de salut », celle-ci plus exacte, plus raisonnable : Hors de la France pas de bonheur !

L'indépendance consiste à pouvoir faire librement ce que l'on veut en vue du bien, ou ce qui est conforme à la raison, au lieu de faire aveuglément ce que veulent les autres, et ce qui n'est que le résultat du fanatisme, de la cupidité, de l'orgueil.

A certains indices révélateurs qui attirent l'attention on reconnaît que l'Eglise est toute puissante malgré l'indifférence du peuple en matière de religion. Par exemple, les services publics sont paralysés le dimanche et les jours de fête. Pourquoi ? On n'en sait rien. Les agriculteurs, les travailleurs, les ouvriers n'ont que ces jours là pour acquitter leurs impositions et mettre en ordre leurs affaires ; ils ne peuvent y parvenir, les bureaux étant fermés. Qui empêcherait de laisser dans ces bureaux à tour de rôle un employé qui aurait pour mission de recevoir des fonds et donner des renseignements ? L'hôtel des postes et télégraphes est bien ouvert toute l'année !

A Toulon il existe une rade superbe où de nombreux et formidables cuirassés sont à l'abri du vent et des naufrages. Cependant les soldats, les marins et les fonctionnaires qui se rendent en Algérie et dans l'Extrême-Orient sont embarqués, à Marseille, sur des paquebots appartenant à des compagnies industrielles qui reçoivent pour ce service des subventions considérables, et c'est aussi là que l'on débarque ceux qui reviennent de ces pays lointains. Le mal ne serait peut-être pas grand si Marseille ne se plaignait pas. Mais cette ville trouve qu'elle n'a pas assez... de rotondité ; elle s'inquiète de Brindisi, de Rouen, de tout ; surtout des lignes de chemins de fer que l'on crée et qui ne traversent pas la Canebière. Bien plus, elle voudrait faire un nouveau port du lac de Berre et creuser un canal au pied des Pyrénées. Or, nous avons, à Toulouse, le canal du Midi, chef-d'œuvre de Riquet, et à Cannes le golfe Juan bien abrité du mistral et beaucoup plus rapproché du canal de Suez que la vieille cité Phocéenne. C'est cette rade qu'il faut améliorer, conserver, embellir.

Même remarque pour les troupes qui voyagent en chemin de fer. Il faut encore payer là des sommes ruineuses aux compagnies.

Cela nous semble injuste. Ce n'est pas l'Etat qui doit obliger les compagnies à travailler pour lui, pour la patrie, ce sont les compagnies qui doivent se disputer l'honneur de lui être agréable, de lui être utile, de lui plaire ! Il faut remédier à cela.

L'indice le plus apparent qui révèle l'importance de l'Eglise et qui explique en partie la théorie du mandat impératif est celui qui se rapporte aux timbres de quittance. Le simple bon sens dit que ce timbre doit être placé sur la pièce comptable par les soins de celui qui l'établit et non par celui qui achète des objets à un prix déterminé ; or c'est le contraire qui a lieu. Celui qui a acheté pour 10 francs de marchandises est obligé par la loi de payer 10 fr. 10, et si le timbre en question n'est pas à sa place, ce qui peut arriver, car en achetant on cause et on a des distractions, c'est encore l'acheteur qui est passible de l'amende, qui a violé la loi, lorsque l'infraction est découverte, qu'elle est légalement constatée Nous trouvons cela absurde.

Après avoir cherché le motif, la raison de ce non-sens, nous l'avons découvert dans ce fait que l'Eglise ou les sociétés qui la représentent produisent et vendent beaucoup, mais n'achètent pas ; c'est donc une économie pour elle. Nous demandons que toutes les quittances sans exception soient soumises au timbre, que ce timbre soit progressif, c'est-à-dire proportionnel aux sommes portées sur la facture ; que les livres, les tableaux, enfin toutes les pièces justificatives, tous les titres, tous les documents importants en soient revêtus : ainsi les brevets, les diplômes, les actes notariés ou sous-seing privé, tout devrait porter un timbre. Il va sans dire que ce timbre devrait être modifié; on le nommerait timbre national ; sa valeur correspondrait aux valeurs des monnaies ayant cours, c'est-à-dire qu'on aurait des timbres de 5, de 10 et de 50 centimes, de un, de deux et de cinq francs.

Nous demandons aussi que la poste ne se charge que du

transport des dépêches ; pas de fleurs, de parfums, d'échantil-
lons, qui encombrent et que les chemins de fer réclament. Des
lettres, des journaux et des papiers d'affaires, des cartes postales,
des lettres postales et des lettres recommandées, les premières
taxées o fr. o5. les deuxièmes o fr. 10 et les dernières o fr. 50.
N'est-il pas étrange qu'un journal soit taxé 2 centimes et
qu'une simple carte de visite sous enveloppe ouverte, ayant
soixante fois moins de surface et trente fois moins de poids, soit
soumise au timbre de cinq centimes? On répond que la
carte de visite peut être mise sous bande et alors ne plus
payer que 1 centime, mais nous avons vu des cartes de visite
de femmes qui, par l'exiguité de leurs dimensions. n'auraient
jamais pu supporter la bande large devant recevoir l'adresse, le
timbre du bureau expéditeur et le timbre poste. Beaucoup de
personnes aiment. adorent ce qui est mignon. Que faire à cela ?

Mais c'est assez parler du timbre et des papiers timbrés.
Occupons-nous de ceux qui ne le sont à aucun titre et qui ont
droit à notre sympathie, à notre respect. Nous voulons parler
des membres de la grande famille humaine. surtout de ceux
qui composent la nation française, et plus particulièrement de
ceux qui sont placés à la tête du pouvoir. Nous nous permettrons
de demander à ceux-ci pourquoi le budget est toujours mis en
discussion et voté à la fin de l'année au lieu de l'être au commencement. et pourquoi les changements de ministères, qui
affaiblissent un Etat, qui en retardent la marche, sont aussi
fréquents, aussi redoutables dans notre pays. Nous voyons les
hommes d'Etat étrangers conserver leur pouvoir indéfiniment et
les nôtres ne l'exercent que quelques mois? D'où cela provient il ?

LETTRE X

Et toutes ces sociétés privées, scientifiques, littéraires, artistiques, des départements et de la capitale, ne sont-elles pas des véhicules puissants de la civilisation ? Personnellement nous avons fait partie d'une vingtaine de ces associations, entre autres des sociétés *Franklin*, des *Amis des Lettres*, de *Secours mutuels*, des *Sciences et Arts de Cannes et de l'arrondissement de Grasse*, du *Cercle Nautique*, de la *Société Protectrice des Animaux*, de *Géographie*, des *Anciens Sous-Officiers*, de *Secours aux Blessés*, etc., etc. Mais à la suite de nos désastres, de notre ruine, nous avons dû demander partout notre exeat. Il nous en a coûté de renoncer aux avantages intellectuels et moraux que nous procuraient ces associations distinguées, choisies, savantes ; mais il nous était impossible de faire autrement. Cependant une de ces sociétés utiles, à laquelle nous nous sommes attaché, comme à une famille adoptive, a bien voulu nous conserver dans son sein et nous a fait l'honneur de nous compter au nombre de ses membres correspondants : c'est la *Société de Géographie de Marseille*.

Nous ne saurions exprimer assez dignement ici la satisfaction intime que cette décision flatteuse nous a causée ; elle a égalé celle que donne le plus beau triomphe. Nous sommes profondément reconnaissant envers la Société de Géographie de Marseille, de cette gracieuse amabilité, et nous comptons M. J. Roux, député, qui en est le président ; M. Paul Armand, qui en fut, et M. Liotard, qui en est le secrétaire général, au nombre de nos meilleurs bienfaiteurs.

Dans notre enfance nous lisions avec intérêt, avec passion

les *Bulletins de la Propagation de la Foi*, surtout ceux qui concernaient l'Extrême-Orient ; plus tard les célèbres romans d'E. Süe et d'A. Dumas nous captivèrent ; aujourd'hui nous lisons avec le même intérêt et la même ardeur les Bulletins intéressants de la Société de Géographie ainsi que les savants ouvrages de M. Jules Verne et de Chateaubriand. On voit que nos goûts n'ont guère varié avec l'âge, que les bonnes habitudes ne se perdent pas.

Peut-on dire après cela que la France met la lumière sous le boisseau ? qu'elle ne brûle pas le bois mort et inutile ? qu'elle n'arrache pas l'arbre qui produit de mauvais fruits? enfin qu'elle ne récompense pas le mérite ? Et si des malheurs, des catastrophes, des chutes ignominieuses ont eu lieu dans ces derniers temps, si des généraux, de grands personnages, des savants illustres, tous recommandables par le mérite, les services, le talent, ayant occupé les premiers postes de l'Etat, ayant été ministres, sénateurs, commandants de corps d'armée, ont été précipités dans l'abîme du déshonneur, de la ruine, du désespoir, est on fondé à affirmer que c'est la faute de la France? de sa population? de son gouvernement? de ses lois? N'est-il pas plus exact de dire que la désobéissance est coupable? que le mépris des lois est dangereux? que la manie des révolutions est mortelle ? enfin que l'ambition nous aveugle au point de nous présenter comme des réalités ce qui n'est que fiction ou mirage trompeur? Et puis de mauvaises suggestions nous excitent à la révolte. Que de Brutus entendent la nuit et même le jour des voix mystérieuses qui leur crient sans cesse : « Tu dors Brutus et Rome est dans les fers ! » et qui ont la faiblesse de les écouter, de les croire? Non, la France est libre, forte, généreuse ; elle est assez vaste pour que chacun puisse s'y mouvoir à l'aise ; assez riche pour que personne n'y meure de faim ; elle a l'Algérie et la Tunisie en face, le Sénégal à l'Ouest et l'Extrême-Orient à l'Est ; nous ne parlons pas de Madagascar ; et partout, pour atteindre ces lieux, des lignes rapides de chemins de fer et des services réguliers de bateaux à vapeur.

Il faut donc aimer la Patrie et non la combattre ; il faut la servir et non la mépriser. On devrait même rendre cet attachement forcé, obligatoire ; on a bien décrété l'instruction primaire obligatoire ? on a bien imposé le service militaire à tous les citoyens ? Que n'a-t-on pas fait contre la volonté des uns et des autres en vue de la protection, de la sécurité, de la liberté de tous ? Mais que disons-nous ? Rendons la Patrie aimable, souriante, gracieuse, et tout le monde l'adorera. Selon nous rien n'est plus facile.

Mais, dit-on, il y a trop de piéges dans la société et pas assez de becs de gaz ; trop de précipices et pas assez de garde-fous ; c'est à qui vous trompera, vous entraînera, vous dépouillera ; on ne sait plus à qui se fier, on est dans une forêt de Bondy. Le reproche est peut-être fondé, mais il est gratuit ; d'abord on ne doit pas faire aux autres ce que l'on ne veut pas que l'on vous fasse ; ensuite on doit se fier à sa raison, à son bon sens plus qu'à la raison des autres ; enfin il faudrait cesser de marquer les hommes au fer rouge comme les chevaux. On sait qu'il existe mille moyens de conserver son bien ; on a les caisses d'épargne postales, les banques, les notaires ; on a la ressource des achats de terre et de maisons ; on peut enterrer son or, le cacher. En définitive on a des yeux pour s'en servir, un nez, un palais et des mains pour s'en servir aussi, et finalement des oreilles qui peuvent venir au secours des yeux quand elles ne sont pas trop longues. On peut donc choisir chez les marchands ce que l'on veut, et distinguer facilement ce qui est passable de ce qui est mauvais. Il est bon de ne pas être trop crédule, il est nécessaire aussi de ne pas être trop confiant, il est utile enfin de ne pas trop s'attacher aux biens périssables de ce monde.

A la vérité il existe sous nos pas des pièges d'une subtilité extrême ; on ne peut les éviter que par la patience, la prudence la sapience et l'expérience ; ces vertus ne s'obtiennent que par la tempérance, et cela demande du temps et de l'intelligence.

Voici ce qui nous est arrivé un jour, à nous même, ici, il y a quelques années. En rentrant, une après-midi chez nous, nous trouvons assis sur le seuil en marbre de notre porte un enfant en bas âge qui y frappait de toutes ses forces avec une grosse pierre, au risque de le briser. Que fais-tu donc là lui dîmes nous, froidement ? — Je veux démolir votre maison, nous répondit il carrément ; il était âgé de trois ou quatre ans tout au plus. Nous ouvrimes d'abord de grands yeux et ensuite notre porte. Notre surprise était extrême ; quant à l'enfant nous eumes le courage de le laisser à ses occupations de vandale. Un autre n'eut pas fait ainsi ; emporté par la colère, il aurait crié, peut-être frappé et cela lui eût coûté cher. Nous, nous restâmes calme ; nous comprimes que derrière l'enfant inconscient où remplissant peut être une mission, il y avait la mère, derrière la mère le père, et derrière celui-ci tous les voisins, tout le quartier ; or que nous eussions dit un mot désobligeant ou fait un geste de menace et aussitôt l'enfant aurait pleuré, la mère crié, le père frappé et les voisins hué. Qui sait ? il serait peut-être sorti de cette foule indignée un sergent de ville qui nous aurait donné tort et dressé procès-verbal contre nous ; peut-être aussi un médecin étant témoin de notre surexcitation et la trouvant dangereuse aurait déclaré que nous étions fou, ce qui nous eût conduit aux Petites-Maisons, dans un asile d'aliénés. On voit que la prudence est nécessaire et que si la parole est d'argent parfois le silence est d'or.

Il est évident que dans un pays pareil les bras ne peuvent rester inoccupés, ni tous les travailleurs arriver rapidement à la fortune. Travailler, économiser, se former en société, tels sont les éléments qui conduisent à l'indépendance. « Aide-toi, dit un proverbe, et le ciel t'aidera ». C'est sur cet aphorisme connu et en tous points exact que nous avons basé le nouveau culte de la civilisation dont nous nous sommes fait le grand prêtre. En effet, le ciel c'est l'air, et l'air c'est Dieu ; aimer, rechercher, respirer ce Dieu le plus possible, c'est lui plaire, lui être agréable, c'est aussi acquérir la santé, la force, la vigueur dont nous avons besoin pour accomplir notre tâche de chaque jour et remplir nos devoir envers les autres et envers nous-même. Mais cet air, ce Dieu qui est juste, puissant, éternel, que les anciens nommaient Cœlus, et qui pénètre dans nos organes à notre insu, en tout temps en tout lieu, est donc l'inspirateur des grandes et belles choses que nous admirons dans notre Patrie, il ne saurait en inspirer de mauvaises, il est souverainement bon ; de là nécessité : 1°, d'admirer les chefs-d'œuvre de l'esprit humain ; 2°, d'honorer ceux qui les accomplirent ; 3° d'adorer en esprit celui qui les inspira. Tout est là.

Autour du catholicisme expirant on trouve la congrégation qui se nomme Providence et qui punit ou récompense, gravement selon le cas ; autour de la civilisation il y aura l'association patriotique qui procèdera sans plus de peine et de la même façon en obtenant les mêmes résultats. La religion est donc une superfétation ; d'autant plus que le flambeau de la foi s'est éteint dans les âmes et que rien ne saurait le rallumer.

Nous remplaçons le paradis par la fortune, les honneurs, la gloire ; l'enfer par les châtiments, prison, déportation, échafaud; enfin le purgatoire par les excès, la fatigue, les maladies, qui causent la souffrance, la décrépitude et la mort. Quand à celle-ci elle ne nous apparaît que comme un bienfait du ciel : c'est le repos succédant au travail ; le calme prenant la place de l'orage, de la tempête. A ce moment tout est oublié. Il va sans dire qu'avant de mourir on doit chercher, on doit s'appliquer à réparer ses erreurs lorsqu'on s'aperçoit qu'il en existe dans ses actes, ses torts lorsqu'on en a eu envers ses semblables, enfin acquitter ses dettes lorsqu'on en a contracté

Tous les sacrements, tous les conseils, toutes les menaces peuvent tenir dans ces noms au nombre de douze : Education, soumission, émulation ; travail, famille, patrie ; sciences, inventions, justice; fortune, honneurs et gloire

Dans les salles de spectacle on paye les places un prix élevé tandis qu'on est admis dans les églises pour rien, quand on n'y quête pas ; dans les unes et les autres on fait de la bonne musique et on célèbre des cérémonies magnifiques; mais au théâtre il y a toujours du nouveau ; à l'église. au contraire, on voit toujours la même chose; c'est pour ce motif sans doute qu'on les a abandonnées. Il faut que le peuple souverain y retourne.

Voici ce que nous demandons pour le clergé catholique qui, à tort ou à raison a perdu la confiance de ses administrés, de tout le monde, mais qui n'en est pas moins estimable pour cela.

D'abord les temples, les églises, les chapelles, les oratoires, les cathédrales. devraient s'intituler TEMPLES DE LA CIVILISATION ; Ils seraient visités le dimanche par les représentants de l'autorité ; on y prêcherait, on y lirait des discours, on y chanterait les louanges de Dieu, le *Te Deum*, on y ferait de la musique ; on y trouverait des bibliothèques et des œuvres d'art, tableaux, dessins, photographies etc.; on y étalerait de belles toilettes, on y verrait de magnifiques personnes. Les mariages commenceraient là, ils se continueraient dans les salles de spectacles et les fêtes, et se termineraient à la mairie, au TEMPLE DE LA PATRIE, devant M. le Maire ou ses adjoints. On verrait là pendant quelque temps, les uns à côté des autres, les chrétiens anciens, ceux de Mgr Dupanloup, et les chrétiens nouveaux, ceux de l'académicien Littré, auteur du *Dictionnaire de la langue française,* un vrai chef d'œuvre en 4 volumes in-folio. Les uns et les autres, dans les premiers temps, seraient priés de ne pas se regarder de travers. On lui offrirait des biscuits de Lu.

La messe pourrait être célébrée encore pendant un an le dimanche par le plus ancien évêque et le plus jeune curé de chaque diocèse, afin de donner satisfaction aux endurcis, aux invétérés, aux fidèles, en un mot aux fanatiques de l'habitude et des préjugés qui ne veulent pas marcher, se mouvoir. Après ce temps, on la supprimerait ou on la célébrerait chez soi, en famille. Après tout, cette messe n'est autre chose que l'image d'un repas frugal préparé et absorbé par le prêtre, en vue de recommander l'abstinence, la frugalité, la simplicité aux assistants, ce qui est loin d'être un mal. Nous nous permettrons cependant une observation. Pourquoi le prêtre, pendant la célébration de cette messe, lave-t-il ses doigts dans son verre, dans son calice ? et pourquoi boit-il le contenu de celui ci après cette opération ? Il y a là quelque chose qui choque les convenances, qui offense la raison, qui blesse les susceptibilités, en un mot, qui étonne à un point que nous ne saurions dire. On doit renoncer à cela. Il n'est jamais trop tard pour bien faire ni pour réparer ses erreurs. On peut laver ses doigts après le repas, mais dans un vase à part.

Nous avons la faiblesse de penser que le culte de la civilisation, avec la sainte Trinité agrandie, c'est-à-dire composée du Père, seul et véritable Dieu, de la mère ou de la Vierge, du Fils et du Serviteur, en tout quatre personnes, serait préférable, plus rationnelle, plus décente et surtout plus compréhensible et plus vraie que celle du catholicisme romain. On débarrasserait les prêtres fougueux, (ils le sont tous) de leurs soutanes, de leurs tricornes ainsi que de leurs manipules gênants représentant des serviettes sur le bras, mais que l'on pourrait remplacer par une serviette blanche autour du cou. On aurait ainsi le catholicisme de la civilisation au lieu de celui de l'inquisition qui n'a pas bougé, qui n'a pas varié depuis mille ans et qui n'est plus dès lors en rapport avec nos idées, nos besoins, nos mœurs et nos lois.

Surtout plus de cérémonies funèbres extérieures; plus de chants, plus de psaumes de David devant un mort qui ne voit plus, qui n'entend plus et qui dégage des gaz pernicieux, mortels. On ne peut se figurer tout ce qu'il y a d'inconvenant, de disgrâcieux, de cruel, disons le mot d'absurde, dans cette coutume ancienne. On chante, lorsque le mort a cessé d'entendre et que ses parents, réunis autour de son cercueil, sont plongés dans la désolation, la douleur, quelquefois dans le désespoir. Conçoit on cela? Nous ne parlons pas des assistants qui sont parfaitement indifférents, qui causent entre eux et qui sont bien près de rouler une cigarette. Remplaçons tout cela, si on le croit nécessaire, par une cérémonie funèbre qui aurait lieu huit jours après le décès, lorsque la douleur des personnes en deuil serait apaisée et qui se bornerait à des chants de maîtrise, à des discours, à des éloges, ayant en vue le trépassé, c'est-à-dire concernant le passé, les services, les travaux. en un mot le mérite de celui-ci.

Enfin nous demandons que les lits ne soient plus qu'à une place ou une place et demie. Les soldats dans les casernes, les malades dans les hôpitaux, les détenus dans les prisons, les pensionnaires dans les pensionnats, les collégiens dans les colléges, enfin les moines et les... *antimoines* couchent seuls; que les époux soient, en quelque sorte, obligés d'en faire autant par l'usage des lits à une place. On mettrait, par ce moyen, des forces en réserve. qui tourneraient au profit de la civilisation et de l'humanité. On doit se pénétrer de cette vérité que ce n'est pas le travail qui fatigue, c'est le plaisir.

Voilà pour la religion, pour le clergé, qui va se révolter à son tour et jeter les hauts cris, mais que nous apaiserons sans difficulté, en faisant remarquer aux membres éminents qui le composent, d'abord que l'enseignement universitaire est très suffisant et très complet, ensuite qu'à côté des facultés des lettres, des sciences, du droit et de la médecine, il y a celles de théologie, qui s'occupent spécialement de la Divinité, enfin que les séminaires, par le discrédit où est tombée la religion, sont plutôt nuisibles qu'utiles à la papauté. Un enseignement unique et une patrie unique, voilà le nécessaire, l'indispensable ; des connaissances étendues et variées, et des séjours plus ou moins longs dans tous les pays du monde, voilà le complément, le luxe que l'on doit souhaiter, mais sans en faire une obligation.

Quant à l'armée nous rêvons pour elle le *statu quo*, la tranquillité, la gloire. Elle a assez fait pour avoir droit à ces bienfaits, ainsi qu'à l'estime publique. Il lui faut donc la retraite, les invalides, le repos. Il faut que son épée rentre dans le fourreau.

Ainsi le temps de service pour les citoyens serait toujours de vingt ans, mais les exercices n'auraient plus lieu qu'au collège, à l'école. On aurait donc, par ce moyen, une armée d'un million d'hommes sur le papier, commandée par mille généraux et cent mille officiers, toujours au service de la patrie, mais ne faisant rien et ne coûtant rien, en dehors de leurs professions et de leurs études spéciales ; celles ci auraient lieu les dimanches ou bien les soirs d'hiver, au moyen de conférences gratuites faites par des professeurs dans la salle principale de l'hôtel de ville ou dans le temple de la civilisation. Les armes seraient entre les mains de la gendarmerie. Elles dureraient éternellement.

Quatre armées actives de 50.000 hommes chacune, ce qui représenterait huit corps d'armée, seraient suffisantes pour assurer tous les services et parer à toutes les éventualités. On aurait avec ces armées, quatre généraux en chef, quatre écoles spéciales, quatre écoles supérieures et quatre résidences fixes pour les états majors. Celles-ci pourraient être Saint-Germain, Saint-Denis, Sceaux et Vincennes. Il faudrait encore quatre corps d'armée en Algérie, quatre dans l'Indo-Chine et deux au Sénégal.

Enfin on devrait, sans plus de retard, procéder à la démolition des fortifications de certaines villes de l'intérieur, et avec leur matériaux construire des habitations, des cités ouvrières, des fermes communales. Mais on devrait conserver intactes les belles fortifications de Paris ainsi que les forts qui les protègent et qui les complètent; on pourrait transformer ceux-ci en fermes, en métairies, en propriétés de rapports ; on utiliserait ainsi les immondices des rues et les terrains appartenant à l'Etat.

4 généraux en chef, 3 ou 400 généraux de division, à raison de 4 par département, et 4 ou 500 généraux de brigade, telle serait la tête de l'armée territoriale comprenant un million de soldats, de guerriers. Nous pensons qu'on pourrait dormir tranquille avec cela, surtout si on vivait en bons termes avec les voisins et si le travail agricole était en honneur.

Peu de sévérité et beaucoup de douceur ; celle ci est l'essence de la civilisation. On obtient tout d'un homme par la générosité, on n'obtient rien par la violence.

Que deviendront les évêques, les généraux, les curés, les officiers? tout ce qu'ils voudront. Ils n'auront qu'à choisir ; fonctionnaires de l'Etat ils sont, fonctionnaires de l'Etat ils resteront. Ils ne seront atteints que par la limite d'âge ou les règlements au sujet des infirmités. Nous ne voulons faire mourir personne. Nous voulons, au contraire, comme la fontaine de Jouvence, rajeunir la société, les hommes et les choses, afin qu'on n'ait pas la pensée de les détruire. Qui pourrait nous blâmer. On voit bien que nous n'avons rien de commun avec les Erostrate du jour.

LETTRE XI

Paris est à 5 jours d'Athènes, de Constantinople et d'Alexandrie ; à 6 de New Yorck ; à 20 du Sénégal et de Tombouctou ; à 30 de Bangkock, capitale du Siam, dans l'Indo-Chine ; à 50 des iles Marquises ; enfin à 60 des iles de la Nouvelle - Zelande, qui nous ont appartenu et qui sont les antipodes de la France, c'est à-dire qui ont minuit lorsque ici nous avons midi. On voit que la France s'est rapprochée de tous les peuples par ses chemins de fer et son canal de Suez, qu'elle ne craint pas de se montrer. Une patrie bien homogène, bien limitée, bien cultivée, bien exploitée, bien peuplée, où tout le monde sait lire et parle la même langue, une patrie que tout le monde aime, est l'idéal pour un peuple laborieux et sage : on y trouve le bien être, la richesse et le bonheur. Ces biens doivent être le partage des Français.

Au dire de tout le monde il n'est aucun pays qui soit mieux situé, mieux doté, et mieux exploité que la France ; il n'en est pas non plus qui soit plus compact ; cependant tout le monde n'y est pas heureux ; c'est que l'union et le patriotisme nous font défaut. Il faut contracter l'habitude de ces vertus.

Sans doute les Alpes et les Pyrénées la séparent de l'Italie et de l'Espagne, mais elle la séparent également des Turcs et des Chinois. Ces barrières élevées par Dieu sont donc utiles ; d'autant plus que des tunnels les traversent et que des routes les tournent. D'ailleurs ces deux nations voisines, amies et de même race peuvent être considérées comme étant les sœurs et les bras de la France ; en effet, elles touchent presque le Nord de l'Afrique, lorsque Marseille, Toulon et Nice en sont séparées par un trajet de 30 heures, soit 200 lieues. Or, Alger c'est le prolongement de Paris.

Du côté du nord et de l'est, Paris a des chemins de fer rapides qui conduisent directement soit à Calais et à Londres, soit en Belgique et à Cologne, soit à Strasbourg et à Genève, soit à Turin, à Rome et à Naples, soit à Port-Saïd et à Suez.

On voit que nous avons l'Europe sous notre main, ou plutôt sur notre cœur, non pour l'étouffer ou être étouffés par elle, comme le fit Hercule à l'égard du géant Cacus, mais au contraire pour la protéger, l'enrichir, l'aider en échange de son estime, de son amitié, de sa sympathie.

Si on appuye la pointe d'un grand compas sur le point qu'occupe Paris et qu'on ouvre l'autre pointe jusqu'au Tell, jusqu'à l'Atlas, jusqu'à Constantine, on voit, en faisant tourner celle-ci que la France est le centre de l'Europe et par conséquent du monde ; et comme les nations qui composent cette partie du monde sont à peu près formées définitivement, il n'y a plus qu'à s'occuper de la *confédération par race*, qui doit être le dernier mot de la politique. Nous aurions alors en dedans quatre langues principales, l'anglais, le français, le russe et l'allemand; au dehors quatre autres langues. le turc, le chinois, l'arabe et le persan. Par suite le globe ne serait plus partagé en cinq parties comme aujourd'hui, mais seulement en quatre ; l'Europe et ses îles, l'Asie et ses îles, l'Amérique et ses îles, l'Afrique et ses îles. Toutes ces îles pourraient être considérées comme des terres hospitalières ou des stations de réserve pour les amis étrangers ou non qui s'en approcheraient.

Ces quatre continents seraient baignés par quatre océans, quatre mers, quatre golfes, quatre grands lacs, quatre archipels; on y verrait quatre grandes chaînes de montagnes, quatre grands peuples centraux, quatre grands rois et quatre grands dieux ; on y verrait enfin quatre climats, torride, tropical, tempéré et glacial.

Les soins du ménage, de la famille, dont on fait un épouvantail, ne sont rien pour un citoyen actif ; on les divise en deux parties ; la première comprend la cuisine, la couture, la lessive et le nettoyage ; la seconde, le travail, les achats, les devoirs et les convenances. On peut remplir toutes ces obligations sans se fatiguer ni se rendre malade. Nous faisons tout cela tout seul, en nous amusant, et nous dormons la nuit comme un bienheureux. Nous abandonnons les plaisirs à la jeunesse qui en raffole et qui en retour nous estime.

L'État a les mêmes devoirs que les particuliers. Il doit veiller à la santé, à la sécurité, à la liberté, à la propreté des citoyens. Ce n'est pas remplir ces devoirs que d'imposer le sel qui est indispensable, les allumettes, les portes et les croisées qui le sont également ; enfin de tolérer, d'encourager la culture et l'usage du tabac, plante toxique dangereuse. À certaines époques, des chefs d'État ont ordonné la destruction des vignes et des oliviers ; Dieu même a tout détruit à l'époque du déluge. De nos jours on peut plus facilement proscrire le tabac de notre sol et de nos mœurs. Il fait mourir, il rend fou, il empêche d'être heureux. Pourquoi en fait-on un si grand usage ?

Les fonctionnaires, les écrivains, les artistes et les agriculteurs devraient être exempts d'impôts.

Les marins, les mineurs, les détenus et les ouvriers également.

Il s'ensuit que les propriétaires de meubles et d'immeubles, les rentiers, les pensionnés et les négociants devraient seuls acquitter cet impôt.

On compte en France vingt millions de propriétaires environ ; réduisons ce nombre de moitié. Chacun d'eux devrait être tenu de payer le centième de ses revenus au trésor, moyennant quoi tous les services publics, moins ceux des cultes et de la guerre qui seraient supprimés, fonctionneraient tout seuls, à la satisfaction de tout le monde.

Le budget ainsi établi, ainsi simplifié, serait encore de deux milliards. Mais on ferait des économies et on verrait les octrois, les prestations, les douanes, les droits sur les allumettes, la poudre, les cartes et les permis de chasse, etc., etc., définitivement abolis. Il serait temps.

On voyagerait à prix réduit, on s'habillerait à peu de frais, on se nourrirait pour rien et on s'amuserait comme quatre sans dépenser un sou. N'est-ce pas là l'idéal ?

Mais il faudrait mettre chaque chose à sa place, c'est-à-dire les morts dans les champs, le mérite en haut, le mensonge, la crainte, l'hypocrisie et la superstition en bas, enfin la vérité et la probité partout. Acquittons donc nos dettes, c'est ce qui presse le plus. Un citoyen ou un État endetté est un homme à la mer.

Nous avons proposé de débaptiser notre planète et de lui donner le nom de *Lis* afin que ce nom soit en rapport avec la beauté de notre monde, de notre patrie et de notre race. D'ailleurs toutes les planètes de notre système portent des noms de dieux, de déesses ou de héros. Il n'y a donc aucune raison pour conserver ce nom de Terre qui est ancien, et qui désigne déjà la croûte terrestre. Nous ajoutons que les constellations zodiacales qui ont des noms d'animaux, et celles de notre hémisphère que l'on aperçoit au-dessus de l'horizon de Paris et qui sont logées à la même enseigne, devraient porter, les premières, les noms suivants, qui donnent satisfaction aux grandes puissances européennes : *Cornélie, Sapho, Sémiramis, Grande Catherine, Christine, Fatime, Charlotte, Marie-Thérèse, Elisabeth, de Staël, Augusta, Isabelle;* et les secondes ceux-ci : *Bélus, Thalès, Anaximandre, Pythagore, Méton, Eudoxe, Aristote, Archimède, Eratosthène, Hipparque, Ptolémée, Copernic.*

Enfin pour ne mécontenter personne nous proposons de remplacer tous ces noms bizarres ou d'animaux que les anciens ont donné aux constellations par les noms suivants : *Galilée,*

Arago, Laplace, Bailli, Gassendi, L· Verrier, Bernouilli, Kepler, Cassini, Herschell, Newton. Leibnitz, Tycho-Brahé, Huygens, Halley, La Caille, Piazzi, Olbers, Maupertuis. On ne conserverait que les noms anciens de *Persée*, d'*Andromède*, de *Cassiopée*, etc., qui se rapportent à l'histoire de l'Ethiopie et qui sont des noms de rois et de déesses.

Pour terminer nous demandons qu'au XXe siècle, qui va commencer et qui doit être celui de la perfection et du bonheur, l'année commence le 21 décembre, au solstice d hiver, et non plus le 1er janvier, date qui ne correspond à aucune époque remarquable ni à aucun mouvement de notre planète. Par ce moyen le calendrier russe, qui est en retard de 12 jours sur le grégorien, serait d'accord avec celui-ci ou celui-ci avec le russe. Et puis le 21 décembre les jours commencent à croître et la fête de Noël approche. On doit donc se complimenter, se serrer la main.

Cette division rationnelle de quatre pouvoire publics, de quatre armées nationales, de quatre régions, de quatre mondes, de quatre généraux en chef, serait conforme à la géographie de notre pays et rappellerait les quatre âges de l'homme, les quatre évangélistes, JEAN, MATHIEU, MARC et LUC, les quatre points cardinaux, les quatre vertus cardinales, la force, la prudence, la tempérance et la justice, les quatre âges ou époques géologiques, la primitive et la transitoire, la secondaire, la tertiaire et la quaternaire ; les quatre éléments, l'eau, l'air, la terre et le feu ; les quatre saisons, enfin les quatre principaux états des mondes qui peuplent l'univers et qui sont représentés par la *comète*, le *satellite*, la *planète* et le *soleil*, les trois premières consommant de l'air et grossissant sans cesse, le dernier en combustion et s'éteignant lentement, en restituant l'air qu'il a absorbé, englouti soit directement, soit indirectement, par les êtres divers qui vécurent à sa surface et qui dorment dans son sein.

Il nous faut donc compléter les trésors du peuple souverain

que nous avons porté tout d'abord à trois, mais que nous portons à quatre, afin d'être fidèle au système quaternaire que nous avons adopté. Nous avons dit que ces trésors étaient l'*indépendance*, la *patrie* et l'*agriculture*: nous y ajoutons la *civilisation*, qui comprend tous nos musées, tous nos édifices, toutes nos bibliothèques, trésors dont nous devons nous montrer fiers, qui comprend aussi les merveilles des expositions universelles.

On voit que notre patrie est belle, séduisante, gracieuse, qu'elle peut être et qu'elle doit être aimée ; enfin que c'est un crime de vouloir la quitter, l'affliger ou la déshonorer par l'ingratitude ou des excès criminels.

En cherchant bien on trouve que les seuls défauts de notre pays, sont, après les vipères dont nous avons parlé, les prisons, les casernes, les séminaires, et l'échafaud. Il faut y ajouter les débits de tabac et de boissons qui sont trop nombreux, les loteries, la Bourse et quelques maisons qui portent un nom magnifique en français et au sens propre, mais où l'on mène une existence absolument détestable. Nous allions oublier les cimetières où l'on conserve les morts dans des caveaux humides, ce qui entretient l'insalubrité, et les enterrements religieux, somptueux, inégaux, qui coûtent fort cher, qui sont des processions déguisées, qui empestent les églises et qui, pour ce motif, devraient être interdits. Nous profitons de cette occasion pour demander qu'à notre décès, on ensevelisse notre cadavre dans du ciment ou si cela ne se peut, dans la terre. Nous ne voulons ni de la crémation, ni de l'autopsie, ni de l'embaumement.

Toutes ces imperfections, ces défauts, ces verrues doivent disparaître du beau visage de Paris et de la France. On peut obtenir ce résultat d'un mot, en supprimant tout à la fois, ainsi que le souhaitait Rochefort, le décalogue, le code, les tribunaux, la religion, l'armée, etc., et en décrétant ce qui suit : Il n'y a plus d'autre crime que le meurtre : ceux qui s'en rendront coupables par n'importe quel moyen et qui tomberont entre les mains de la justice seront déportés. Ils ne reverront plus leur mère-patrie !

En somme, il ne restera debout, on ne conservera que la *famille* et la *patrie*, agrandies, enrichies, honorées par le travail et le suffrage universel, *l'agriculture* qui sera l'art le plus utile, le plus encouragé, qui sera l'occupation par excellence, *l'indépendance* qui donne la force et la tranquillité de la conscience, de l'esprit, enfin la *civilisation* qui est la douceur, la bonté, la justice, en un mot, la vertu.

Ne vaudrait-il pas mieux avoir chez soi, dans son propre pays, des *Botany-Bay*, régénérateurs, transformateurs et des écoles industrielles spéciales, que de les transporter ou de les posséder aux colonies, aux confins du monde ? N'est-il pas plus avantageux de garder, chez soi, les bons ouvrier que de les expatrier par des lois barbares, par des édits de Nantes révoqués ? Donc que le travail de la ferme soit étendu, encouragé, et que les travailleurs malheureux ou déshérités s'y rendent sans crainte, en confiance. Le bonheur, la paix, la sécurité les y attendent. Ils travailleront pour leur patrie ce qui les absoudra d'avoir offensé l'humanité.

La religion est impuissante à guérir les plaies sociales ; d'ailleurs elle a fait son temps. Tout ce qu'elle proposerait dans ce but serait rejeté. La confiance ne se commande pas.

Si nous voulions discréditer cette religion, ce que les Voltaire, les d'Holbach, les Pigault-Lebrun et d'autres ont fait avec succès avant nous, nous dirions que présenter à l'adoration d'un peuple éclairé, laborieux, raisonnable, l'image d'un homme tout nu, de grandeur naturelle, constitue une offense, un outrage des plus graves à la morale publique, et que le fait d'embrasser, d'aimer, de chérir cette image, est un acte de fétichisme comparable à celui des peuples de l'Afrique centrale et, d'ailleurs, que nous qualifions volontiers de sauvages, c'est-à-dire un acte honteux. Nous ajouterions que la confession, la communion et la confirmation qui sont des sacrements de l'Eglise, n'ont aucun rapport avec l'instruction, l'éducation, la civilisation et qu'ils ne peuvent dès lors constituer que des pièges, des non sens, des subtilités dangereuses ou des inutilités. Nous profitons de l'occasion pour dire aux uns et aux autres que le plaisir, les penchants, les passions n'offensent nullement la divinité, que le seul péché punissable est le meurtre, quelle qu'en soit sa forme et sa nature, mais qu'étant puni de la déportation, qui est la privation de la mère-patrie, ce plus grand de tous les biens, de tous les trésors d'ici-bas, Dieu ne peut rien ajouter à cette peine terrible.

Nous arrivons à notre argument le plus sérieux, le plus décisif, celui qui, selon nous, doit militer, en faveur de notre système de régénération sociale et le faire adopter sans discussion, à l'unanimité des voix.

On sait que dans l'antiquité les hommes, tous les hommes, dans presque tous les pays, ne formaient que deux classes principales, les *maîtres* et les *esclaves*. C'était là une division bien tranchée, disons le mot, bien absurde, mais admise. Bien plus on croyait cette distinction, en apparence nécessaire, établie sur la terre par Dieu lui-même. Le progrès des idées, les découvertes scientifiques devaient démontrer, un peu plus tard, que cette croyance partagée par les plus grands savants, par Aristote lui-même, était complètement erronée.

Les hommes sont tous égaux par la naissance, la constitution, l'organisme, les facultés. Ce que l'un fait, l'autre peut le faire également avec le temps, l'étude, le travail. Donc l'espèce humaine ne forme qu'une seu'e famille. Les membres qui la composent sont blancs, noirs, rouges, chocolat selon le climat ou la température qu'ils supportent et le pays qu'ils habitent, mais ils ont tous cinq doigts à chaque main, deux yeux à la tête et un cerveau qui pense, compare, juge et ordonne de la même façon.

Toutefois des inégalités inévitables se produisent parmi ces hommes dès leur berceau, dès leurs premières années, parce que l'un est élevé d'une façon, l'autre d'une façon opposée ; l'un boit du vin, l'autre du lait ; l'un est soigné, dorloté, caressé, l'autre privé de tout. Or, ces différences influent sur le caractère et ne font que se multiplier et grandir avec l'âge, avec le temps, avec la loi du travail et des infirmités. Il faut ajouter à ces causes naturelles et sociales, d'abord les coups de la Providence et de la Fatalité ; mettant en bas ce qui était en haut, et en haut ce qui était en bas ; ensuite les passions personnelles déplaçant tout, modifiant tout, enfin les passions ou les convoitises générales renversant tout, détruisant tout. De sorte que les hommes arrivés à l'âge mûr et plus tard à la vieillesse ont contracté des habitudes différentes et par suite se trouvent tous inégaux par l'intelligence, les idées, les principes, et aussi par la fortune et la manière dont chacun comprend le devoir et en remplit les obligations. Cette vérité est admise aujourd'hui par tout le monde et nous croyons inutile de la démontrer plus longuement. Il suit de là que l'homme étant responsable de ses actes doit embrasser la profession qui lui convient et l'exercer avec courage.

Mais de toutes les inégalités qui existent parmi les hommes et qui proviennent de la faute de la nature ou du sort, celle qui blesse le plus l'amour propre de chacun, qui désespère le plus l'humanité en tous pays, c'est cette erreur qui consiste à admettre, à tolérer parmi les hommes, tous faibles, tous impatients, sujets à l'erreur et disons le mot, criminels, deux catégories distinctes : ceux qui sont atteints par la rigueur des lois, et ceux qui sont parvenus à y échapper, grâce à leur habileté, à leur savoir-faire, à la protection de leurs amis, ou de leurs patrons, ou de leurs avocats ou de leurs femmes. Nous le disons en toute sincérité : il n'y pas de supplice qui puisse être comparé à celui-là. Un de nos amis de l'armée nous disait un jour qu'il avait été puni quelquefois, au régiment, pour des fautes légères, et que chaque fois son esprit, son orgueil, tout son être enfin s'était révolté pour ce motif que d'autres avaient commis et commettaient journellement la même faute sans être blâmés. « Cela me désespérait d'autant, ajoutait notre ami, que mes punitions à moi étaient exactement inscrites sur le livre du personnel et qu'elles passaient ainsi à la... postérité, ce qui devait nuire, et ce qui nuisit en effet, à mon avancement. Il y avait évidemment là deux poids et deux mesures ; pourquoi ? C'est qu'il y avait deux catégories d'officiers : les laïques et les congréganistes ! » Il était dans le vrai.

Il est certain qu'une condamnation par les tribunaux, même quand elle est légère, qu'elle se borne à l'amende, marque au fer rouge un homme, un citoyen, un frère, ce qui est de la cruauté, car cet infortuné, après avoir vu finir le temps de sa peine, est tout étonné de se trouver étranger chez lui. Il ne peut plus ni travailler, ni se marier, ni s'enrichir librement. Il ne peut plus se débarrasser de cette tunique de Nessus que le code, que la loi lui a mis sur le dos ; aussi appelle-t-il de ses vœux... la résurrection des combats de gladiateurs, c'est-à dire des révolutions, des attentats, des bouleversements ; afin de terminer aussi promptement que possible une existence malheureuse devenue à charge à tout le monde, surtout à lui-même. Ceux qui pensent ainsi raisonnent bien ; mais ils agissent mal. Sans doute la société a tort de les rejeter de son sein, mais on doit opposer à l'injustice la résignation, la patience, la soumission. Se donner la mort, passe encore, on est maître de sa guenille ; la donner aux autres est un crime et le plus grand de tous encore. On ne doit pas détruire le chef-d'œuvre de la nature et de Dieu.

Qu'on le veuille ou non l'explication du malaise social est là et non ailleurs. « Les hommes sont tous criminels par la faute des lois, qui sont opposées à la nature, disent les démolisseurs ;

cependant les uns sont punis et les autres ne le sont pas ; les uns jouissent de tous les biens, et les autres en sont privés. Cela est injuste. »

Il faut reconnaître de bonne foi qu'il y a quelque chose de vrai dans tout ceci. Pourquoi trouve-t-on plus simple de condamner ces mécontents que de les entendre ou de les absoudre ? Mettons les lois d'accord avec les mœurs, avec la nature, avec le Créateur et tout sera réparé, équilibré, sauvé.

Il faut donc pour remédier à cet état de choses dangereux, inaugurer une nouvelle politique, commencer une nouvelle ère sociale. Nous venons d'exposer notre plan de régénération, on pourra nommer indifféremment cet état nouveau, l'amour de la patrie, l'amour de l'équité, l'amour de la famille, l'amour de l'indépendance ou de l'humanité. Tout sera exact. Inscrivons donc à la place de la devise républicaine, *Liberté, Egalité, Fraternité*, qui a fait son temps, celle-ci beaucoup plus simple et et plus vraie : *Demandez et l'on vous donnera ; frappez et l'on vous ouvrira*. Et partout, en effet, que les mains se tendent vers les infortunés, que les cœurs s'épanchent dans leurs cœurs, que les larmes se mêlent à leurs larmes et la fusion s'opérera, le bonheur de l'âge d'or renaîtra. Saturne reviendra parmi nous.

L'ébriété ne sera pas punie mais dissimulée ; on enlève les immondices des rues, on peut aussi, on peut beaucoup mieux en enlever les ivrognes. On pourra se consoler de la perte de son argent quand il aura disparu de l'escarcelle, en y veillant avec plus de soin à l'avenir, de celle de sa femme, en prenant celle de son voisin, de l'infidélité d'un serviteur, d'un employé, d'un comptable en exigeant des cautionnements et en exerçant une surveillance plus active sur leurs gestions, enfin on se consolera de tout, d'abord parce que tout est périssable, passager, éphémère, ensuite par ce que la nation ne formera qu'une famille et que tout sera propriété de l'Etat. Il n'y aura plus d'égoïsme, de passions, de jalousie, de travail particulier ; de chacun pour soi ; tout se fera pour l'Etat, en son nom et par sa volonté. Quand on en sera là il est clair qu'il y aura amélioration et que la dynamite, qui terrasse aujourd'hui, sera à son tour terrassée. Qui oserait toucher à un peuple pareil ? à un gouvernement aussi parfait ? à une nation aussi heureuse ?

Les politiciens du jour sont dans l'erreur en se figurant, en croyant que les hommes n'obéissent qu'à la force, à la violence, à la domination, et que les marquer au fer rouge, c'est les rendre dociles. On les rend pervers, voilà tout. Ce qui rend les hommes dociles ce sont les bienfaits, la mansuétude, le travail, le patriotisme et par dessus tout, la douceur, la civilisation.

On parle de décentralisation ; pour juger de la valeur de ce mot, de ce projet, de ce système on n'a qu'à voir ce qui se passe au bord de la mer lorsque le vent en soulève le sable. Ces grains de sable, disséminés dans l'air, tombent un peu partout quand le vent a cessé. Telle est la décentralisation. Avec la centralisation, au contraire, avec le ciment on gouverne de son lit, ou sans quitter son fauteuil, à la condition, toutefois, d'avoir en bas le peuple et en haut la justice ; en bas le suffrage universel, en haut le droit. On peut juger de ce que serait un Etat comme le nôtre si le président était nommé à vie comme le pape et si le gouvernement après avoir procédé à la nomination des grands préfets, des préfets, des sous préfets et des maires, ceux-ci étant tous fonctionnaires, presque inamovibles et rétribués, travaillaient, administraient dans l'intérêt de la patrie ou pour sa gloire. La commune qui ne pourrait pas payer son maire le nourrirait. Ce sacrifice serait d'autant plus facile et moins onéreux que chaque commune posséderait sa ferme, sa métairie, sa seigneurie et que le maire de village pourrait et même devrait l'habiter et la cultiver lui-même. Nous savons bien qu'on va nous parler des anciens biens de main-morte, c'est-à-dire des biens du clergé et des excès de la Révolution. Nous allons au devant de l'objection.

A cette époque, les biens du clergé étaient censés ceux du Père éternel auquel on croyait encore ; toutefois l'on se demandait comment des prêtres si vicieux, si inhumains pouvaient bien être les représentants de Dieu sur la terre. On voyait donc là un leurre, un piège, une plaisanterie. Avec notre système la terre serait la propriété de la commune ou de l'Etat et par suite la propriété de tous. Pas de dieu paresseux et glouton. L'Etat administrerait simplement comme il le fait à l'égard de ses fonctionnaires, et ceux ci agiraient envers leurs fermiers comme les pères de famille envers leurs enfants. Où serait l'inégalité, la jalousie, la convoitise avec ce système ? On ne les trouverait nulle part. Il vaudrait mieux avoir dans les champs, dans ces fermes communales dont nous parlons, tous les infortunés qui n'ont rien, qui ne savent que faire, qui se donnent la mort ou la donnent aux autres, que de les enfermer dans les asiles d'aliénés, les prisons, ou de déposer leurs cadavres à la morgue.

Ainsi que les communes qui ont des pauvres à nourrir, des fonctionnaires, des employés, des serviteurs à payer, des instituteurs, des médecins à loger, des marchands à abriter, à protéger, des voyageurs, des pèlerins à substanter, à secourir, enfin une foule de parasites à aider, à empêcher de mourir de faim, que ces communes, disons-nous, soient autorisées à acheter des terres, à cultiver, à défricher, à se battre avec la matière, avec les rochers, avec les marais, avec les plantes nuisibles et les animaux féroces, avec tout ce qu'il y a de mauvais dans la nature, avec les tremblements de terre, les ouragans, les épidémies, les inondations, et l'humanité sera sauvée. La France aura été son sauveur dans la guerre et son génie bienfaisant dans la paix.

Puisque tous les hommes sont criminels au dire des socialistes, il doit y avoir les mêmes lois pour tous, ou n'y en avoir pour personne ; c'est ce dernier moyen que nous demandons parce qu'il nous paraît le meilleur.

Notre but n'est point de faire aimer les travaux des champs au point d'obliger l'art de l'agriculture à absorber tous les autres. Toute différente est notre pensée ; nous voulons établir une base solide pour le développement de tous les arts, de toutes les sciences, de toutes les industries, et nous n'en trouvons pas de meilleures que la famille et la patrie.

La ferme aura le monopole de l'agriculture, la ville celui de l'industrie, la grande cité celui du commerce, enfin la capitale celui des expositions et des beaux-arts. Mais le plus grand avantage consistera en ceci que la base ne pourra ni changer, ni se déplacer, ni être soumise aux caprices des politiciens. La terre sera toujours la nourricière des citoyens. Or, quel moyen plus pratique de la faire aimer, que de la placer entre les mains du gouvernement. de l'Etat ? d'en faire l'habitation de plaisance du chef de l'Etat et des grands fonctionnaires ou celle des souverains étrangers? *Tout à l'Etat et pour l'Etat* ; telle est la devise véritablement républicaine. A son tour l'Etat dira : *Tout par le peuple et pour le peuple.*

Nos excellents amis MM. les docteurs Cazeneuve, Jacob et X..., en mission scientifique dans le nouveau monde, dans le voisinage du Texas, entre Panama et San-Francisco, nous apprirent un soir, pendant qu'assis tous quatre sous des palmiers majestueux, nous attendions les brises rafraîchissantes de la mer, que l'équivalent de *Dominus* c'est *Biscum*, parce que *Dominus Vobiscum*. Or, nous rappelant ce joli mot qui nous amusa beaucoup à cette époque, il y a juste trente ans, nous étions jeune alors, nous affirmons, à notre tour, que l'équivalent de l'Eglise de Rome c'est l'Institut de France, parce que le *Dominus vobiscum. et cum spiritu tuo*, que prononce le prêtre à la messe et qui signifie : *Le Seigneur soit avec vous, et avec votre esprit*, s'adresse bien mieux à l'Eglise vieillie, tombée dans la décrépitude et le marasme, qu'à l'Institut de France, qui date de cent ans à peine et qui est plein de jeunesse, de vigueur et de patriotisme. Nous savons que le défaut des vieillards est de regretter le passé et de médire du présent ; mais la qualité des jeunes est de marcher en avant et de vaincre les obstacles par l'union, le courage et le sacrifice.

Sans doute la grande ombre de Pythagore ne sera pas satisfaite de notre système quaternaire ; pour ce motif que le grand philosophe grec, qui croyait à la métempsycose, attribuait toutes les vertus, toutes les puissances, tous les bonheurs aux nombres impairs, et tous les vices, tous les défauts, tous les malheurs aux nombres pairs. Par exemple le numéro *un* représentait la grande Divinité qui a tout tiré du néant, tout créé et qui conserve tout ; nous trouvons cette divinité dans l'air, dans le ciel, qui nous nourrit à notre insu, et nous rend heureux et nous lui donnons aussi le numéro *un*. Pythagore voyait dans le nombre *trois*, la représentation, le symbole de l'harmonie, de la famille ; nous y voyons nous, la planète qui a des êtres à nourrir et qui grossit lentement en consommant de l'air, c'est notre numéro trois. Le nombre *deux*, au contraire, était un principe absolument mauvais pour les pythagoriciens. Nous y trouvons, nous, l'image des satellites des planètes ; c'est-à-dire des mondes qui sont encore en tutelle, nous y trouvons aussi l'union fortunée de l'homme et de la femme. Enfin le numéro *quatre* qui dans notre système marque les soleils et la perfection, était pour Pythagore la source de la guerre et de tous les fléaux. N'en déplaise au grand philosophe nous aimons mieux deux couples complets qu'un couple et demi, ce qui est symétrique que ce qui ne l'est pas.

LETTRE XII

Sans remonter jusqu'à la création du monde, ni même jusqu'au déluge, sans empiéter sur le glorieux domaine de l'Université ou du collége de France, nous pouvons dire, en baissant un peu la voix, que l'ère chrétienne, qui comprend dix-neuf siècles, a commencé par des *couvents* et fini par des *casernes*, les uns et les autres peuplés d'un grand nombre d'hommes, vivant en communauté, soumis à des règles sévères, vêtus de la même façon et ne pensant, ne rêvant, ne souhaitant que la guerre. Nous pouvons ajouter, sans mécontenter personne ni nous éloigner de la vérité, que ces communautés puissantes tant décriées et combattues ont sauvé la civilisation, la France, l'Europe, le monde entier par leur dévouement, leur abnégation, leurs sacrifices, les unes en versant leur propre sang, les autres celui des ennemis.

L'ère chrétienne commence avec la naissance et la mort lamentable de Jésus-Christ; elle finit nécessairement et glorieusement avec la naissance et la mort, non moins lamentable de Napoléon Ier.

Avant Jésus, et le touchant presque, on aperçoit le beau siècle d'Auguste où la civilisation latine brilla de tout son éclat, où les lettres, les arts, l'agriculture, furent en honneur, où des hommes de génie, aimant leur patrie enfantèrent des chefs-d'œuvre dans tous les genres. C'est à cette époque que rayonnèrent Virgile, Horace, Salluste, Ovide, Mécène et les autres, et aussi que des monuments admirables, comme ceux des Egyptiens, furent élevés à la gloire des dieux et des héros. Quelques-uns sont encore debout. Nons ne pouvions nous lasser de les admirer, lorsque nous habitions Rome.

Reprenant notre voix ordinaire nous dirons qu'au-delà de Napoléon et le touchant également, on admire le siècle du progrès, des transformations des machines. Après avoir dompté les peuples crédules et ignorants, l'homme veut dompter la nature entière ; et il y parvient bien mieux encore que ne le firent Christophe Colomb et Vasco de Gama. C'est l'eau, l'air et le feu, emprisonnés, comprimés, modifiés qui traînent avec une vitesse extrême de longues files de vagons chargés de marchandises et de voyageurs ; qui donnent aux vaisseaux la rapidité et la puissance du vent ; qui construisent les ponts, creusent les tunnels, élèvent des digues immenses, etc. La vapeur et l'air comprimé sont les agents de ces nouvelles merveilles qui, économisant les forces de l'homme et lui donnant plus de bien-être, prolongent et embellissent sensiblement plus qu'autrefois sa misérable existence. Mais ce n'est pas tout ; la foudre de Jupiter qui était, pour tout le monde, un sujet d'effroi, qui avait renversé les Titans et leurs montagnes, en Grèce, qui avait précipité tant de rois imprudents dans les enfers, la foudre ou électricité n'est plus, aux mains de l'homme du XIXe siècle, qu'un messager docile et fidèle, qui joint l'exactitude à la rapidité ou bien un foyer lumineux, puissant qui éclaire ses rues, ses places, ses monuments et ses demeures et qui ne présente plus aucun danger, grâce à la belle invention de Franklin et aux travaux estimés des Arago et des Ampère. Des savants vont même jusqu'à confier à l'électricité la guérison de certaines maladies.

Entre ces points extrêmes, Jésus et Napoléon qui sont comme des colonnes immenses, comme des phares puissants, lumineux, on aperçoit un peu de tout, de la crédulité, de l'ignorance, de la superstition, de la cruauté, de l'aveuglement, des erreurs, des injustices, même des miracles impossibles et des résurrections invraisemblables, mais aussi que de belles actions, que de grands hommes, que de génies immortels on y admire, on y voit bien quelques rois fainéants, bègues, faux monnayeurs, dissolus, débauchés, mais les Clovis Ier, les Charles-Màrtel, les Pépin-le-Bref, les Charlemagne, les Jean le-Bon, les Philippe Auguste, les Hugues-Capet, les saint Louis, les François Ier, les Henri IV, les Louis XIII, les Louis XIV, qui brillent d'un éclat sans pareil, les font oublier. Les plus beaux tableaux ont des ombres et de la lumière. Ces souverains éclairés, aussi remarquables par leur activité et leur patriotisme que par leur justice et leurs vertus, sont en quelque sorte nos pères, nos ancêtres ; nous devons donc les admirer, les estimer, les glorifier ; ce sont eux qui ont fait l'unité de la France et commencé le laborieux travail de sa civilisation. Les couvents y ont contribué, les casernes également ; mais comme c'est toujours aux chefs qui commandent que revient l'honneur ou la honte des victoires ou des défaites, il s'ensuit que la gloire est pour ceux de nos rois qui ont gouverné avec sagesse et la honte pour ceux qui se sont laissé gouverner par leurs seules passions.

Nous remarquons que tous les souverains de notre histoire auxquels on a décerné le beau titre de Grand, ont été surtout dominés par le sentiment de la justice et de l'équité. Ces qualités jointes au patriotisme font seules les héros. On n'est grand qu'à la condition d'être juste et d'aimer son pays.

Ainsi l'ère chrétienne a bien réellement pris fin. Son premier mot a été Lérins et Marmoutier, son dernier la colonne Vendôme et la tour Eiffel, c'est-à-dire les casernes Napoléon et du Château d'Eau. Celle qui va prendre sa place, pourra se nommer ère des heureux, ou du nouvel âge d'or. Elle devrait commencer avec le XXe siècle, c'est-à dire dans cinq ans et durer toujours. Celle du Christ se reposerait.

Nous avons donc raison d'aimer, de servir, de défendre notre patrie ; c'est notre bien le plus précieux. Sans lui l'existence n'est qu'un fardeau, une souffrance, un désenchantement, un sépulcre. Aussi en parcourant, d'un rapide coup d'œil, les quarante ou cinquante siècles de l'histoire de l'humanité, nous sommes arrêté, subjugué, ébloui, bien plus par l'héroïsme de l'immortelle Jeanne Darc que par les exploits d'Alexandre ou de César. Selon nous, c'est le souvenir de cette incomparable jeune fille, c'est son patriotisme ardent, sa noble inspiration, la fermeté de sa résolution et ses succès inespérés qui ont donné naissance à l'audace des navigateurs et des explorateurs du XVIe siècle, à l'opiniâtreté des inventeurs, des guerriers, des hommes d'Etat. En effet, dans la conduite de Richelieu, comme dans celle de Louis XIV, de Danton, de Carnot, de Marceau, de Kellermann, de Napoléon, on retrouve le patriotisme de la vierge de Domrémy ainsi que son audace et sa fermeté ; on retrouve surtout sa justice, sa probité, sa vertu. Donc Jeanne Darc est avec sainte Geneviève l'inspiratrice et la gardienne de notre patrie.

Pauvre Jeanne ! pauvre fille ! pauvre vierge ! Au mois d'avril de l'année dernière de grandes fêtes eurent lieu en son honneur, à Paris, dans la basilique de Notre-Dame, mais cela n'a rien ajouté à sa gloire immortelle. Seulement on a mieux su que son ennemie implacable avait été l'intolérance religieuse et non les sortilèges, le fanatisme des autres et non ses défauts ou ses crimes à elle. Dors en paix, noble bergère de Vaucouleurs ! Alexandre Soumet t'a élevé un tombeau qui défiera les injures du temps. Tu seras désormais le bouclier, le palladium de notre patrie. En invoquant ton grand nom, ton souvenir, ta gloire, on fera sortir du sol des guerriers tout armés comme ceux de Cadmus, mais qui, au lieu de se dévorer les uns les autres, sauveront notre pays, le tien, s'il est encore injustement menacé ou envahi. Quant à nous, nous apprendrons à nos enfants et à nos petits-enfants, ô la plus courageuse des femmes ! que partie de Vaucouleurs à cheval, le 17 février 1429, tu arrivais à Chinon, puis à Blois, enfin à Orléans ; que le 8 mai 1429 tu délivrais

cette dernière ville assiégée par les Anglais ; que tu faisais prisonniers les principaux chefs de l'armée anglaise ; que le 17 juillet
tu faisais sacrer ton roi Charles VII, à Reims ; que tu reçus une
blessure en combattant près de Paris ; que le 23 mai 1430, au
combat de Compiègne tu tombais à ton tour au pouvoir des
Bourguignons qui te livrèrent aux Anglais, et que ceux-ci ne
pouvant se rendre compte de ta valeur, de ton héroïsme, de
ton patriotisme, t'emmenèrent à Rouen dans une cage de fer.
Enfin que le 29 mai 1431, juste un an après ta disgrâce, tu étais
injustement traitée de sorcière et, pour ce fait, condamnée par
un tribunal inique qui siégeait à Rouen, à mourir dans les
flammes d'un bûcher.

Nous leur dirons encore qu'au moment de ton supplice, qui
eut lieu le 30 mai 1431, tu étais âgée de 22 ans, et que tu avais
sauvé la France, ta patrie, et ton roi bien-aimé, Charles VII ; et
cela par la seule puissance de ton amour, de ta volonté, de ton
patriotisme, par la seule force de l'inspiration, de la foi qui avait
pénétré dans ton âme d'élite et l'avait subitement enflammée,
transformée, grandie au point de la rendre divine.

Enfin on saura dans les âges futurs que ce que tu avais fait
seule pour ton souverain et ton pays, ceux-ci ne voulurent ou
ne surent pas le faire pour toi. Tu fus abandonnée à tes persé-
cuteurs intolérants et cruels qui étaient les ennemis de la France
et tu devins leur victime comme Socrate, comme Jésus, comme
Prométhée, comme tous ceux enfin qui, ayant l'amour du bien
plus que celui du mal, rencontrent sur leur chemin plus d'ennemis que de partisans, plus de contradicteurs que de disciples.

On se demandera alors, comme Brutus, si la vertu n'est qu'un
nom et le patriotisme un piège, s'il faut l'aimer ou la haïr ; mais
mille voix répondront aussitôt qu'on doit aimer quand même
sa patrie avec ardeur, comme on aime sa famille puisque l'une
est le développement, l'agrandissement de l'autre, et avoir la

passion des grandes choses plutôt que celle des petites, pour ce motif qu'étant tous fils du même Dieu nous sommes tous frères, tous égaux, tous mortels et par conséquent obligés de nous aimer et de nous aider les uns les autres afin de mieux résister à nos ennemis, de mieux supporter nos maux.

Ange sublime, radieux, tu vins directement du Ciel et tu y retournas aussitôt. Hélas ! Depuis ton départ nous avons perdu la Lorraine, ta noble patrie, que tant de guerriers et de grands hommes ont illustrée. Mais nous avons conservé Domrémy, ton village natal et nous possédons, avec ton berceau, ton nom vénéré au Panthéon des grands hommes. Et puis nous avons le souvenir de ta vaillance, de tes exploits, de ton bons sens et le culte de ta gloire divine, de ta mission sacrée Aussi ne craignons-nous plus rien. Tu es enracinée dans notre cœur comme l'image d'un Dieu unique et tout puissant mais surtout bienfaisant qui fortifie notre courage. Rien ne saurait t'en arracher sinon la mort qui brise et détruit tout.

Plus de vingt statues ou tableaux remarquables et plus de dix poèmes éterniseront ta gloire immortelle... Dors en paix !

Si l'on retranche de l'ère chrétienne le XIIIe siècle, qui, à part l'invention de la boussole par Flavio Gioja, l'affranchissement des communes, le beau règne de Philippe Auguste, le héros de Bouvines, et celui de saint Louis, n'offre qu'un tissu d'horreurs, de calamités, de guerres et de crimes de toute sorte, tant en Allemagne qu'en France, on ne trouve dans notre histoire nationale que des faits mémorables, grands et utiles, qui indiquent que la civilisation plus que la religion conduit le peuple, la raison humaine et qu'on doit, par conséquent, délaisser celle-ci et croire, pratiquer, admirer celle là.

Mais qui enfanta ce XIIIe siècle pleins des cruautés de la Jacquerie, des Maillotins, des Écorcheurs, des Brabançons, des Albigeois et des routiers ? Uniquement la guerre des croisades qui eut quelque éclat, au début, mais qui se termina dans les défaites, les humiliations et les désastres de la France. N'y aurait il dans cette guerre de religion que les malheurs de Louis IX, le meilleur, le plus parfait. le plus saint et le plus juste de nos rois, qu'il faudrait la regretter. On voulait étouffer, dans son berceau, une religion rivale, le mahométisme qui venait de naître et qui. prenant le contre-pied du Christianisme, enfermait les femmes au lieu d'enfermer les hommes, et comme conséquence prêchait la guerre au lieu de prêcher la paix en promettant à tous, dans un ciel éternel, les délices de la volupté. Les sérails substitués aux couvents paraissaient plus agréables et semblaient présenter moins de dangers pour la tranquillité publique ; donc on les multipliait Ces croisades ont inspiré aux Turcs chassés d'Espagne et de France, la pensée, le désir de s'emparer de Constantinople et de ravager ensuite l'Europe orientale. ce qui a eu lieu. Il a fallu des Sobiesky, des Huniade, pour leur barrer le chemin. Aujourd'hui tout s'est apaisé, tout est enseveli dans la tombe. On comprend que Jésus ne fait plus de miracles et que Dieu ne s'occupe de nous que pour nous voir travailler, souffrir et mourir. Mahomet lui-même a l'immobilité d'une momie.

Après ce XIIIᵉ siècle si plein d'horreurs dont nous venons de parler vient la guerre de Cent ans avec l'Angleterre caractérisée d'abord par la probité de Jean le Bon, le vaincu de Poitiers, ensuite par le fameux combat des Trente, à Ploërmel, dans lequel trente Bretons combattirent contre trente Anglais et sortirent victorieux de cette lutte singulière parfaitement égale, qui rappelait le combat des trois Horaces et des trois Curiaces dans le Latium ; enfin par le patriotique dévouement d'Eustache de Saint-Pierre et de ses compagnons en vue de sauver la ville de Calais, leur patrie, tombée au pouvoir d'Edouard III, roi d'Angleterre, qui voulait la détruire de fond en comble. La mort tragique et injuste de Jeanne Darc, l'héroïne populaire de la France, termine cette période néfaste de notre histoire nationale. La prise de Constantinople par les Turcs qui vint après ne fut, selon nous, que le châtiment de ce crime aussi horrible qu'inutile, aussi contraire à la morale qu'à la civilisation, mais qui n'était aussi grand que parce que celle qui en avait été l'objet était humble, qu'elle avait sauvé la France et par celle-ci le monde entier.

Le quinzième siècle se termine par la belle invention de l'imprimerie, due à Gutenberg, par la découverte de l'Amérique et par la réforme religieuse. L'Italie se réveille. Les guerres des Français dans cet admirable pays qui fut notre père, ont lieu et sont tantôt heureuses et tantôt fatales à notre prestige militaire, et cela malgré les Bayard, les François Ier, les Montmorency, les Tavannes, les d'Enghien, les Montluc et les autres. Mais de cette lutte, comme de la rencontre de deux nuages, on voit résulter une électricité rayonnante qui éclaire, qui éblouit. C'est ce que l'histoire nomme la Renaissance des lettres et des arts et qui comprend aussi la Réforme. François Ier dit le Grand, fondateur du Collège de France et de l'Imprimerie nationale, en fut le père. Que de grands hommes, en effet, brillent à cette époque glorieuse. On en compte presque autant qu'à celle de Louis XIV. Nous citerons en courant Ambroise Paré, Estienne, Lescot, Dolet, Duhamel, Cujas, du Bellay, Clément Marot, Rabelais, Jean Cousin, Jean Goujon et les autres.

Ce qui caractérise cette époque remarquable c'est que les sombres demeures féodales, gothiques, incommodes des nobles, firent place à d'élégantes constructions de style italien, et que des palais superbes entre autres *Fontainebleau*, le *Luxembourg*, les *Tuileries* et le *Louvre*, furent édifiés ou terminés par Philibert Delorme, Pierre Lescot et Claude Perrault.

Or, ce que l'on fit pour les classes élevées sous François Ier et ses successeurs, on doit le faire aujourd'hui pour le peuple, pour les travailleurs, les agriculteurs. On doit remplacer leurs pauvres et sordides demeures leurs noires chaumières où l'or et l'air sont inconnus, par des habitations élégantes, commodes, aérées, ensoleillées et peu coûteuses.

Le XVIe siècle, celui des découvertes maritimes, commence avec Charles IX et Catherine de Médicis, son auguste mère. Après des crimes et des guerres civiles sans nombre, les uns et les autres causés par le protestantisme, l'intolérance religieuse et l'ambition, nous nous trouvons en possession d'un nouveau monde, celui de Christophe Colomb, de Cabral, de Pizarre, d'Améric Vespuce, de Fernand Cortez, de Magellan, de Jacques Cartier et par suite inondés de richesses immenses, de trésors nouveaux.

Aujourd'hui lorsque l'on part de Brest pour aller vers l'Ouest, on sait où l'on va et on ne s'inquiète nullement des eaux et des vagues de l'Océan ; mais en 1492, le 3 août, lorsque l'escadre de Colomb quitta l'Andalousie, le grand navigateur Génois ne savait pas du tout où il allait. De même pour Vasco de Gama. Il a donc fallu à ces hommes courageux, déterminés, savants, une audace extraordinaire et une volonté de fer pour marcher en avant. Ces qualités nous les avons surtout admirées lorsque nous sommes restés nous-même comme Colomb pendant 33 jours environné d'eau et de ciel, en accomplissant notre premier voyage maritime occidental. Rien, dans la nature, n'est plus solennel ni plus effrayant.

Enfin au XVIe siècle on possède, en France, une nouvelle religion, abondance de bien ne nuit pas, un nouveau roi mi-partie protestant et mi-partie catholique, un nouveau palais, les *Tuileries*, édifié par Philibert Delorme, enfin l'on voit s'ajouter une nouvelle branche, celle des Bourbons, à la dynastie des Capétiens.

Au grand règne de Henri IV, l'ami des agriculteurs, des paysans, comme aussi des guerriers et des artistes, mais assassiné comme son prédécesseur, succède le XVIIe siècle que nous appelons le siècle des lettres, de la civilisation, de l'agriculture et qui représente dans l'histoire avec Louis XIV et les grands hommes de son temps, sans oublier Molière, le sommet le plus élevé de l'art, du génie, de la gloire, c'est-à-dire l'apogée du progrès humain.

A ce grand roi, à ce long règne, à ce siècle lumineux, rayonnant succèdent les philosophes du XVIIIe siècle, c'est-à dire les encyclopédistes, les Voltaire, les J.-J. Rousseau, les Montesquieu et les autres qui, moitié sérieux et moitié plaisants, comme Henri IV, démolissent tout, jettent tout à bas, comme s'il était besoin d'efforts et de peine pour restituer à la raison ses droits, à l'homme sa dignité, à la vérité son culte. Quand le fruit est mûr il tombe de l'arbre ; quand l'injustice déborde le sang coule, c'est fatal.

Le terrain ainsi laborieusement préparé, arrive le XIXe siècle. La Révolution française qui était dans les esprits, dans les idées passe dans les faits. Le sang est répandu à flots : on profère des menaces contre l'attitude pleine de dignité du peuple Français ; il y répond par des victoires comme devait le faire, quelques années plus tard, Kléber en Egypte. Nous appelons ce siècle, celui des nouveaux Titans. Les Napoléon en sont les principaux représentants. Tout ce que l'on aperçoit de merveilleux ici-bas en ce moment est l'œuvre de ces héros. Chemins de fer, bateaux à vapeur, électricité, inventions de toute sorte, progrès de l'industrie, embellissements de la capitale et des villes principales, tout est l'œuvre du siècle qui est en train de finir. C'est la beauté dans tout ce que l'humanité a de plus grand, la puissance dans tout ce qu'elle a de plus majestueux, le gloire dans tout ce qu'elle a de plus sublime, de plus éblouissant, de plus extraordinaire. Nous profitons, nous jouissons, nous abusons aujourd'hui de tous ces bienfaits en oubliant un peu ceux qui en firent la conquête, et nous nous demandons ce que pourra nous donner le XXe siècle qui va bientôt commencer. Nous avons la certitude qu'il nous donnera l'âge d'or, que Saturne et Faunus reviendront parmi nous. C'est tout ce qui reste à conquérir et c'est tout ce que nous souhaitons, pour l'Europe et la France, pour nos amis et pour nous-même !..

LETTRE XIII

Que le gouvernement fasse de bonnes lois, donne de bons exemples, inspire de nobles sentiments ; qu'il s'attache de préférence aux choses utiles, profitables, av. ntageuses, qu'il n'abandonne pas tout aux grandes compagnies étrangères qui peuvent devenir un danger pour lui ; qu'il réduise l'armée active, pour ce motif que personne ne nous menace, et que nous n'avons nullement la pensée d'attaquer nos voisins ; qu'elle acquière des terres afin de créer des fermes communales qui seront comme la base, le trône, le perron de l'autorité, et alors tout ira bien. On ne fera plus sauter personne. La terre est tout parce qu'elle fait vivre ; les armées permanentes ne sont plus comme autrefois indispensables ; elles coûtent des sommes énormes et leurs inventeurs, Congrève, Chassepot, Gras, Lebel, Bange, Turpin, Vieille, de Reffye et les autres quoi qu'ils fassent ne seront jamais à la hauteur des Fulton. des Stephenson, des Morse, des de Lesseps, des Sommeiller, des Arago, des Riquet, des Christophe Colomb et des Vasco de Gama.

Ce qui tue les hommes à de grandes distances inspire toujours moins de sympathie que ce qui multiplie le travail et en rend les produits moins coûteux. Quand on aime moins les choses de la religion on aime davantage les intérêts de la patrie, alors on souhaite, on demande, on veut pour celle-ci la paix et non la guerre, la civilisation et non la dissolution, l'extermination.

Un peuple qui travaille n'a pas le temps de penser à la guerre qui ruine les familles et les Etats ; il ne songe qu'à être heureux et à partager son bonheur avec ses semblables, ses voisins, ses amis. Au contraire, un peuple qui ne fait rien, qui ne sait ou qui ne veut pas s'occuper, est toujours disposé à se battre avec tout le monde. Il se bat même avec lui-même ou contre lui-même, quand il ne trouve pas d'autres ennemis ; il fait plus, il se mange, il se dévore, il s'engloutit, en remerciant Dieu, dans son cœur, de lui avoir donné des dents aussi blanches que dures, et un estomac aussi infatigable que complaisant. C'est ainsi qu'on procède aux Nouvelles-Hébrides. Ce n'est pas là l'idéal.

De tous les peuples anciens, les Egyptiens et les Babyloniens sont ceux qui ont accompli les travaux les plus importants, les plus utiles et laissé partout des traces glorieuses de leur civilisation, de leur passage. Ce sont eux aussi qui ont été le plus longtemps et le plus complètement heureux. Le travail combat le penchant irrésistible qui nous porte vers le plaisir ; si on ajoute à cela le devoir et les convenances, le plaisir cesse d'être dangereux. Sémiramis, Nabuchodonosor, Sésostris, Osymandias sont avec Saturne et Bacchus les pères de la civilisation, du monde, de l'humanité. On ne les oubliera jamais.

Oui notre patrie est la plus belle de toutes celles qui existent aussi beaucoup de souverains nous l'envient; nous devons donc l'aimer doublement pour nous et pour les autres et tout lui sacrifier. Il ne faut pas qu'on nous l'enlève morceau par morceau comme on a fait de la Turquie. Il faut donc l'enrichir, l'embellir, en être jaloux.

A la vérité on nous reproche, à nous personnellement, d'avoir publié des ouvrages d'opposition, de critique, même des pamphlets et d'avoir apporté dans ce travail politique intellectuel une extrême violence, des appréciations njustes, un esprit mordant et en outre d'avoir commis des erreurs aussi graves que nombreuses. Le reproche est peut être fondé ; mais d'abord la publication d'un livre et d'un livre sans éditeur, dont on fait présent à ses amis, que l'on s'abstient de mettre en vente, ne présente aucun inconvénient, n'est un danger ni pour les personnes, ni pour le gouvernement. Ce sont des conversations intimes que nul n'entend et qui n'ont d'autre but que de fixer des souvenirs, d'apporter à l'auteur un soulagement moral ou de préparer les matériaux de l'histoire. Il n'en est pas de même du journal que des millions de lecteurs lisent chaque jour en en commentant et en en discutant les articles. Là est le danger.

A l'imitation du fils de Crésus, nous nous sommes mis, tout à coup, à parler, à discourir, à écrire, lorsque nous étions toujours resté muet auparavant, que nous n'avions pas cessé de garder le silence; il nous a été donné de faire cela parce qu'un grand chagrin, un violent désespoir causé par les désastres de la France, était entré dans notre cœur, et ne lui laissait plus un instant de repos. Dans ces conditions on admet la passion, l'amertume, la colère, même l'injustice ; on excuse aussi les erreurs et les fautes, pour ce motif qu'elles sont réparables et que tout le monde en commet : *Errare humanum est*, dit le sage. En effet l'homme est sujet à l'erreur.

Qu'on tienne bien compte de cette différence et l'on sera disposé à nous pardonner, d'autant plus que nous ne regrettions pas la révolution qui s'était accomplie le 4 septembre 1870 et qui nous avait précipité dans la boue ; nous savons que la France est républicaine, nous trouvions seulement abominable, cruel, même criminel de l'avoir accomplie pendant que nous étions aux prises avec l'ennemi, que des défaites avaient signalé le commencement de cette guerre, enfin que rien n'empêchait d'attendre encore un peu. Que ce désordre, ce renversement, cette chute eut eu lieu avant ou après la guerre, nous étions disposé à l'admettre, à l'excuser ; mais opérer ce changement pendant que des milliers de soldats versaient leur sang généreux pour la France, que des millions d'ennemis foulaient notre sol, oh ! cela nous paraissait et nous parait encore impie. Il y avait un moyen de faire cette révolution sans verser le sang ; c'était d'empêcher, de s'opposer à cette guerre funeste, on nous y a au contraire poussés par des cris et des vivats insensés, frénétiques assourdissants.

Reste l'opposition, la critique, c'est-à-dire le fait de contredire, de blâmer, de condamner les actes du gouvernement établi, de celui que le peuple lui-même s'est donné, et qui, d'après notre théorie, doit être respecté. Mais tout le monde, même ceux qui sont le plus intolérants, admettent la nécessité de cette opposi-tion ; elle est aussi utile aux gouvernants qu'aux gouvernés ; elle éclaire au lieu de brûler ; elle signale les dangers au lieu de les multiplier. Ce que l'on est en droit d'exiger c'est que cette opposition soit loyale, sincère et aussi désintéressée que possible.

Il faut aussi que les attaques soient dirigées contre les institu-tions ou contre l'homme public et jamais contre l'homme privé. Or, c'est ce que nous avons fait. On voit que nous avions le droit de tenir, à nos amis les républicains et à nos ennemis les cléricaux toujours aveugles ou intolérants. le langage suivant : Oui nous avons servi loyalement pendant vingt ans l'idole que vous aviez choisie vous-même, que vous aviez acclamée et qui ayant basé son pouvoir sur le despotisme afin d'accomplir de grandes choses eut la gloire de creuser le canal de Suez, de transformer. c'est à-dire de rebâtir la capitale. de percer le tunnel du Mont-Cenis, de construire les immenses ports de Marseille et la digue de Cherbourg, de jeter des ponts sur le Rhin, à Stras-bourg et sur l'océan, à Brest, de conquérir l'Indo-Chine et la Nouvelle-Calédonie, enfin de réparer, de ressusciter les monu-ments endommagés par le temps et les hommes et rappelant la gloire et le passé de notre patrie. Mais dans un jour de colère, ô républicains exaltés, vous avez, d'accord avec les cléricaux, renversé cette idole qui avait pourtant accompli de véritables miracles, vous l'avez détrônée, humiliée. chassée après l'avoir couverte d'ignominie et de boue, et vous avez pris sa place. Or. comme l'injustice appelle l'injustice vous avez eu comme nous.

la disgrâce de voir, un peu plus tard, votre souverain, celui que vous aimiez, que vous préfériez, que vous aviez porté au pouvoir et que nous respections emporté par le crime et la mort violente. Notre souverain, Napoléon III, est mort en exil, le vôtre, petit-fils du grand Carnot, est mort assassiné comme Henri III, comme Henri IV, comme Lincoln, comme tous ceux qui font le bien par amour de la justice et de l'humanité, et qui ne recueillent, comme Jésus, comme Socrate, comme Jeanne Darc, que les outrages et le mépris des foules aveugles et inconscientes. Est-ce vrai ?

Quant à vous, cléricaux enragés, qui possédez un grand corps, une énorme tête et de petites idées, votre souverain, votre idole, celui qui représentait Dieu sur la Terre et qui devait être à l'abri de la foudre, qui devait même la tenir dans ses mains puissantes, qui devait faire des miracles comme Jésus, en un mot le pape a été renversé de son trône, méprisé et foulé aux pieds comme un simple mortel, comme l'avait été son maître, comme le fut son prédécesseur saint Pierre et mille autres. Aujourd'hui le souverain pontife règne dans un immense palais désert, le Vatican, où l'on fabrique des articles d'orfèvrerie, et dans un temple plus immense, plus désert encore où ne vivent que des reliques et des ouvriers sans cesse occupés à réparer, à consolider, à conserver l'église veuve de son Dieu et de son grand prêtre. Où donc est l'idéal dans tout ceci ? Nous le trouvons nous dans le travail, la raison, la justice. Quand on aura remplacé partout les simulacres de guerre qui sont coûteux et inutiles par les simulacres ou les bienfaits de la paix, qu'on aura substitué la raison à la superstition et à la religion on coupera court aux guerres, aux crimes et aux révolutions. L'homme en se battant, en s'exterminant ne change pas de nature comme les corps inanimés. Il est toujours sensible, toujours mortel. Donc les travaux doivent être son salut et sa gloire. Les uns doivent travailler de la tête, les autres des bras, mais tous doivent aimer la patrie.

Nous savons qu'il existe une différence entre les philosophes et les hommes d'Etat, entre ceux qui gouvernent et ceux qui regardent, entre ceux qui piochent et ceux qui flânent. Cette différence provient de ce que ceux-ci sont sur la terre et ceux-là dans le ciel ; mais nous pensons que faire du mensonge et de la corruption des moyens de gouvernement est une théorie absurde qui ne peut conduire ni à l'estime ni à la gloire. On peut trouver dans cette conduite de l'habileté, du savoir-faire, de la diplomatie ; nous n'y voyons, nous, qu'une imprudence, un non-sens, un aveuglement dangereux. La justice, l'humanité, le patriotisme, tels sont nos moyens de gouvernement. Il n'en existe pas de meilleurs.

On se demande souvent ce qu'est la justice, en quoi elle consiste ; pourtant tout le monde a appris plus ou moins bien les choses morales à l'école et au sein de sa famille. La justice consiste à ne pas faire aux autres ce que nous ne voudrions pas que l'on nous fît. On voit que ce précepte évangélique est court, clair, concis et qu'il est facile à retenir. Cependant nous voyons que l'Italie, notre voisine, notre sœur, presque notre mère, qui est l'un des Etats maritimes les plus considérables ne possède aucune colonie. Pourquoi le drapeau italien si respectacle, si respecté, ne flotte-t-il pas comme le nôtre sur les pays lointains encore sauvages, barbares ou hostiles à notre civilisation? C'est ce que l'on ignore ; on sait que l'Angleterre, la Belgique, l'Allemagne et la France se sont partagées, il y a quelques années, les pays africains, océaniens et asiatiques ; mais on cherche en vain le motif qui a exclu l'Italie de ce partage léonin. On trouve ce procédé d'autant plus injuste que l'Italie a fait son unité vaillamment, courageusement et qu'elle a acquitté ses dettes. Si ce ne sont pas là des droits, des titres, nous ne savons où il faut les chercher. Bien plus, toutes les nations européennes possèdent des colonies en Amérique ; seule l'Italie, qui a soulevé les voiles de ce monde nouveau en 1492, n'en possède aucune. Les Portugais et les Hollandais sont mieux partagés. Nous n'avons pas craint de dire que cela était injuste, nous le répétons.

A force de chercher nous avons fini par supposer que le pape, qui est aussi italien, et qui a civilisé toutes les colonies, en possédait en propre un grand nombre sans que cela parût. Cela pourrait être : s'il en est ainsi nous rendons justice à l'humilité, à la prudence du Saint-Père et nous faisons des vœux pour que l'Abyssinie qu'il convoite et qui est restée catholique, dont l'histoire est écrite dans le ciel avec *Persée, Cassiopée, Andromède*, les plus belles des constellations et en même temps les plus anciens souverains de ce brûlant pays, lui soit adjugée sans empêchement. Nous poussons même la générosité, l'amour de l'équité, le culte de la justice, jusqu'à lui offrir Madagascar, à la condition que l'Italie continuera la guerre contre ce pays pour son propre compte, et que les Anglais, les colonisateurs par excellence, mais qui n'ont plus autant besoin qu'autrefois des points de relâche, à cause de la vapeur et du canal de Suez, céderont Malte aux Italiens, Sainte Hélène et les îles Normandes à la France, Gibraltar aux Espagnols, enfin que l'Alsace-Lorraine nous sera rendue. Il ne faut pas, à propos de colonies, que les États européens soient divisés ; il faut au contraire qu'ils soient unis dans l'intérêt de la civilisation. Le meilleur moyen d'obtenir ce résultat c'est de supprimer les causes qui les mécontentent et qui les divisent. Nous venons d'en indiquer quelques-unes.

Des injustices contre les hommes il s'en est toujours commis et il s'en commettra toujours, pour ce motif que ceux qui gouvernent sont hommes avant d'être fonctionnaires et que les passions les aveuglent quelquefois ; mais il faut distinguer entre les injustices d'un seul et les injustices de tous. Contre l'injustice d'un seul, il y a le suffrage universel, au moyen duquel le peuple exprime sa volonté tous les quatre ans ; donc on peut attendre ; contre l'injustice de tous, il y a les émeutes et les révolutions. Mais aujourd'hui nous vivons en République et le peuple est souverain. Donc pas de révolution possible, à souhaiter. Nous sommes en possession de l'idéal.

Repousser, mépriser, haïr la patrie, quand on n'est pas satisfait, est chose impossible à celui qui se laisse gouverner par sa raison, sa conscience plus que par les préjugés ou les passions mauvaises et qui voit dans cette patrie tout à la fois un père et une mère qui instruisent, qui protègent, qui nourrissent et qui n'ont d'autre préoccupation, d'autre but, que de voir leurs enfants heureux. Dire à cette patrie des vérités cruelles, dures, sans ménagement ni mesure est encore une chose que l'on se décide difficilement à faire, surtout lorsqu'on possède un gouvernement libre, que le peuple est souverain, que tout lui est soumis, qu'on peut monter, descendre à volonté, vendre et acheter, partir et rester, écrire et parler librement ; on ne peut pas s'adresser des plaintes à soi même. On ne peut pas avouer que le travail que l'on fait est défectueux, sans consistance, sans durée. Que faire alors ? Il faut être patient comme nous le sommes nous-même et vivre en travaillant ou en se privant lorsque cela devient nécessaire. Il ne faut pas se laisser aller au désespoir et mourir volontairement de bonne heure, il faut se cramponner à l'existence et aimer, chérir, servir d'autant plus la patrie qu'on est plus malheureux ou plus oublié. Il est impossible que le pays ne souffre pas quand un seul citoyen souffre. Donc la guérison ne peut se faire attendre longtemps. Il y a de l'espoir tant qu'il y a de la vie. « Patience et longueur de temps, font plus que force ni que rage », dit La Fontaine. Suivons ce sage conseil.

En somme ce que Charlemagne, Sully, Colbert, Richelieu, Mazarin, Louis XIV, Napoléon firent dans le sens de l'unité française ne devrait être défait par personne, pas plus que les conquêtes de Frédéric II, de Pierre-le-Grand, de l'Angleterre et des autres nations ne devraient être contestées. Aujourd'hui que les grands Etats sont à peu près d'égale force et bien limités, on doit les laisser se peupler, c'est à-dire s'étendre en hauteur ; on ne doit toucher à leur territoire que pacifiquement, diplomatiquement. Comment ne voit-on pas que la guerre est la continuation de la barbarie, et qu'il faut fermer les écoles et les temples si rien ne peut l'empêcher ? Mais non ; tout indique que cette guerre impie a fait son temps, du moins en Europe, et que la diplomatie, les congrès vont prendre sa place. Ce sera un véritable progrès. La paix, indispensable aux peuples laborieux, est aux mains de ceux qui disposent des plus grands capitaux. Amassons donc de l'argent et empêchons les hommes de se battre. Quand ils demanderont des armes on leur donnera du pain ; et quand ils éprouveront le besoin de se mouvoir, de s'agiter, on leur donnera des outils et des machines agricoles.

Avec les dix ou quinze milliards que la guerre contre l'Allemagne nous a coûtés, nous aurions acquis toute la rive gauche du Rhin sans perdre un seul homme et nous aurions conservé l'Alsace-Lorraine ainsi que l'estime de nos voisins. Est-ce que ce résultat n'aurait pas été préférable à ce carnage, à cette boucherie qui a eu lieu partout ? Aujourd'hui sur le budget de trois milliards, on devrait pouvoir en mettre un de côté, et subvenir à tous les besoins avec les deux autres ; au bout de 20 ans on aurait 20 milliards ; qui pourrait résister à cela ? On se souvient du mot de Philippe de Macédoine, père du grand Alexandre. « Là où je pourrai faire pénétrer un âne chargé d'écus, disait » le mari d'Olympias, la résistance sera nulle. » A son tour Henri IV, qui fut un grand roi quoiqu'il ait été assassiné comme le précédent, avait l'habitude de dire « qu'on prenait plus de » mouches avec une cuillerée de miel qu'avec un tonneau de

» vinaigre. » Qu'on se souvienne de ces leçons et qu'on les rende profitables. Rien ne nous semble plus facile.

Les grèves offrent cette particularité que ceux qui les font ou qui y participent sont formés en société et possèdent déjà un fonds social considérable dûment garanti par l'Etat ; si bien qu'on se demande, en voyant certaines corporations en grève, sans motif plausible, si c'est pour améliorer leur situation que les ouvriers abandonnent leurs travaux ou si c'est pour l'aggraver. Tout indique que c'est pour arriver à ce dernier résultat que la grève a lieu. En effet, au salaire qui ne vient plus du tout, on substitue les économies que l'on a au fond de la bourse, puis on fait des dettes; enfin on engloutit le fonds social. Nous avons connu une association qui a dévoré en quelques jours un capital de 60,000 fr. amassé peu à peu en un grand nombre d'années. Si c'est là de l'énergie, de la volonté, de la puissance, nous lui préférerions volontiers, dans l'intérêt des travailleurs, la patience, la résignation, la docilité. Que l'on demande une augmentation de salaire et une diminution de travail on le conçoit ; chacun doit s'occuper de ses intérêts : mais qu'on se mette en grève parce que le patron a refusé de souscrire à ces conditions onéreuses, c'est ce que nous ne comprenons pas du tout. La force n'est pas le droit ; le pot de terre ne peut pas être plus fort que le pot de fer.

On pense malgré soi au projet infernal de Marino Faliero, duc ou doge de Venise qui, au XIIIe siècle, mécontent de l'insulte qu'un noble avait faite à sa femme, à sa pupille, dans un bal et, plus mécontent encore de la condamnation à un mois de prison qui s'en était suivie ourdit un complot, ayant pour but de massacrer tous les nobles et tous les sénateurs et d'asseoir le gouvernement sur des bases plus larges, plus populaires, plus démocratiques. Ce complot, comme celui de la conspiration des poudres à Londres qui eut pour cause l'intolérance religieuse, fut révélé la veille de son exécution. On fit donc périr dans les supplices

Faliero ainsi que les 6 ou 700 conjurés qu'il avait endoctrinés. Mais du XIIIe au XIXe siècle il y a loin. Aujourd'hui on ne devrait plus entendre parler de ces attentats ; on ne devrait même plus voir de combats à coups de poings. Les différends devraient être aplanis par des arbitres ou, dans certains cas, vidés par la lutte athlétique. Les Anglais excellent dans ce genre de combat singulier. Quand l'un des adversaires tombe, l'autre reprend son habit et s'éloigne ; il a triomphé ; il a renversé son contradicteur ; il n'a besoin ni de sang ni de vengeance. Il a eu raison ; nous trouvons cela magnifique. Mais avant tout abolissons l'échafaud. La peine de mort est une honte pour un pays lorsque le peuple en est souverain.

LETTRE XIV

Ici se place l'un des plus terribles incidents de notre carrière militaire. Nous devons le faire connaître, non pour récriminer, exprimer un regret ou exhaler une plainte, la plaie morale qui s'y rapporte est depuis longtemps cicatrisée, mais pour en tirer un nouvel argument en faveur de notre thèse, savoir que le patriotisme nous fait encore un peu défaut, que les Parisiens, congréganistes pour la plupart, ont la déplorable manie des révolutions, enfin que la patience, l'abnégation, l'esprit de justice qui en politique sont des vertus indispensables, nécessaires, sont encore ignorées de la plupart des habitants de la capitale. Encore aujourd'hui, nous ne pouvons nous rappeler cet incident sans un sentiment d'épouvante. Nous ne pouvons surtout concevoir qu'on joue ainsi avec les institutions, avec la patrie, avec la famille ; qu'on joue ainsi avec le feu ; d'autant plus qu'en 1870, Paris et la France, sous le règne de Napoléon III. qui était Parisien, avaient réalisé des progrés immenses en tous genres, obtenu des avantages de toute sorte, enfin visité, pacifié, civilisé un grand nombre de peuples lointains et hostiles, et cela dans un espace de temps relativement court et avec des moyens aussi peu meurtriers que possible. Voici donc ce qui nous advint à Paris le 1er juillet de l'année 1870.

Nous étions de garde ce jour-là à la prison militaire du Cherche-Midi. Nous ne voyions la capitale, lorsque nous y faisions le service, que sous ses aspects les plus tristes, les plus repoussants. C'était à des enterrements, à des exécutions, à des corvées que nous étions convié, le jour, ou bien dans les prisons, les hôpitaux et les entrepôts de Bercy que nous passions la

nuit. Mazas, Sainte-Pélagie, la Santé, Cherche-Midi, la Grande
Roquette, le Père-Lachaise, le Val-de-Grâce, Saint-Martin, Gros-
Caillou, Lariboisière et d'autres dont le nom nous échappe,
furent nos principales occupations militaires, lorsque nous
tenions garnison à Paris. Il faut ajouter à cela les gardes à Vincennes et à La Villette et un séjour prolongé dans les forts de
Bicêtre et de Charenton. Les bons postes comme on appelait
ceux du Sénat, du corps Législatif, de l'Elysée étaient pour les
fidèles, pour les amis du trône et de l'autel, pour tous ceux, en
un mot, qui n'avaient porté Napoléon III au pouvoir que pour le
voir renverser et tomber en bas de plus haut. Il n'y a rien de
sacré ni pour les cléricaux ni pour les... sapeurs, et quand ces
cléricaux, républicains d'esprit, s'unissent, s'allient aux radicaux
républicains de cœur, ce qui eut lieu en 1870, rien ne résiste à
leurs efforts de Samson et de Briarée. C'est le vent et le feu dans
tout ce qu'ils ont de plus affreux, de plus dévorant, de plus
meurtrier.

Bref, étant de garde et enfermé dans notre poste d'officier,
nous reçumes la visite d'un de nos anciens camarades du régi
ment qui, ayant participé à la guerre d'Orient, à la prise de
Sébastopol, mais n'ayant pu arriver à l'épaulette comme tant
d'autres s'était jeté à corps perdu dans les bras de l'opposition,
et là, déployait, comme Rochefort et ses admirateurs, un zèle
étonnant, extraordinaire, malsain, qui nous paraissait aussi coupable qu'insensé, et que nous qualifions d'injuste et de criminel.

Cet ami qui était Parisien et négociant se nommait Quénel.
Quoiqu'il fut arrivé à la fortune, il était mécontent de son sort et
le faisait savoir partout afin de faire des prosélytes. Doué d'un
caractère déterminé, d'un tempérament sanguin et d'une loqua-
cité sans pareille, il s'était déclaré l'ennemi irréconciliable de
l'Empire et cherchait à ce colosse des obstacles partout, même
dans les tuiles, même dans les pavés. C'était le type du révolu-

tionnaire, de l'émeutier, du barricadier parisien. Ses devises étaient : « Le mieux est l'ennemi du bien » et « Se battre, c'est vivre heureux. »

Après que, sur notre invitation, il se fut assis dans notre large fauteuil à bascule, et que nous eûmes échangé les compliments d'usage. Quénel entra brusquement et résolument en matière. Il nous fit savoir : 1º que l'Empire allait être renversé ; 2º la République proclamée ; 3º enfin que la société, assise sur de meilleures bases, allait jouir d'un peu de calme et d'un peu de liberté sous un gouvernement meilleur, plus populaire, plus paternel que celui que nous subissions depuis longtemps et dont personne ne voulait plus.

Surpris de ce discours, tout à la fois factieux et véhément auquel nous étions loin de nous attendre, mais nullement intimidé, ne pouvant d'ailleurs prendre au sérieux les paroles de notre ami, nous répondîmes simplement que nous avions vu le Paris ancien, que nous voyions le Paris nouveau et qu'à nos yeux cette seule transformation, qui nous paraissait un chef-d'œuvre, suffisait pour immortaliser le souverain qui l'avait conçue et réalisée. « Mais, ajoutâmes nous, il y a à l'avoir de Napoléon III des titres bien plus sérieux à la reconnaissance et à l'admiration du peuple : c'est le canal de Suez achevé et livré à l'exploitation ; ce sont les lignes de chemin de fer de l'Est, du P. L. M. et de l'Ouest complètement terminées et rapprochant, confondant les peuples ; ce sont les expositions universelles de plus en plus admirables, magnifiques, enfin c'est l'extension de notre empire colonial, de notre commerce et de notre industrie.

— Tout cela eût été fait par un autre, dans le même espace de temps, si Napoléon ne l'eût pas fait malgré la volonté de tous.

— Mais en réalité c'est lui qui a fait tout cela.

— C'est comme s'il n'avait rien fait. Il a cessé d'être juste et par suite d'être Parisien, d'être Français. D'abord il a usurpé le pouvoir à coups de fusil ; ensuite il en a fait un mauvais usage ; enfin aujourd'hui il répond aux émeutes, c'est-à dire à l'union des travailleurs. par des charges de cavalerie et aux observations des citoyens par des coups de révolver. Victor Noir et d'autres ont été assassinés, c'est le comble. Mais, dit tout à coup Quénel, pas tant d'explications, de discours, de simagrées. Tout a été examiné. pesé et jugé. Le colosse aux pieds d'argile va rouler dans la boue, c'est écrit. Nous comptons sur toi ; nous comptons aussi sur notre vieux camarade de Rochebrune, qui est en train de guerroyer inutilement en Lithuanie avec ses Zouaves de la Mort sous les ordres de Langewich, mais qui reviendra ici au premier signe de notre part. Je dois te dire que la moitié de l'armée est pour nous ; nous avons tout Paris, nous aurons bien tôt toute la France. Ce n'est pas l'avancement que tu as obtenu au choix qui doit t'empêcher de venir dans nos rangs. Je sais que tu n'as décroché tes grades qu'à force de campagnes, de marches et de coups de fusil. L'ancienneté a été ton lot. Donc tu peux venir avec nous sans crainte de passer pour un ingrat.

— Mon cher, dis-je à Quénel, mon avancement n'a rien à faire ici. Ce n'est pas moi qui dois grandir, c'est mon pays, le tien, c'est-à-dire la France qui a déjà tant fait pour les peuples. Or mon devoir est d'obéir à mes chefs, à notre gouvernement qui est doublement légitime, enfin aux lois. Si je pouvais oublier ce devoir, un seul instant, ces noms vénérés, HONNEUR et PATRIE que tu vois gravés sur la plaque dorée de mon ceinturon et qui sont également gravés dans mon cœur suffiraient pour me le rappeler : c'est à ce devoir que je veux rester fidèle.

— Tu refuses ?

— Absolument.

— Tant pis pour toi !

— Soit, je renonce d'avance à tout.

A ces mots Quénel se levant brusquement, nous serra la main ;

puis ouvrant la porte vitrée qui donnait sur la cour, il nous quitta en nous souhaitant bonne garde. Nous n'eûmes ni la pensée, ni le désir de le retenir, de le raisonner, de le convaincre, encore moins de le dénoncer. On ne doit pas agir avec un ami comme avec un étranger que l'on ne connaît pas. Nous nous bornâmes à le voir partir et à faire des vœux pour la non réussite de ses projets; car il courait au devant du déshonneur et de la mort.

Nous ne savons au juste quel rôle notre ami joua à partir de ce jour dans le programme et l'accomplissement de la révolution annoncée ; ce que nous savons bien, c'est que quelques jours après notre entrevue l'armée de Paris entrait en campagne, et que deux mois plus tard l'empire s'écroulait avec fracas sous les efforts des Titans parisiens. La République de Gambetta le remplaçait pour ces motifs que l'armée française avait été vaincue, foudroyée, dispersée à Reischoffen et à Forbach, le 6 août, et que l'empereur, ses maréchaux et son armée de secours avaient été vaincus et faits prisonniers de guerre à Sédan le 1er septembre. Quant à l'armée du maréchal Bazaine, enfermée dans Metz, et livrant journellement des batailles terribles, elle semblait être, mais à tort, aux yeux des nouveaux républicains, comme l'ancre de salut et le palladium de la patrie. Ceux-ci ignoraient qu'une armée investie, quelle qu'en soit la force, est obligée de capituler quand elle a consommé ses vivres, qu'elle a perdu ses chevaux et qu'elle n'est pas, qu'elle ne peut pas être secourue. Nous succombions donc, à notre tour, aux dures épreuves de la faim, de l'investissement et de l'isolement. Cette longue résistance de trois mois qui devait être inutile, nous valait l'honneur de rester en possession de nos armes après la capitulation, mais ne nous empêchait pas d'être envoyés en captivité, en Allemagne, dans des vagons à bestiaux. Plus tard, accusé de trahison, le maréchal Bazaine était traduit devant un conseil de guerre qui le condamnait à la peine de mort, commuée peu de temps après en détention perpétuelle. Notre compagnie fut internée à Dantzig, centre important et éloigné de la France, mais qui nous rappelait la belle victoire du maréchal Lefebvre, de Colmar, en 1807.

On voit qu'il n'est pas toujours avantageux de faire son devoir et qu'il faut savoir se résigner aux coups de la Providence quand le malheur vous accable. Cependant on éprouve toujours de la satisfaction à l'accomplir. Le devoir c'est la vie de l'âme !..

Aujourd'hui encore nous nous réjouissons d'avoir agi comme nous venons de le dire. Nous ne regrettons qu'une chose, c'est qu'on ait entrepris la guerre contre l'Allemagne sans être prêt, ce que nous avions personnellement démontré dans un *Traité de tactique nouvelle* qui fut soumis au gouvernement et qui fit quelque bruit dans l'armée de Paris. en 1870, mais dont on ne tint aucun compte.

Ainsi Quénel le révolutionnaire, le révolté, l'intransigeant dont nous avons cessé d'être l'ami et qui a changé de nom comme nous, est en haut ; il plane, il commande, on lui obéit ; et nous, partisan de la résignation, du devoir, de la loi. nous sommes en bas, nous végétons et tout le monde nous marche dessus. Faut-il encore, après les erreurs du Panama et celles de certains généraux, demander une nouvelle chute, un nouveau changement, une nouvelle révolution ? Nullement. Il faut choisir des hommes patriotes, éclairés et indépendants et leur confier la direction du char de l'Etat. Nous pouvons faire cela nous-même.

Mais, avant tout, il faut s'entendre. Nous comprenons par liberté, non pas le règne des lois, qui peuvent être mauvaises. non pas le pouvoir de tout penser, de tout dire et de tout faire impunément, ce qui peut être injuste, mais bien la faculté pour les déshérités d'être vêtus, logés, nourris aux frais de la communauté, même quand ils ne veulent pas travailler, et pour ceux qui possèdent la fortune, le pouvoir de faire faire par d'autres, en payant raisonnablement et sans difficulté, tous les travaux

nécessaires, indispensables, et cela sans que de part ni d'autre
rien n'ait été prémédité, rien ne soit forcé, ordonné par des règlements ou des prescriptions, ni que l'on ait à craindre, de la
part des travailleurs et des pourvoyeurs, des travaux nuisibles
ou des denrées de mauvaise qualité, et de la part de celui qui
fait travailler des actes de mauvaise foi ou des défauts de paiement.

Voici les marchés bourrés, bondés chaque jour de légumes, de
poissons et de viande ; on y vend et on y achète librement à des
prix déterminés tout ce qui est nécessaire à la vie ou tout ce que
l'on souhaite. Personne n'oblige les marchands à venir là ; ils y
sont amenés par l'espoir du gain. Il ne suffit pas de cultiver la
terre et de faire des récoltes, il faut encore écouler les produits
de celles-ci, les vendre au meilleur prix possible ; de là les marchés où ceux qui ont trop et ceux qui n'ont pas assez se rencontrent, se confondent et font des échanges utiles de denrées et de
monnaie, quelquefois d'injures, rarement de coups.

Plus loin sont les magasins où l'on trouve tout ce qui est
indispensable aux familles et aux individus, depuis le fil et
l'aiguille qui serviront à coudre les étoffes et les boutons, jusqu'à
la truelle et au marteau qui servent à construire des monuments,
depuis le papier et l'alène jusqu'au bateau à voile ou à vapeur
jusqu'au landau somptueux ; ici sont les confections pour dames
et pour hommes, où l'on est vêtu des pieds à la tête instantané-
ment et à des prix modérés ; là sont les entrepreneurs, les
architectes, les maçons, les manœuvres qui construisent les
maisons ou qui les réparent ; ici sont les notaires, les avocats, les
juges, les greffiers, les huissiers, les gendarmes et les tribunaux
où s'aplanissent les différends sans coups de fusil, même sans
injures et où les délinquants, les criminels sont réprimandés,
condamés, punis ; là sont les écoles, les facultés, les adminis-
trations où l'on peut trouver l'instruction indispensable et
ensuite des fonctions honorables et lucratives ; d'une part sont

les commerçants, les négociants, les industriels, les inventeurs, les savants, et d'autre part les postes élevés de l'Etat, députés, présidents, sénateurs, ministres, préfets, maires, généraux en chef, postes que tout le monde peut ambitionner et même occuper avec succès lorsque la conduite, le savoir et le patrio-tisme des candidats sont en rapport avec leur ambition. On con-çoit que la perspective de ces honneurs, de ces récompenses doit être un puissant stimulant pour les hommes de génie ou d'action.

Enfin, comme pour compléter le magnifique tableau de la liberté dans l'ordre dont nous parlons, ou pour lui opposer un peu d'ombre, on voit d'un côté des hôpitaux, des asiles, des crèches, des orphelinats où l'on est soigné en cas d'accident et de maladie, où les enfants sont gardés, élevés, instruits, où les vieillards sont à l'abri du besoin et des abandons; et de l'autre des maisons de refuge, de travail, de passage où les déshérités de la vie trouvent le nécessaire et se reposent des fatigues de leur route sans qu'il leur en coûte un sou ni qu'ils soient obligés de travailler pour d'autres que pour eux-mêmes.

Maintenant on voit se former partout, quand on est en liberté et que l'ordre n'est troublé ni par les émeutes, ni par les grèves des associations paisibles, des cercles, des syndicats, des sociétés de secours mutuels, des réunions scientifiques, des bibliothèques où l'on s'instruit, où l'on se divertit, où l'on s'aide réciproque-ment, sans bruit, sans embarras et à peu de frais, et il existe encore pour ceux qui ne peuvent assister aux spectacles ou aux exhibitions coûteuses, des concerts en plein vent qui charment l'oreille et l'esprit et des jeux divers qui, le dimanche, assou-plissent les membres ou les rendent adroits et par suite font oublier à ceux qui s'y livrent les ennuis ou les fatigues du labeur quotidien.

On voit qu'en tous pays et sous tous les gouvernements on peut pratiquer, on peut jouir de cette bonne et saine liberté que

nous voyons assise sur l'ordre, l'humanité, la civilisation, les
lois ; qui donne à tous la sécurité, le bien-être, la richesse ;
qui procure à ceux qui ont de l'argent l'avantage de ne pas
fabriquer leur pain et leur vin et de trouver, à toute heure et à
des prix raisonnables, ces aliments nécessaires chez les marchands
du voisinage ; de ne pas confectionner leurs chaussures ni leurs
vêtements, d'en trouver de tout prêts chez les marchands ; de ne
pas construire leurs maisons, leurs meubles ; de ne pas tisser
leur linge, leurs couvertures, leurs rideaux, leurs serviettes ; de
ne pas labourer leurs champs ; de ne pas étrier leurs chevaux ;
en un mot, de ne rien faire du tout, ni leur cuisine, ni leur lessive, ni leur lit, ni leur chambre et de pouvoir faire faire tout
cela en payant, par des personnes de confiance qui sont pauvres
mais honnêtes et qui ont droit à tous les égards, parce qu'elles
sont connues et estimées de tous. On aime partout cette liberté
qui donne la certitude d'être secouru en cas de malheur ou de
maladie, par sa famille, ses voisins ou par l'assistance publique
et qui, en définitive, permet de penser, de savoir, de croire qu'il
existe une Providence régulatrice et que dès lors nos bonnes
actions seront récompensées et les mauvaises punies. Or, qui
peut assurer cette liberté sainte ? ce bonheur de tous ? Le patriotisme seul qui nous montre des frères dans tous les hommes
et qui a pour bases immuables la famille et la propriété.

Quand on s'occupe de politique et de liberté, il est bon de se
rappeler deux choses : la première qu'on peut vivre conforta-
blement avec 30 ou 40 centimes par jour, et même avec beaucoup moins; notre alimentation personnelle depuis dix ans, ne nous
a guère coûté qu'une centaine de francs par an ; on voit qu'avec
2,000 francs placés à la caisse d'épargne nous pourrions vivre
pendant vingt ans. Les Israélites, dans les déserts de l'Arabie, ont
vécu pendant quarante jours avec rien ou presque rien : quelques
savants expérimentateurs en ont fait autant de nos jours.

La seconde chose c'est qu'on peut dépenser des millions, tous les ans, si on a su les gagner, si on les possède et si on aime le luxe, les plaisirs, les voyages. Le général d'Andlau et M. de Lamartine ont démontré cette vérité. Ainsi l'estomac est élastique et les désirs, les besoins, les passions qui nous agitent également. Par exemple nous nous contentons actuellement d'une gravure, d'un chromo de cinq centimes, représentant le président de la République française ou tout autre personnage remarquable; mais avec la fortune nous aurions ou nous pourrions avoir le même portrait par Meissonier, Français ou Courtois nos principaux artistes peintres, ce qui nous coûterait une cinquantaine de mille francs.

Conclusion : On peut vivre avec une pomme de terre bouillie à chaque repas, mais on peut engloutir aussi, à chaque repas, un gigot ou même un mouton entier. On peut dépenser cent francs par an, on peut aussi en dépenser cinq cent mille.

Il faut donc savoir équilibrer tout cela, besoins, luxe et plaisirs. Aime-t-on les dépenses ? on doit s'acharner au travail, gagner de l'argent et faire des économies pendant que l'on est jeune, vigoureux, bien portant, après quoi on s'abandonnera au repos et aux jouissances que l'on préfère. Aime-t-on la simplicité, la sobriété ? on doit se borner à acquérir le nécessaire et à le partager avec une compagne, une amie. Aime-t-on les arts, les lettres, les sciences? On peut les cultiver sans bourse délier, car de tous côtés nous voyons des professeurs se dévouer, c'est-à-dire donner des leçons, faire des conférences, le soir, à ceux qui en ont besoin, ou qui les souhaitent. Quant aux livres, aux bibliothèques, on en trouve partout à des prix modérés. Nous ne parlons pas des journaux à cinq centimes qui contiennent la matière d'un volume et que l'on distribue de tous côtés dès le matin. C'est là, à notre sens, l'un des principaux véhicules de la civilisation, du progrès, de la liberté. Enfin, aime-t-on les affaires, le commerce, la vente, les achats? On a les magasins, les banques, les hôtels, les ventes publiques , les colonies qui permettent de se livrer à ces utiles occupations.

Dans tout cela il faut aimer son bien plus que celui des autres, et par l'honnêteté, la patience et l'économie, l'augmenter le plus possible pour la plus grande gloire de l'Etat, de la patrie.

Mais si l homme gagne de l'argent d'un côté et qu'il le dépense aveuglément de l'autre, il n'aura travaillé ni pour lui ni pour ses concitoyens. En effet il ne lui restera rien, ce qui l'obligera à vivre dans la misère, comme certain général de notre connaissance et il ne trouvera autour de lui que des étrangers ou des indifférents, ce qui le portera à des actes de désespoir. Nous avons connu, dans une fabrique de papiers peints du faubourg Saint-Antoine, des ouvriers célibataires qui gagnaient 20 francs par jour et qui étaient sans cesse sans argent. Mais que l'on travaille pour la patrie, pour l'Etat, qu'on lui donne tout, sans conditions, sans intérêts, sans terme de remboursement, alors il arrivera ceci que l'Etat ayant des capitaux à sa disposition achètera des terres, des maisons à bas prix et qu'il les fera valoir par ses employés ; en outre, il pourra toujours avoir des fonds disponibles afin de répondre aux demandes de ses clients, enfin il pourra donner à ceux-ci, lorsqu'ils auront atteint un certain âge, soit des fermes, soit des maisons, soit des pensions de retraite, le tout à titre viager, ou bien leur fournir en nature tout ce qui leur sera nécessaire en vivres, vêtements et logements. Il faut donc que l'Etat soit le centre de toutes les associations, qu'il possède des fermes communales, des banques nationales, des forêts, des usines, des arsenaux, des manufactures, enfin tous les engins et tous les objets nécessaires aux individus et à leurs familles.

Sans doute il existe des caisses d'épargne communales et postales, des caisses de retraite pour la vieillesse, des assurances en cas de décès et des manufactures d'armes, mais tout cela n'est pas suffisant et en outre repose sur une base fragile. La seule base immuable de tout Etat, de tout gouvernement, de toute institution doit être et est en effet la terre, l'agriculture. Voyez les bénédictins, les chartreux, les cisterciens, ils ne se bornent plus à prier et à écrire comme ils le faisaient au moyen âge, ils fabriquent les uns des élixirs, des poudres et des pâtes dentifrices, les autres l'excellente liqueur de la Chartreuse, les derniers la liqueur de Lérina qui rajeunit et répare les forces épuisées. A Soulac, près de Bordeaux, à Grenoble, aux îles de Lérins, partout les moines travaillent, inventent, fabriquent et gagnent de l'argent honnêtement. Qui oserait y toucher? N'est-ce pas de l'argent bien acquis? Or que l'Etat en fasse autant, et pour cela que le patriotisme soit obligatoire. Il ne s'agit plus d'imposer la croyance au Ciel, à la sainte Trinité et à la divinité de Jésus-Christ, ce qui a été cause de la chute du pouvoir temporel. Il s'agit d'être unis, groupés, serrés autour de la patrie et de travailler tous ensemble, non pour la plus grande gloire de Dieu, mais pour la France, non pour soi ou pour les étrangers, mais pour tous et pour chacun. Telle est notre foi.

Conçoit-on dans un pays comme le nôtre l'existence de nombreuses compagnies étrangères qui ont le monopole de la distribution des eaux, du gaz, de l'électricité ou celui des chemins de fer, des bateaux à vapeur, des tunnels, etc., choses de première nécessité, qui, à un moment donné, pourraient rester en plan ou même être mises dans l'impossibilité de servir, d'être utiles? Le bon sens dit que toutes ces compagnies doivent être françaises ; les étrangers ne doivent acquérir des terres et des maisons sur notre territoire qu'en vertu d'une autorisation spéciale du gouvernement. La loi qui permet aux étrangers d'acquérir des terrains et qui date de 1860, doit être abrogée. Il ne faut pas donner aux Prussiens la possibilité d'avoir dans notre pays des îles de Malte, des Gibraltar et des Jersey déguisés.

On connaît le résultat que donna, en 1848, le système des ateliers nationaux. Ce furent la ruine, la paresse et la misère qui naquirent de ce système. On ne doit plus y revenir. Tous les bras inoccupés, y compris ceux des guerriers, doivent se livrer à l'agriculture lorsque des temps calamiteux surviennent. On vit en mangeant des choux, on meurt en mangeant du fer, surtout en mâchant du plomb. Sur ce point nous ne craignons rien. Nous avons pour nous les physiologistes et les savants.

L'Eglise a tout intérèt à ce que les unités, les particules, les individus, en un mot, les atomes soient serrés, agglomérés, résistants au moyen du ciment du patriotisme afin que, placés, enfermés dans des frontières ou historiques ou naturelles ou rationnelles qui les empêchent de s'épancher au dehors. d'absorber les voisins, hormis ceux qui étant trop petits ne peuvent se suffire, ils travaillent librement sans s'inquiéter du lendemain pour leur pays, pour leur gouvernement, pour l'Etat, pour leurs concitoyens. Quarante ou cinquante millions de patriotes peuvent tenir dans la main et avoir la docilité et aussi la dureté, la résistance des locomotives ; au contraire quarante ou cinquante millions d'individus isolés, sans famille, sans patrie, ne peuvent jamais avoir que la légèreté et l'inconvénient de la poussière, que le moindre vent soulève, et qui, alors incommode les passants, les travailleurs, les désœuvrés, au point de les obliger à rentrer chez eux, lorsqu'ils voudraient rester dehors, ou à courir la chance de perdre la vue s'ils osent la braver. Mais l'Eglise aime la division ; l'éparpillement, l'émiettement. Elle pratique cette erreur en toute chose. Qu'il s'agisse de la monnaie, des marchandises ou des hommes, elle croit qu'il faut diviser pour régner. Cette maxime a fait son temps. Elle n'est plus vraie de nos jours. Les chemins de fer l'ont tuée, au moins en ce qui concerne les hommes.

Nous ne voulons faire librement ni ce qui porterait préjudice

aux autres, ni ce qui nous ferait du tort à nous-même. Nous
avons autant souci de notre dignité que de celle de nos semblables. Nous voulons respecter les autres et pour cela nous
commençons par nous respecter nous-même, en un mot, nous
ne voulons faire ni ce qui est contraire aux lois, ni ce qui est
contraire aux convenances, ni ce qui offense la raison. Nous
comprenons qu'il existe une différence sensible entre l'homme
et la bête, et que c'est surtout dans les actes de la vie sociale
que cette différence doit éclater.

Le premier devoir à observer c'est le respect des femmes,
parce que notre propre mère fut une femme, la meilleure, la
plus belle et la plus heureuse de toutes à nos yeux. Nous devons
ensuite respecter ceux que le sort a placés au-dessus de nous, ou
qui nous sont supérieurs par l'instruction, le mérite ou la fortune ; enfin nous devons être indulgents envers tous et seulement sévères envers nous-mêmes. Nous devons combattre nos
passions, nos penchants par la sobriété, l'ambition par l'étude,
les désirs désordonnés par la pratique de la vertu. Rien ne
donne autant de satisfaction que de faire le bien et de fuir le
mal. Il n'existe pas d'autre moyen d'être heureux.

Le travail manuel est un remède excellent contre les maux
de l'esprit et du corps. Avec une scie, un marteau, un ciseau,
des tenailles et du bois mince, on peut aisément travailler tout
seul et par ce moyen tenir le corps en équilibre, c'est-à-dire
bien dormir, bien manger et être actif. Le trapèze, les haltères,
l'escrime, l'équitation sont aussi des exercices excellents, mais
plus difficiles et plus dangereux. La promenade est également un
exercice salutaire. Enfin il faut empêcher le corps de s'atrophier
dans le repos, l'inaction, la paresse. « Agir, dit Vauvenargues,
» n'est autre chose que produire : plus nous agissons, plus
» nous produisons. » C'est l'exacte vérité. Nous ajoutons : et
mieux nous nous portons.

En attendant nous souhaitons qu'un monument grandiose, moins élevé, mais plus majestueux que la tour Eiffel, soit édifié par l'armée elle-même sur les ruines du palais des Tuileries, afin de perpétuer la gloire de cette armée qui assura la liberté du monde, et en même temps le souvenir des rois qui firent l'unité nationale par le patriotisme et la foi et qui dès lors sont notre bien.

Le monument de la GUERRE LÉGITIME est représenté, à Paris, par la colonne Vendôme qui fut renversée, déboulonnée, en 1870, et remise en place peu après le départ des Allemands. Cette colonne admirable est en bronze ; un escalier intérieur permet d'en atteindre le sommet. Celle de Trajan, à Rome, qui lui a servi de modèle est en marbre. Sur l'une et sur l'autre des bas-reliefs pleins de mouvement et de vie retracent les batailles de Trajan et de Napoléon.

Le monument de la LIBERTÉ ou colonne de la Bastille est, comme le précédent, en bronze : mais ses formes sont plus gracieuses, plus parfaites En outre un Génie colossal tout doré et planant dans les airs, en surmonte la plate-forme. Il tient à la main des chaines et des liens brisés. Rien n'est plus extraordinaire, ni plus majestueux que ce Génie aux ailes déployées qui ne tient au monument que par un seul pied et qui regarde le ciel.

Le monument de la GLOIRE c'est l'admirable arc de triomphe de l Etoile en pierres dures, limitant la promenade des Champs-Elysées, et sur la face duquel on voit le magnifique bas-relief de Rude, de Dijon, ayant pour titre le *Départ*, ou la *Résistance*, lequel est considéré comme un chef-d'œuvre.

Quant aux monuments du PASSÉ ils abondent dans Paris, et partout : c'est la cathédrale de *Notre-Dame de Paris* avec ses magnifiques tours carrées, que Victor Hugo nous a fait connaitre en détail dans son célèbre ouvrage du même nom ; c'est la tour *Saint-Jacques* et la *Sainte-Chapelle* qui nous reportent au moyen-âge ; ce sont les *Thermes de Julien* et le *Musée de Cluny* qui y est annexé, qui nous font vivre avec les anciens Romains, maîtres du monde ; c'est le *Musée de Saint-Thomas d'Aquin* avec ses armes anciennes aussi nombreuses que bizarres ; c'est le *Musée municipal Carnavalet*, ancienne résidence de Mᵐᵉ de Sévigné et remarquable surtout par les belles sculptures qui décorent sa façade et que l'on attribue à Jean Goujon, à du Cerceau, à Mansard. Enfin dans les départements nous avons des débris imposants, entre autres la *Tour carrée* de Nîmes, qui rappelle le Panthéon d'Agrippa à Rome ; les *Arènes* de Nîmes, le *Pont du Gard*, et à Arles et Fréjus des débris de temples, d'aqueducs et de cirques bien conservés et très remarquables.

A Tours, à Sens, à Meaux, à Angers, à Rennes, partout des cathédrales gothiques merveilleuses où la pierre découpée en dentelle semble acquérir une légèreté aériforme qui fait rêver, d'autant plus que représentant des forêts, le vent qui se joue dans leurs clochetons semble pouvoir les soulever, les incliner, les emporter.

Il nous manque donc le monument de la *Patrie*, de la *Civilisation*, de l'*Agriculture* et de l'*Indépendance*, en un mot le monument du peuple souverain et de ses trésors précieux. Selon nous, ce monument, épilogue de notre Révolution, doit être édifié à la place même où régnèrent nos rois, c'est-à-dire aux Tuileries. Il sera tout à la fois un temple, un tombeau (les présidents de la République y seront ensevelis dans du ciment), un laboratoire, un musée, une bibliothèque, une salle de spectacle, enfin la Cour des comptes y sera installée. On y trouvera de vastes tire-lires bourrées de lingots qui serviront, le cas échéant, à conjurer les mauvais jours, les années de stérilité, à prévenir la venue des vaches maigres et des épis desséchés, enfin à conserver notre indépendance et à aider nos voisins nos amis.

Il peut être achevé dans les cinq années qui vont suivre et qui nous séparent du siècle nouveau, du siècle vingtième.

A tout hasard, en 1894, nous avons proposé un projet de ce monument à l'infortuné président Carnot; nous avons démontré que son édification ne coûterait rien au Trésor et rendrait l'armée immortelle. En effet, après cette dernière et solennelle victoire, l'épée redoutable de cette armée pourrait rentrer dans le fourreau, sans regret. Elle aurait, comme Hercule, purgé la terre de ses tyrans, de ses monstres, de ses fléaux.

Maintenons donc la paix ; qu'un seul opposant puisse faire rejeter toute loi ayant en vue une nouvelle guerre offensive en Europe. Si cette loi eût existé en France, en 1870, comme elle existait dans l'ancienne Rome, M. Thiers aurait sauvé la France, tandis qu'il en a été le bourreau. En dépit de ses conseils et de nos écrits personnels, nous avons dû faire cette guerre quand même et nous avons tout vu périr sous nos yeux. Nous n'avons conservé que quelques braves alsaciens qui ne voulant pas devenir prussiens, bien qu'ils parlâssent allemand, s'expatrièrent et l'ineffaçable souvenir de notre imprévoyance, de nos désastres, c'est-à dire de notre honte, de notre captivité, de notre ruine. Pavie fut moins cruel que Sedan et Metz. Et comme pour nous humilier davantage encore, surtout dans l'avenir, on nous força de garder Belfort, qui fait partie de l'Alsace, espérant peut-être, comme nous l'avons déjà dit, que nous en franchirions encore une fois le passage tout grand ouvert devant nous, et que nous ferions un nouveau trou à la Lune.

Nous avons parlé de la Révolution du 4 septembre 1870 et nous l'avons blâmée ; voici les raisons de notre conduite :

Que ce renversement, ce désordre n'eût pas eu lieu à cette époque et il serait arrivé ceci : l'empereur, après Forbach ou après Sedan et Metz, était rendu à la liberté et signait personnellement un traité de paix, comme il le fit à Villafranca, en 1859, mais qui aurait coûté à la France cinq millions d'indemnité de guerre au lieu de 5 milliards, 20 mille hommes au lieu de cent mille et une partie de l'Alsace seulement au lieu de l'Alsace tout entière et d'une partie de la Lorraine. En outre le roi de Prusse ne serait pas entré dans Paris avec son armée, la colonne Vendôme n'aurait pas été renversée et les excès de la Commune n'auraient pas eu lieu ; enfin des millions de Prussiens et d'Allemands n'auraient pas foulé notre territoire pendant cinq ans, un traité de commerce onéreux n'eût pas été accordé à l'Allemagne, et on n'eût pas été dans la nécessité de reconstituer notre matériel de guerre perdu, ce qui a coûté également cinq milliards, en outre notre prestige militaire dont on était jaloux, mais qui était quelque chose, aux yeux des peuples nombreux, lointains ou hostiles, ne se fût pas évanoui comme une ombre. Encore une idole qui a été renversée, foulée aux pieds sans motif par les uns et les autres, à la suite du discrédit des héros de la Grèce amené par notre scepticisme.

Mais il y a plus. Depuis vingt ans on vit dans les simulacres de guerre, dans les mobilisations, les armements continuels. surtout dans les prières ferventes pour les morts qui ne ressusciteront pas, en un mot dans des transes mortelles. On peut bien évaluer toutes ces dépenses à cinq nouveaux milliards depuis vingt ans, sans compter les émotions, les rebellions et le boulangisme qui a failli tout perdre. On voit par là tout ce que cette révolution du 4 septembre, qui n'a été qu'une surexcitation nerveuse de quelques mécontents, a coûté à notre pays. Sans doute nous voulons que Paris soit la tête de la France ; il en est seul digne ; il mérite cet honneur par son courage, sa vaillance et ses lumières, mais à la condition que les sages, les vieillards de l'Institut, gouverneront ou dirigeront la politique, qui est l'art de rendre le peuple heureux, que les étudiants, les jeunes apprendront d'eux à gouverner avec sagesse et justice, enfin que le peuple, le grand peuple Parisien se conformera à la force de l'opinion ainsi qu'aux volontés des vieillards illustres qui sont notre gloire et que tous les Etats nous envient. Là est le salut.

Après la liquidition régulière, honnête dont nous venons de parler, les élections générales auraient eu lieu, et comme elles auraient été défavorables à l'Empire, les députés réunis en congrès auraient pu tenir le langage suivant : « Nous, mandataires et re-présentants du peuple souverain, nous proclamons la République et nous prononçons la déchéance de l'empereur Napoléon III pour le punir d'avoir déclaré la guerre sans motif, sans alliés, sans argent et sans être prêt à entrer en campagne, ce qui nous a valu la ruine et le déshonneur. Nous espérons par ce moyen, apaiser l'ombre errante et courroucée des guerriers qui sont morts inuti-lement pour la patrie pendant cette guerre funeste et empêcher le retour de ces erreurs. En conséquence le prince Louis Napo-léon Bonaparte quittera le territoire de la France dans les 24 heures et se rendra directement en Angleterre, où il séjournera pendant dix ans. Après, il ira où il voudra. M. X..., député de Paris, nommé hier président de la République, le remplacera.

« Les ministres de l'Intérieur, de la Justice et de la Guerre assu-reront l'exécution du présent décret. »

On pouvait, on devait agir de cette façon ; c'était sage, raison-nable, prudent. C'eût été surtout plus digne, plus humain, plus solennel. Or, c'est ce que nos bons amis les Parisiens ne veulent pas comprendre. On ne gouverne pas par soubresauts, par con-vulsions, par l'hynoptisme. C'est par le calme, le sang-froid, la justice que l'on parvient à guider le vaisseau de l'État à travers les écueils de la vie et de la politique, et par suite à rendre le peuple heureux !

Cependant comme il faut tout prévoir, nous adjurons les grands pouvoirs publics, l'Institut, le pape lui même, nous adjurons surtout les Parisiens parmi lesquels nous comptons beaucoup d'amis, et nos amis de l'armée parmi lesquels se trou-vent un grand nombre de Parisiens, de détourner leurs regards de l'Alsace Lorraine, de Belfort surtout, points qui ne sont plus à nous, et que l'on doit oublier, abandonner, délaisser sous peine de mort. Si la France a réellement le désir de reconquérir l'Alsace, de s'emparer de nouveau de Metz, de Strasbourg, de Colmar qui ne nous appartiennent plus, quoiqu'ils nous rappellent Louis XIV et sa gloire immortelle, que nous avons cédés volontairement aux Prussiens, qu'elle regarde du côté d'Aix-la-Chapelle qui fut la capitale et qui est le tombeau de notre grand empereur Charlemagne, du côté aussi de Cologne où dort Marie de Médicis qui fut la femme de Henri IV et la mère de Louis XIII et de Henriette Marie de France devenue reine d'Angleterre par son mariage avec l'infortuné Charles 1er ; enfin du côté de Coblentz et de Mayence où dorment Hoche et Marceau les plus jeunes et plus illustres généraux de la République. Nos amis les généraux Madelor, de Boisfleury, Luzeux, Mouton, de Lausun, Carle, Royet, Vaton, Duban et les autres savent que ces points n'ont été cédés à personne et que nous avons dès lors le droit de les considérer comme notre propriété, comme un bien nous appartenant et mis injustement sous séquestre. De cette façon les apparences seraient sauvées. Mais il faudrait un million d'hommes armés et détacher avant tout l'Italie de la Triple alliance.

LETTRE XV

On voit, par ce qui précède, que nous sommes beaucoup moins *trinitaire* que *quaternaire*, quoique l'ordre de ce premier nom ait été respectable, qu'il ait même jeté un certain éclat au temps des croisades, et aussi que nous n'avons rien de commun avec les hérétiques que l'on appelait également *trinitaires* au moyen-âge et que l'on grillait, que l'on brûlait dans les bûchers aussi consciencieusement que possible pour la plus grande gloire de Dieu lorsqu'on en trouvait l'occasion.

Nous aimons, nous préférons le nombre quatre parce qu'il porte bonheur, qu'il assure la sécurité, qu'il rappelle les quatre vertus cardinales et les quatre âges de l'homme, que ce qui repose sur quatre colonnes ou quatre pieds nous semble présenter plus de solidité que ce qui repose sur trois seulement, enfin que le carré nous plait davantage que le triangle, deux couples qu'un couple et demi. A nos yeux l'unité c'est la *passion*, l'*ambition* ; la double unité, l'*union, l'augmentation* ; la triple la *possession*, l'*extension;* enfin la quadruple, la *perfection*, la *solution*, c'est-à-dire la *sécurité*, la *liberté*.

Ne voulant pas que l'on nous appelle *trinitaire* ou hérétique parce que nous craignons d'être crémé, brûlé, incinéré après notre mort, nous ajoutons à la sainte Trinité une personne de plus afin de la compléter, de la mettre d'aplomb, de la faire aimer. Nous voulons faire davantage encore ; nous voulons l'empêcher de mourir, la rendre éternelle. Ainsi nous joignons au Père, au Fils et au Saint-Esprit, la Vierge, la mère, la déesse, que les protestants repoussent à tort, qui est le sanctuaire de l'humanité, celui d'où celle-ci est sortie, ainsi que le berceau le plus délicat, le plus pur, le plus parfait du bonheur de l'homme. Selon nous, une société sans femmes reste plongée dans les ténèbres et une divinité sans cet élément dans l'impuissance. Que l'on se figure un Ciel sans anges, sans séraphins, un paradis sans houris, sans génies, un lieu de délices sans rayonnement.

Cette vierge, cette quatrième personne divine que nous ajoutons aux dogmes chrétiens, en notre qualité de *Crist*, a pour but de rajeunir la religion et de rappeler en même temps la vieille France monarchique que l'on nommait autrefois *royaume des Lis*, et à laquelle nous devons notre unité nationale, notre grandeur, notre force, notre gloire. Cette unité laborieuse, difficile, fut réalisée bien moins par la guerre et les tortures, que par la diplomatie, les mariages et les combinaisons dynastiques. Ces succès furent la gloire de nos anciens ministres et de nos grands rois.

On sait que Jésus aimait la fleur de lis au point de la préférer à l'éclat, à la gloire de Salomon. Nous l'aimons, nous, parce que notre ville natale en a fait ses armoiries, que notre fiancée portait ce nom, que notre villa le porte encore, au moins en anglais, enfin que ce qui est pur nous plait mieux que ce qui est impur. Nous allons plus loin ; nous demandons que notre planète porte le nom de Lis, le nom de *Terre* appartenant en propre à l'agriculture. Notre langue n'est pas pauvre à ce point de donner le même nom au contenant et au contenu, au Créateur et à la Créature. Mais revenons à notre sujet.

Selon nous, la papauté grandirait énormément et l'Eglise serait triomphante si le clergé français acceptait les propositions suivantes qui nous semblent justes et qui expriment les vœux de la nation ; elle ferait mieux que de grandir, elle ressusciterait comme le phénix de la fable ; elle renaîtrait de ses cendres. Elle pourrait montrer ses biens et s'en montrer fière. Ils sont légitimes comme les nôtres. Ils sont le fruit du travail et des économies, la conséquence du génie et de la volonté...

RÉPUBLIQUE FRANÇAISE

DIEU, PATRIE, LIBERTÉ

Protocole fin de siècle concernant l'Eglise romaine et l'Etat français.

« Ne voulant pas être un obstacle au bonheur du peuple Français qu'il estime, qu'il aime, qu'il considère toujours comme l'un de ses plus chers, de ses plus illustres enfants, et dont il reconnait la souveraineté, la puissance, la gloire, le pape Léon XIII, grand pontife romain, d'accord en cela avec la République française représentée par M. Félix Faure, qui en est l'auguste président, a accepté, signé et promulgué le présent protocole qui annule le concordat de 1802 ainsi que tous autres traités subséquents existant encore, et qui, s'il est fidèlement et scrupuleusement observé, doit donner satisfaction aux intéressés tout en assurant la paix de l'Eglise de J.-C. si vivement combattue depuis la venue des démons de la philosophie et si injustement dépouillée de son autorité et de ses biens, en 1860 et 1871, par les Cavour, les Mazzini, les Garibaldi, les Cialdini et surtout par la maison régnante de Savoie étroitement unie à celle déchue de Napoléon.

ARTICLE PREMIER. — Ayant cessé d'être fidèle au Saint-Siège, l'Eglise gallicane, qui date de 1682 et qui fut l'œuvre immortelle de Bossuet, évêque de Meaux, est fondue, mélangée, dans l'INSTITUT DE FRANCE, qui date de la Révolution (1795) et dans l'ACADÉMIE FRANÇAISE, créée par le cardinal de Richelieu (1642), à la condition que cet INSTITUT et l'UNIVERSITÉ deviendront un quatrième grand pouvoir public qui sera dénommé *pouvoir académique*, que le nombre des académiciens sera porté à cent, le nombre des académies à dix, le traitement annuel de chaque titulaire à douze mille francs et la subvention à l'Institut à un million par an.

ART. 2. — Le culte que l'Eglise gallicane rendait à Dieu et qui était en tous points semblable à celui de l'Eglise apostolique romaine, sera remplacé par l'amour et le culte des lettres, des sciences, des inventions, des arts, toutes choses qu'elle préfère et qui, d'ailleurs, ont pour moteur, pour inspirateur le Dieu éternel du ciel, de la terre et de tous les mondes, le Dieu que nous reconnaissons et que nous adorons tous.

ART. 3. — Les membres de cette église gallicane ainsi que de toutes les sectes religieuses existant en France, reconnues et salariées par l'Etat, sont réunies en un seul faisceau celui de la CIVILISATION, en une seule association, celle du PATRIOTISME, en un seul giron, celui de l'INSTITUT ou *pouvoir académique* nouveau.

ART. 4. — Les membres de l'épiscopat et les princes de l'Eglise cessent d'avoir droit à ces dénominations surannées ; ils acceptent celles plus logiques, plus nécessaires, plus honorables d'académicien, de membre de l'Institut ou bien celles d'officiers d'académie, d'officiers de l'instruction publique, ou enfin celles de sénateurs, de conseillers d'Etat, d'inspecteurs généraux de l'Université, etc.

ART. 5. — Les plus anciens évêques seront placés de suite dans la position de retraite et deviendront membres honoraires de l'Université ou de l'Institut ; les autres iront grossir le nombre des professeurs, recteurs, inspecteurs, directeurs en activité de service.

ART. 6. — Les chanoines, curés, vicaires, prieurs, etc., renoncent à leurs prérogatives, à leurs titres et à leurs traitements. Ils deviendront membres actifs du corps enseignant de l'Université, après examens, concours ou complément d'études, sans que leurs nouveaux traitements puissent être inférieurs à ceux auxquels ils auront renoncé.

ART. 7. — Les séminaires seront transformés en lycées ou en collèges si faire se peut, les églises en temples de la civilisation, les mairies en temples de la patrie. Les universités catholiques seront supprimées ainsi que la liberté d'enseignement et d'association.

ART. 8. — Les membres du clergé français renoncent à l'usage des soutanes, des tricornes, des tonsures et des ornements ou vêtements sacerdotaux. Ils sortiront vêtus comme tout le monde, mais décemment afin de donner le bon exemple, et dans les temples ils endosseront la robe de professeur.

ART. 9. — Le dimanche et les jours de Fête Nationale le *Te Deum* sera chanté dans les temples de la civilisation et l'un des représentants de l'autorité, à défaut du maire, sera tenu d'y assister.

ART. 10. — Les semaines ne seront plus que de six jours ; l'année commencera le 21 décembre au solstice d'hiver ; il n'y aura plus d'autres fêtes que celles des dimanches. Le culte des saints et les sacrements sont abolis. Le jour civil et astronomique ainsi que le jour de l'an commenceront et finiront à midi.

ART. 11. — Les mois. tous de trente jours, seront désignés par des chiffres romains en souvenir du roi Numa qui en fut l'inventeur ; les semaines seront numérotées de une à cinq, ou de une à soixante et une, les quantièmes de un à trente ; enfin les jours seront désignés comme aujourd'hui par le nom des anciennes planètes. *Mars*, *Mercure*, *Jupiter*, *Vénus* et *Saturne*. Le lundi sera supprimé comme étant un nom de satellite et le dimanche comme étant celui du Soleil ; on ajoutera aux noms ci-dessus celui de *Lisdi*, qui sera désormais le nom de notre globe et qui désignera le jour du repos.

ART. 12. — Les constellations zodiacales et autres qui portent des noms bizarres ou d'animaux, les quitteront pour prendre des noms de femmes, de déesses ou de savants.

ART. 13. — On instituera une fête nouvelle dite de l'HUMANITÉ, qui sera célébrée au milieu de l'année ; une fête de la

DIVINITÉ qui sera célébrée au commencement, et une fête des SOUVENIRS qui sera célébrée à la fin. La FÊTE NATIONALE, qui sera célébrée un mois après le solstice d'été, complétera les quatre grandes fêtes recommmandées.

ART. 14. — Dans les nouveaux temples de la Civilisation et de la Patrie on s'abstiendra de quêter, de prier pour les morts (on pourra parler d'eux), de dire la messe, enfin de bénir les fidèles et de pratiquer les sacrements. On y placera deux troncs assez vastes et assez beaux pour attirer l'attention, et l'on y gravera ces mots sur l'un : *Pour la Patrie !* sur l'autre : *Pour les malheureux !*

ART. 15. — Quand le pape visitera la France il sera reçu partout avec les égards dus à son rang de souverain, de pontife et de représentant de la civilisation européenne. Il habitera les palais nationaux.

ART. 15. — Les ecclésiastiques qui refuseront de se soumettre à ces mesures nécessaires continueront à célébrer la messe et à chanter les vêpres, chez eux, dans leurs propres maisons. Nul ne sera empêché d'y assister.

ART. 17. — Le Maire ou son délégué pourra prononcer des discours le dimanche au temple de la civilisation. Le sujet de ces discours, comme de ceux des académiciens, sera toujours le patriotisme, le travail, la vertu, la concorde.

ART. 18. — L'enseignement sera comme aujourd'hui primaire, secondaire, spécial et supérieur. Chaque département aura au moins une faculté et chaque commune un instituteur.

ART. 19. — Les membres de l'enseignement inspireront à leurs subordonnés et à leurs élèves, d'abord le goût de l'étude, de l'exactitude, de la politesse, de la propreté, de la décence, etc. ; ensuite le respect de la Divinité, le culte de la patrie ; la passion du travail, de la civilisation, de l'indépendance ; enfin le respect de soi et des autres, de la propriété et des lois.

ART. 20. — Le travail étant la suprême loi, la famille substituera peu à peu ses droits à ceux de la Patrie, de l'Etat, de l'Académie, de la Civilisation, qui, connaissant mieux les aptitudes des élèves, pourront mieux guider leurs choix en vue d'une profession.

ART. 21. — La liberté d'enseignement et d'association est abolie ; les associations et communautés étrangères supprimées.

ART. 22. — Les grades universitaires au nombre de quatre seront les suivants : brevet, baccalauréat, licence et doctorat correspondant aux titres d'instituteur ou de professeur, d'inspecteur, de recteur ou de directeur.

ART. 23. — Le patriotisme comme le service militaire sera obligatoire. La France sera le centre de la civilisation, et le pape devenu directeur honoraire de l'Institut en sera le pontife éclairé, vigilant, respecté.

ART. 24. — Les membres de la hiérarchie universitaire vanteront les avantages de la paix et inspireront l'horreur de la guerre. Ceci n'empêchera ni de respecter les généraux, ni de voir partout des officiers et des citoyens soldats. L'armée territoriale sera de un million d'hommes et l'armée active de 200 mille hommes, plus 100 mille hommes en Algérie, 100 mille au Tonkin et 50 mille au Sénégal ; total 450 mille hommes, mais qui cultiveront la terre et subviendront à tous leurs besoins.

ART. 25. — Il n'y aura plus ni enseignement laïque, ni enseignement religieux, ni enseignement spécial. Il n'y aura qu'une seule espèce d'instruction celle de l'Université, de l'Académie, de l'Institut.

ART. 26. — Les facultés de théologie seront supprimées et le nombre des autres facultés porté à cent ou à quatre-vingt-dix.

ART. 27. — Les écoles professionnelles sont fondues dans les écoles d'arts-et-métiers dont le nombre sera porté à quatre afin qu'il en existe une à Paris.

ART. 28, — Toutes les écoles, y compris les lycées, seront gratuites. Les places seront accordées de préférence aux élèves qui auront montré du savoir, du patriotisme, de l'intelligence.

ART. 29. — A Paris, il y aura les quatre facultés de droit, de médecine, des lettres et des sciences; mais par mesure d'hygiène le nombre des étudiants admis à en suivre les cours sera diminué ; on augmentera ce nombre dans les départements.

ART. 30. — L'enseignement, en France, devenant académique, il n'y aura plus dans les établissements d'instruction que des grammaires, des dictionnaires et des ouvrages académiques.

ART. 31. — Afin de diminuer le travail des maîtres, des professeurs, et les ennuis des élèves, et aussi afin de donner satisfaction à l'opinion publique, la langue française sera enrichie, simplifiée et régularisée d'un coup. par le moyen suivant qui nous semble aussi simple que pratique. En tête des grammaires et des lexiques on placera une note... académique où il sera dit qu'en raison de l'extension du commerce, du mélange des peuples et des nécessités du temps présent l'orthographe bizarre de certains noms sera, non pas modifiée mais élastique, c'est-à-dire qu'on pourra écrire *ad libitum* un *remord* ou un *remords*, un *leg* ou un *legs ;* un *discour* ou un *discours ; essenciel* ou *essentiel ;* un *tailleur de pierres* ou *de pierre ;* du *papier à lettres* ou *à lettre ;* un *vide-poche,* un *vide poches* ou un *videpoche ;* un *vide-bouteille.* un *vide-bouteilles* ou un *videbouteille,* etc., etc. Enfin on pourra également écrire tous les noms composés avec ou sans trait d'union.

ART. 32. — Les membres de l'enseignement seront soumis à une règle sévère, à un uniforme sévère, enfin à des devoirs également sévères. Ils ne pourront contracter mariage qu'avec l'autorisation du pouvoir académique. Mêmes observations pour les institutrices qui s'intituleront sœurs françaises, sœurs de la Légion d'Honneur, sœurs universitaires, sœurs académiques.

Art. 33. — Afin de garantir à tous le maintien de la paix, que tout le monde désire, dont tout le monde parle, mais qué nul n'aperçoit distinctement à l'horizon de la politique, les armes étant toujours chargées et les guerriers toujours plus nombreux, la Russie et la France latine, que des liens d'amitié unissent depuis si longtemps, s'intitulent *motu proprio* protectrices pacifiques de l'Europe et de l'Afrique. On sait depuis longtemps que l'Angleterre et l'Allemagne sont les protectrices éclairées de l'Asie et de l'Amérique. Par ce moyen la paix ne sera pas troublée et le désarmement pourra avoir lieu.

Art. 34. — L'Asie-Mineure, considérée comme le berceau du genre humain, sera dénommée SÉMIRAMIDE et fera partie de l'Europe.

Art. 35. — Les monts Ourals, la mer Caspienne, la Perse et le golfe Persique sépareront l'Europe de l'Asie. L'Arabie, dénommée *Terre des dieux* et peuplée de 15 millions d'habitants, fera partie de l'Afrique et sera neutralisée.

Art. 36. — L'empire Latin ou d'Occident, fondé par Charlemagne, sera reconstitué. Il comprendra les Etats suivants : Italie, Espagne, Belgique et Hollande, Suisse et rive gauche du Rhin. Son but sera le maintien de la paix, les progrès de la civilisation, l'usage modéré de la liberté.

Art. 37. — L'empire Russe et l'empire Latin, s'efforceront de protéger les divers Etats de l'Europe et de l'Afrique ; l'empire Anglo-indien et celui d'Allemagne en feront autant à l'égard de l'Asie et de l'Amérique.

Art. 38. — Ces quatre grands empires représenteront le monde et seront les quatre leviers puissants de la civilisation. On sait que celle-ci veut la paix.

Art. 39. — Tout académicien ou membre titulaire de l'Institut aura le droit et pourra exiger qu'une rue, un faubourg, une place ou même une commune, dans l'étendue du département qui l'aura vu naître ou qui aura été le berceau de sa famille, porte son nom et le transmette ainsi à la postérité.

Art. 40. — L'enseignement et le patriotisme devront être les principales préoccupations du gouvernement et de l'Institut.

Art. 41. — Tout ce qui est en France devra être français, appartenir à des Français ou porter des noms français. Les étrangers ne seront que les hôtes de la France.

Fait et signé à Rome, le... et à Paris, le... *

(Suivraient les signatures).

Nous pensons qu'il faut choisir entre ces deux alternatives : fermer les écoles ou multiplier les casernes; renoncer au mariage, aux douceurs de la famille, au bonheur, ou bien couper court aux désordres sociaux, aux horreurs de la guerre civile et de la guerre étrangère; vivre cent ans ou ne vivre qu'un jour. Le choix ne saurait être douteux.

LETTRE XVI

CONCLUSION

Nous nous résumons.

Nous avons vu que la France était le pays, la patrie par excellence, autant par ses productions variées que par son climat béni, autant par son activité et son génie que par les qualités morales de ses habitants. Placée à égale distance du pôle et de l'équateur, baignée par quatre mers, traversée par quatre grands fleuves, abritée par quatre grandes chaînes de montagnes, possédant quatre ports de guerre et quatre villes principales qui sont plus belles, plus riches, plus séduisantes que des capitales, notre patrie n'a rien à envier à personne, rien à conquérir au dehors, sinon l'estime et la sympathie de ses voisins, le patriotisme et le dévouement de ses enfants, qualités qui lui font encore un peu défaut. Laissons donc de côté nos griefs, nos haines, nos inimitiés ; oublions le passé ; ne travaillons, ne vivons que pour la France, pour son avenir, pour sa gloire ; aimons, estimons, respectons ses habitants qui sont nos parents, nos frères, nos concitoyens, nos amis ; lorsque notre pays sera riche tout le monde le sera, et quand tous les Français seront dans l'aisance tous les peuples le seront également. N'écoutons donc ni les mauvais conseils de ceux qui envient nos richesses, ni les perfides suggestions de ceux qui se plaisent dans le mal. Ainsi, plus de grèves, d'émeutes, de révolutions ni de guerres. Pour cela que le vote ait lieu tous les vingt ans, par commune et non par arrondissement ou département ; que chaque commune nomme un certain nombre d'éligibles nés ou domiciliés dans la commune même et par conséquent connus, estimés de tous, et que le gouvernement ou les pouvoirs publics dont nous avons porté le nombre à quatre, prennent sur cette listes les fonctionnaires nécessaires, les mandataires, les députés, les sénateurs, etc., et que ceux-ci nomment les membres du pouvoir exécutif. Que le chef du gouvernement soit nommé à vie ; et que son premier principe, son premier devoir, comme aussi son premier intérêt soit le système des économies, l'équilibre du budget, en consacrant le tiers des recettes à l'amortissement de la dette ou à des achats de terre, de maisons et d'œuvres d'art. Que la vente ou la location des châteaux historiques et des objets ayant appartenu à la France ne soit plus tolérée ; que l'on conserve et que l'on augmente sans cesse, au contraire, nos richesses historiques. Les musées que tout le monde peut visiter sont là pour les recevoir.

Que les subventions aux compagnies industrielles soient abolies ; que l'Etat produise tout ce qui lui est nécessaire ; pour cela qu'il ait des propriétés et des fonds en caisse comme la banque de France. Plus de port militaire nouveau, ni à Paris, ni ailleurs ; de manœuvres militaires, d'esprit militaire, d'expéditions militaires. Le commerce et l'industrie, les sciences et les arts demandent le concours actif de tous les citoyens : l'activité, la probité, la production, telles sont les guerres du temps présent. Que l'on substitue à la vigilance sans pitié de la justice, l'indulgence sans borne de la fraternité : assez d'infortunés se trouvent étrangers chez eux. La France n'a plus besoin d'esclaves ; elle veut des hommes instruits qui choisissent librement leurs professions et qui les exercent avec zèle, afin d'être estimés, protégés et rémunérés avantageusement soit par l'Etat soit par les particuliers.

Que l'armée soit augmentée, renforcée, mais qu'elle soit territoriale et sédentaire au lieu d'être active et mobilisée, ou mobilisable, et qu'elle ne coûte rien à l'Etat, au lieu d'en absorber toutes les ressources ; que la religion s'efface devant la civilisation ; la superstition devant la raison ; les erreurs devant les croyances aux choses positives. Que la confédération des Etats par races soit le dernier mot de la politique et que les peuples n'aient plus aucun intérêt à se soulever, à s'insurger, à se battre contre le pouvoir établi. Quand tout le monde aura le nécessaire et même le superflu on ne voit pas où sera la nécessité pour les citoyens de s'entre-détruire dans les rues ou dans les champs. Enfin que la justice soit une déesse respectée, adorée, idolâtrée. La justice veut que l'on ne porte préjudice à personne sans motif. Elle exige aussi la modération dans l'application des peines.

Nous avons vu que la guerre en temps de paix, c'est-à-dire les simulacres de batailles tous les ans, tantôt sur un point du territoire, tantôt sur un autre, coûtait à la France plus d'un milliard de francs et, ce qui est plus regrettable, vingt ou trente mille hommes condamnés par les conseils de guerre, marqués au fer rouge, comme au temps des tyrans ou de la royauté légitime, de droit divin, et ensuite déportés, déshonorés, retranchés de la patrie ; nous avons vu que l'armée active enlevait les bras à l'agriculture et inspirait en outre aux enfants de la patrie un tel dégoût, une telle répugnance pour cette profession honorable, la première de toutes, qu'une fois partis ces enfants, ces conscrits ne revenaient plus chez eux, les plaisirs des grands centres les captivant, les enchaînant malgré tout et leur existence par là devenant éphémère. Nous avons démontré que le peuple était réellement souverain, qu'il faisait les lois par les élections générales, par les bulletins de vote, et que s'il lui arrive parfois d'être mal servi, il ne doit s'en prendre qu'à lui-même de ses malheurs, de ses déboires. Conçoit-on l'engouement pour un général en révolte ouverte contre les lois, pour un perturbateur qui voulait désagréger l'armée et démembrer la France ? On a vu cela. Pourquoi les succès étonnants du général Boulanger ? Pourquoi tout le monde votait-il pour lui ? Il faut savoir distinguer le vrai du faux, le mensonge de la vérité, le clinquant de l'or pur. L'audace n'est pas toujours le mérite. Et puis les lois sont les lois, la patrie est la patrie.

Après cela il nous est facile de conclure ; car tous nous voulons
rester ce que nous avons toujours été, de braves gens, d'honnêtes
gens, de vrais Français aimant notre pays, nos compatriotes et
nos voisins. Ainsi pas d'indépendance possible avec des dettes
énormes comme celles de la France, pas de patrie aimable, puissante, sans indépendance, enfin pas d'agriculture florissante
sans patrie. Tout cela se tient, se touche, s'enchaine. Nous in-
sistons donc sur ce point qu'il faut faire des économies et désar-
mer sans retard. Puisque tout le monde, tous les États déclarent
vouloir le maintien de la paix, pourquoi des armées permanentes
nombreuses ? Si vous voulez la paix, préparez-vous, non pas à
faire la guerre, mais à résister à l'injustice, à l'ambition, à l'audace
des uns ou des autres, en vous unissant tous contre les perturbateurs qui veulent vous enchaîner ou vous ruiner.

Les peuples ne veulent pas la guerre qui les décime, qui les
fatigue, qui les ruine ; ils ne soupirent qu'après les délices de la
famille, après les joies de la paix, de l'union, de la concorde,
après les avantages du travail et de la liberté. Qui donc veut la
guerre ? Sans doute les potentats qui espèrent y acquérir de la
gloire et peut-être aussi des revenus plus considérables, mais
les citoyens veulent la paix.

Il ne faut pas qu'un seul ait raison contre tous ; ni qu'un seul
puisse se révolter avec succès contre les lois de la nature et de
la civilisation, qui sont celles de Dieu même. Pour cela qu'une
seule opposition soit suffisante pour empêcher une guerre offensive. Et si la guerre a lieu même après les conseils ou l'opposition d'un citoyen, que les soldats soient libres de partir ou de
combattre, à moins qu'il ne s'agisse d'une guerre défensive ;
auquel cas tous les citoyens doivent vaincre ou mourir, car on ne
vit pas sans patrie, et il n'y a plus de patrie quand l'étranger en
foule le sol sacré. Danton a dit « qu'on n'emportait pas la patrie
» à la semelle de ses souliers ; » rien n'est plus exact. Les

Alsaciens-Lorrains devenus subitement Prussiens de Français qu'ils étaient avant la guerre, et cela, pour n'avoir pu emporter la patrie avec eux, est une preuve de la vérité de cet aphorisme.

Tenons donc à la patrie et ne permettons pas aux partisans de l'hynoptisme d'y toucher. Ayons de l'argent dans nos poches et dans nos caisses, et nul ne pourra nous imposer sa loi. Les anciens Gaulois disaient : *Malheur aux vaincus* ; on peut dire aujourd'hui avec plus de raison : *Malheur aux endettés, aux hypothéqués, aux débiteurs.* Ils sont à la merci de tout le monde.

Aimons donc cette patrie au-dessus de tout, sacrifions lui tout, elle nous rendra tout avec usure. Que MM. Huntley et Palmers, à Londres et à Reading, fabriquent des biscuits excellents tout le monde le croit ; que ces biscuits soient parfumés à la vanille personne n'en doute ; que le jury à l'exposition univer-selle de Paris, en 1878, ait décerné à cette grande maison le grand prix ou grande médaille d'or et diplôme d'honneur, tout le monde s'en réjouit ; mais ce que l'on conçoit moins c'est l'en-gouement des Français pour ce produit d'Outre-Manche lorsque nous possédons partout, surtout à Nantes, des fabriques de bis-cuits qui ne le cèdent en rien à celles de l'Angleterre. Les biscuits au beurre de Lu sont délicieux et à bien meilleur marché que les Huntley et Palmers. Nous en dirons autant du cacao. Nous en avons d'excellent à la Guyanne, pourquoi vouloir nous imposer celui du Hollandais Van Houten ? Nous estimons la Hollande, nous en sommes l'admirateur, l'ami, mais nous aimons mieux la France.

Notre bière de Lyon est aussi bonne que celle de Munich ; nos saucissons du même pays supérieurs à ceux de Mayence ; notre parfumerie bien au dessus de celle de Cologne, notre cou-tellerie de Chatellerault au moins égale à celle de Manchester, enfin les points d'Alençon aussi fins, aussi délicats que ceux d'Angleterre. Et cependant on veut des produits étrangers, on demande des articles qui n'aient rien de français; c'est-à-dire que les articles de commerce quels qu'ils soient se vendent, se placent, se débitent d'autant mieux, avec d'autant plus de facilité qu'ils sont plus étrangers, qu'ils viennent de plus loin, qu'ils sont moins nationaux. C'est là une faute énorme, ou si l'on aime mieux une erreur regrettable qui nous fait pousser de longs gémissements (nous étions sur le point d'écrire rugissements); cette faute patriotique doit être signalée et réparée.

Sans patriotisme pas de grandeur, pas de sécurité, pas de gloire; on est à la merci du premier venu comme les États minuscules de Monaco, de Saint-Marin et d'Andorre qui doivent se fondre dans ceux d'Italie, de France et d'Espagne, afin de ne pas devenir la proie subite d'un joueur heureux ou malheureux.

A nos yeux le patriotisme réunit tous les avantages des autres associations et n'en présente aucun des inconvénients. Le culte de la Patrie c'est tout à la fois le collectivisme, le communisme, le socialisme, le positivisme, le saint simonisme, le darwinisme, le mormonisme, le franc-maçonnisme ainsi que toutes les autres religions en *isme* sans en excepter le catholicisme, le christianisme, le mahométisme, le mosaïsme et le bouddhisme. C'est en un mot, l'association par excellence, ayant une base inébranlable, des ressources immenses et une force capable d'inspirer le respect à tous et à chacun : c'est la fraternité comme l'entendaient saint Jean et Jésus. C'est la force dans le droit, c'est l'idéal.

Au moyen des compensations il n'y aura plus ni mécontents, ni malheureux, ni désespérés. Le travail sera le culte de tout le monde et la fortune d'un seul celle de tous. C'est alors qu'on pourra dire avec raison : Le salut du peuple est la suprême loi.

Selon nous la Patrie c'est la mère qui allaite, nourrit, soigne ses enfants ; qui les a portés dans son sein et qui, à leur tour, la protègent, la nourrissent, la défendent. Au dessus de la Patrie nous ne voyons plus que Dieu, c'est-à-dire l'Air, la Nature, l'Infini, l'Eternité. Que l'âme soit appelée à se fondre un jour dans cet infini, nous consentons à l'admettre, avec beaucoup de réserves, mais nous n'admettrons jamais que des récompenses et des châtiments soient distribués après la mort. Les récompenses c'est l'homme lui même aidé de la société, de la Patrie, qui se les décerne de son vivant ; les punitions c'est aussi lui-même qui doit se les infliger. Il est permis de se tromper, de commettre des fautes, mais il faut savoir les réparer. Après la mort tout est fini et tout doit être liquidé. Le tort que l'un n'aura pu réparer sera réparé par un autre.

Opposons l'union à la discorde, le patriotisme à l'éclectisme, la paix à la guerre. Que l'Eglise, à laquelle nous donnons les moyens de vivre toujours et de vivre en paix avec tout le monde, ait un centre plus solide, plus résistant que celui qu'elle s'est choisi ; elle veut Nice, la principauté de Monaco et l'arrondissement de Grasse ; qu'elle choisisse la France, ensuite qu'elle partage ses biens avec les Etats européens endettés. Là est le salut pour elle et pour les peuples souverains ; la confédération viendra ensuite et formera le véritable mur moderne chinois. Surtout ne pensons plus à l'égalité des positions qui n'existe que dans les asiles de vieillards et aux antipodes de l'existence, c'est-à-dire quand on commence à vivre ou que l'on est en train de mourir. Là seulement nous sommes tous égaux. La source de la vie et l'abîme profond où elle se perd sont les mêmes pour tous. Le berceau et la tombe, le commencement et la fin, l'enfance et la vieillesse telle est l'égalité humaine. Entre ces limites extrêmes il ne saurait exister d'égalité ni dans le manger, ni dans le dormir, à plus forte raison dans l'intelligence et le travail. C'est tout au plus si l'on digère de la même manière, et encore !

Donc agissons, produisons, créons, améliorons, inventons,

perfectionnons tant que cela nous est possible. N'attachons aucune importance à cette crainte et à ce regret qu'exprimait Montaigne, il y a juste 300 ans au sujet des inventions et des découvertes : « Je suis dégoûté de la nouvelleté, disait l'auteur » des *Essais,* quelque visage qu'elle porte ; et j'ai raison, ajou- » tait-il, car j'en ai vu des effets très dommageables. » Voulait. il parler de la Réforme religieuse? de la découverte de l'Amérique et de l'invention de l'imprimerie qui datent de son temps et qui ont tant servi les intérêts de l'humanité?

Un peu plus loin le philosophe de Périgueux n'hésite pas à dire, en terme de menace, « que ceux qui donnent le branle à un Etat » (qui le révolutionnent), sont ordinairemnnt les premiers » absorbés en sa ruine ! »

Les révolutionnaires ont donné le branle à la Suisse au XIVe siècle et à la France, en 1788 et en 1792, et nous ne voyons pas que la masse des habitants dans ces pays ait à se plaindre de cet effort. Quelques-uns des Titans, des géants ont péri par trop d'audace, comme le Christ et ses disciples avaient péri par trop d'humilité, mais du sang généreux des uns et des autres on a vu germer et se développer le bien-être et la liberté pour tous. Donc en avant et à volonté.

Ainsi que nous l'avons déjà dit, c'est parce que les hommes se sont vus inégaux qu'ils ont accepté, même recherché d'être gouvernés par des chefs. A leurs yeux ceux-ci étaient des Dieux.

Aujourd'hui ce n'est plus la volonté de l'homme isolé qui crée et conserve, c'est la réunion de tous les hommes composant la patrie, l'Etat. Dans ces conditions la loi civile peut être suspendue, même abolie, et être remplacée d'abord par le droit de l'Etat à hériter des célibataires, de ceux qui meurent sans enfants, et enfin par son pouvoir d'être légataire. Les donations et testaments devraient être approuvés par l'Etat. Il faut distinguer entre le fisc et l'Etat ; le premier est une administration, le second une famille. Il ne faut pas vendre ou partager les terres de la commune, il faut les faire cultiver. La France ayant des frontières excellentes et ne devant rien à personne, n'a pas besoin d'armée. Le contre-poids du pouvoir démocratique se trouvera dans le culte de la civilisation qui aura mission d'empêcher les guerres injustes, les émeutes, les révolutions. L'amour de la patrie inspirera l'enthousiasme lorsque ce sentiment sera nécessaire. En temps ordinaire il inspirera le goût du travail. Nous ne serions pas surpris que l'armée déclarât elle-même un de ces jours que sa mission est terminée. Cette résolution l'honorerait et rendrait ses travaux immortels.

Le peuple Français étant chez lui seul véritable et légitime souverain doit tout voir, tout savoir, tout faire, tour posséder et tout administrer en vue du bien général et du bonheur de tous les citoyens. En conséquence il peut déclarer, il a le droit de déclarer que tout lui appartient à titre nominal, terres, maisons, monuments, argent, meubles, établissements industriels ou agricoles, machines, chevaux, bœufs et moutons, ainsi que les vieillards, les hommes et les enfants, tant ceux qui sont nés que ceux qui naîtront plus tard. Ceux-ci seront ceux de la patrie autant que ceux des familles, non pour qu'ils se massacrent entre eux comme des bêtes féroces, mais pour qu'ils apprennent à travailler et qu'ils travaillent dans l'intérêt de tous.

Lorsque les Anglais, sous le règne d'Elisabeth, s'emparèrent du nord de l'Amérique, qu'un Français, Jacques Cartier, avait découvert en 1530, ils s'établirent sur le sol même et le cultivèrent avec soin comme on avait l'habitude de le cultiver en Angleterre, mais en joignant aux produits d'Europe ceux de l'Orient. C'est ce sol fertilisé, qu'un chemin de fer de 1,200 lieues de développement, traverse aujourd'hui, de New-Yorck à San-Francisco, qui produit en abondance le coton, les céréales, le vin, le sucre, les liqueurs, les bois de construction, etc., que l'on expédie en Europe. Nous devons en dire autant de l'Amérique du sud que les jésuites défrichèrent de leurs mains puissantes à peu près à la même époque et qui aujourd'hui est un vaste grenier d'abondance. Donc plus rien à craindre des disettes.

On dit que les colonies agricoles, par leur nature même, tendent à l'indépendance à cause de la population qui sort de leur sein et qui peut s'étendre librement. D'abord nous ne voyons pas que cela soit un mal ; ensuite on peut remédier à cet inconvénient en faisant du patriotisme une vertu obligatoire et en lui traçant des limites. Que l'on oblige les citoyens à travailler pour leur patrie au lieu de travailler pour eux ou pour leurs familles ou pour les étrangers et le problème sera résolu. Nous ne voyons aucune difficulté à mettre cette théorie en pratique.

En somme, la France malgré ses défauts, ses points noirs, ses taches nombreuses, offre encore ce magnifique spectacle d'un État qui, de faible qu'il était à l'origine, est devenu puissant, libre, juste, et qui alors, a protégé tous les rois, sauvé tous les peuples et donné partout l'exemple du courage, de la générosité, du pardon.

Par Charlemagne et ses prédécesseurs les peuples barbares sont confondus, unis dans le christianisme. Par saint Louis, la France se montre juste, sage et vaillante ; par François Iᵉʳ et la première des Valois elle fait passer la raison avant la foi, et, malgré les guerres de religion qui commencent, elle se montre protectrice éclairée des lettres et des arts, surtout de l'imprimerie tout en poussant l'amour de la patrie, jusqu'à ses dernières limites, ce que l'héroïsme et les succès de Jeanne Darc, le règne de Jean le Bon, les succès de Duguesclin prouvent suffisamment. Par Henri IV, Sully et les Bourbons la France acquitte 300 millions de dette, achète pour 200 millions de propriétés, et par Louis XIII et Richelieu elle achève l'unité territoriale de la patrie ; par Mazarin, Louis XIV et Colbert sa grandeur arrive à son apogée ; enfin par la Révolution, la Convention et Napoléon elle assure le triomphe de la justice et de la vérité. On peut donc sans danger faire de ce pays le Botany-Bey de la civilisation. Par les excès les meilleures choses deviennent mauvaises, mais cela ne suffit pas pour faire de l'homme une bête ou plutôt un ennemi. Il n'y a que celui qui ne fait rien qui ne se trompe pas. Donc rectifions nos erreurs et aidons les autres à en faire autant. Nous serons moins affligés des malheurs qui accablent l'humanité lorsque nous aiderons nos semblables ou que nous souffrirons avec eux.

On voit que le patriotisme comme l'amour de la famille est la vertu par excellence, non en vue de faire le mal, mais en vue d'imposer le bien. Il n'y a pas de trésor au monde qui soit comparable à celui-là ; pas de paradis qui soit plus agréable, plus enchanteur, pas de dieu qui soit plus clément, plus propice, plus miséricordieux. D'abord un peuple ne meurt jamais.

« Un jour voit périr une armée, dit la chanson, mais un peu-
» ple ne meurt jamais ! »

C'est ce peuple qui s'écrie, quand il est injustement méprisé, torturé, avili :

> « *Allons enfants de la Patrie*
> « *Le jour de gloire est arrivé !*
> « *Contre nous de la tyrannie*
> « *L'étendard sanglant est levé.*
> « *Entendez-vous dans nos campagnes*
> « *Mugir ces féroces soldats ;*
> « *Ils viennent jusque dans vos bras*
> « *Egorger vos fils, vos compagnes.*
>
>> « *Aux armes, citoyens !*
>> « *Formez vos bataillons !*
>>> « *Marchons, marchons*
>>> « *Qu'un sang impur*
>>> « *Abreuve nos sillons.* »

Ou quand l'absence le désespère :

> *« Combien j'ai douce souvenance*
> *« Du joli lieu de ma naissance ;*
> *« Ma sœur qu'ils étaient beaux ces jours*
>   *« De France.*
>   *« O mon pays, sois mes amours,*
>   *« Toujours..... »*

ou bien comme les Parisiens :

> *« Peuple Français, peuple de braves,*
> *« La liberté rouvre ses bras ;*
> *« On nous disait : Soyez esclaves,*
> *« Nous avons dit : Soyons soldats ! »*

ou bien encore comme Kellerman à Valmy :

« Mes amis on nous brave, crions tous : Vive la nation et allons mourir pour elle. »

« Il est doux et glorieux de mourir pour la patrie, » disaient encore les anciens Romains.

Quant à nous, nous pensons que : Travailler et produire pour soi est bien ; pour les autres est mieux, pour tous est l'idéal. Voyons donc le salut et la grandeur de la France dans le patriotisme, et celui-ci dans l'amour de l'agriculture et le culte de la civilisation.

Rien n'est plus honorable ni plus glorieux que de vivre pour sa patrie, de la servir et de mourir pour elle.

On sait que la devise du grand ministre Colbert était : « Pour » le roi souvent, pour la patrie toujours. » A notre tour nous nous écrions avec toute la puissance de nos convictions et toute la sincérité de notre âme reconnaissante :

POUR LA PATRIE QUAND MÊME JUSQU'A LA MORT ! !

Nous terminerons cette première partie de notre travail par ces belles paroles que M. X., ministre de l'instruction publique adressa aux élèves du grand concours en 1868, paroles qui nous ont soutenu, fortifié, consolé dans nos épreuves et qui sont restées profondément gravées dans notre esprit et notre cœur :

« Voulez-vous affronter les obstacles sans crainte et sans
» défaillance ? s'écria le grand-maître de l'Université ; arriver à
» l'estime publique, à l'honneur, à la gloire ? Aimez votre pays,
» ses institutions, son drapeau ; vous sentirez s'accroître en
» vous le courage et la force. Ce sentiment c'est le patriotisme ! »

G. CRIST.

FIN DE LA PREMIÈRE PARTIE

TRÉSORS DU PEUPLE SOUVERAIN

ou

LA PATRIE ET L'AGRICULTURE

LETTRES A L'ACADÉMIE DES SCIENCES MORALES ET POLITIQUES

SECONDE PARTIE

L'AGRICULTURE

LETTRE I

Nous arrivons à la seconde partie de notre travail, l'*Agriculture*.

Ce nouveau trésor du peuple souverain n'est ni moins intéressant, ni moins beau, ni moins glorieux que les autres. Bien mieux, il paraît en être le créateur, l'âme, la vie. Tout le reste n'est rien sans l'agriculture. Ce trésor et ses dérivés sont donc la tête et les bras, les doigts et la main, les ongles et la chair, c'est-à-dire que cela se tient, s'unit, vit ensemble comme les frères Siamois et meurt de même.

Unies, ces admirables choses, la *patrie* et l'*agriculture*, l'*indépendance* et la *civilisation* enfantent des merveilles ; elles créent d'un coup, comme Jupiter, des Minerves éclatantes de beauté, qui sont tout armées mais qui ont en plus la sagesse, ou bien elles accomplissent comme Hercule des travaux extraordinaires qui assurent la sécurité des peuples et l'immortalité du génie humain. Séparées, au contraire, elles ne sont plus qu'un tourment, un souci, un fardeau pour tout le monde. Elles engendrent la sté- rilité, la mort ou la servitude. Elles n'ont que tristesse ou regret pour les citoyens. Privées de l'union qui fait leur force et leur gloire, elles se transforment en tombeaux et effrayent les pas- sants par leurs plaintes étouffées et leur aspect repoussant.

Comme la patrie, l'agriculture a ses ennemis, ses envieux. Ceux-ci sont d'autant plus dangereux qu'ils sont plus invisibles. On ne les comble pas de bienfaits comme ceux de la patrie afin de les conserver, de les rendre doux, utiles, bienfaisants, on leur fait, au contraire, une chasse, une guerre à mort. On les détruit par tous les moyens, même par l'eau bouillante et le feu : ce ne sont pas là nos semblables. On comprend que nous voulons parler des insectes, des moineaux et des animaux nuisi- bles, tels que la taupe-grillon ou *courtilière* qui vit sous terre, ce qui ne l'empêche pas de dévaster nos plantations, nos jardins; tel que le *hanneton* ou *ver blanc* qui dévore tout quand on le laisse faire ; tels enfin que les *sauterelles* ou *criquets* qui parais- sent en été semblables à des nuages immenses, et qui s'abattent sur le sol dans les champs pour en engloutir d'un coup les pro- duits variés et par là assouvir leur faim dévorante. Nous en parlerons plus loin.

Ainsi nous venons, après Hésiode, Columelle, Segrais, Mathieu de Dombasle, de Gasparin, Varron, Alamanni, Rosset, Delille, Virgile, Horace, Dioclétien, A. Karr et tant d'autres, parler de l'agriculture, nous occuper de cet art merveilleux, qui, lorsqu'on le cultive avec soin, nous donne tout ce qu'il y a de bon sous le ciel, savoir : le pain, le vin, les figues, les dattes, les bananes, les pommes de terre, le maïs, l'huile, les parfums, les liqueurs,

les légumes, ainsi que les animaux domestiques si utiles à
l'homme, si précieux, si nécessaires ; qui nous donne aussi les
minéraux et les métaux indispensables ; qui nous donne enfin la
santé et la liberté. Dire que nous allons faire connaître des choses
nouvelles, en parlant de cet art, serait de la présomption ; tout
ce que nous allons exposer est connu, a été dit et répété cent
fois. Seulement nous allons tâcher d'appeler l'attention de nos
gouvernants sur ce point important que l'Etat doit devenir
agriculteur et ses soldats laboureurs, maraîchers, horticulteurs.
Quant à nous, nous allons savourer une jouissance intime, celle
de posséder, de cultiver, d'embellir une grande propriété, sur le
papier, en imagination, en théorie, ne pouvant faire autrement.
Nous ferons notre possible pour que le lecteur partage cette
jouissance. Il n'en est pas de plus suave, de plus agréable, de
plus douce en ce monde ; c'est qu'à nos yeux le char le plus
admirable, le plus noble, le plus majestueux, c'est la charrue
inventée par les Chinois là-bas, et par Saturne ici; l'arme la plus
noble, la plus utile, la plus agréable à Dieu, c'est le soc dont
cette charrue est armée et qui est destiné à déchirer le sein de la
terre devant recevoir les semences ; l'attelage le plus somptueux,
le plus honorable, le plus admiré, c'est celui des bœufs ou des
chevaux qui la traînent ; enfin l'ouvrier le plus habile et le moins
exposé à mourir des suites d'un déraillement, le plus estimé de
tous c'est le laboureur qui la dirige et qui, étranger à la politique,
trace des sillons exactement parallèles et uniformément profonds.

Aussi nous écrions-nous, dans un accès d'enthousiaste
reconnaissance :

Honneur à Saturne et à Faunus, à Bacchus et à Cérès, ces
premiers agriculteurs de nos pays ;

Honneur aussi aux Chinois qui inventèrent la pêche et la manière ou l'art d'élever des troupeaux 3000 ans avant Jésus-Christ
et qui ne furent si longtemps tranquilles et heureux que parce

qu'ils eurent toujours le goût, la passion de ces arts nécessaires. Aussi le premier roi de ce pays qui se nommait Fou Hi mais qui ne l'était pas du tout, est-il adoré comme un Dieu : c'est justice;

Honneur encore aux patriarches de l'Écriture, aux Abraham, aux Mathusalem, aux Jacob, qui vivaient 900 ans et plus, dans la simplicité, l'abondance et les travaux des champs, sans autres maux que ceux de la vieillesse et de la décrépitude, déplorable partage de l'humanité ; honneur aux Chaldéens, aux Égyptiens, aux Pharaons qui inventèrent l'art de l'irrigation et la manière de conserver les récoltes de froment dans des silos, ce qui permettait de parer aux années de stérilité et de disette ;

Honneur enfin aux grands hommes dont nous avons écrit les noms en tête de cette lettre, ainsi qu'aux grands physiciens, à ces infatigables savants, à ces intrépides chercheurs, à ces chimistes distingués qui trouvèrent et firent connaître les propriétés et les secrets de l'air et de la terre, de l'eau et du feu, secrets qui paraissaient impénétrables, et qui nous familiarisèrent avec la puissance des manipulations et des combinaisons chimiques devenues une source inépuisable de richesses, de trésors, de bienfaits. Le plus célèbre et le plus malheureux de tous ces savants, de tous ces chercheurs fut Lavoisier, qui, pendant la Révolution, mourut sur l'échafaud ; vinrent ensuite Buffon, Jussieu, Cuvier, Monge, Fourcroy, Meunier, Arago, Berthollet, Fontana, Achard, Chaptal, Parmentier, Louis Figuier, Thénard, Chevreul, Daumas, Bernouilli, Saussure, Priestley et les autres qui tous avaient eu pour précurseurs, Volta, Galilée, Torricelli, Galvani et ceux-ci, Moïse et Aristote, Archimède et Galien.

Tout le monde sait que l'agriculture est l'art de cultiver la terre ; mais tout le monde ne sait pas que cet art indispensable qui donne la santé et le bien-être, est d'origine divine, que Dieu lui-même l'apprit et l'inspira aux hommes, enfin que tous les dieux connus, à l'exception de Jésus, qui vivait il y a deux mille ans, et de Confucius qui vivait 500 ans avant Jésus, l'aimèrent, le pratiquèrent et le perfectionnèrent avec succès.

Qu'il s'agisse en effet de Saturne et de Faunus, ces plus anciens dieux du Latium, de Cadmus qui parut en Béotie 1,600 ans avant Jésus-Christ et qui, dit on, inventa l'écriture et fonda Thèbes, patrie d'Amphion, de Pindare et d'Epaminondas; que l'on s'occupe de Jupiter, d'Appolon, de Bacchus, de Cérès, de Cybèle, de Minerve ou bien des Pharaon, de Moïse, de Mahomet, de Luther, de Calvin, d'Hercule et d'Achille, on trouve que tous ces grands personnages, ces génies, ces dieux, s'occupèrent d'abord de l'agriculture afin de rendre les peuples libres, et ensuite de religion, de morale et de politique afin de les rendre heureux.

Les patriarches de l'Ecriture, à partir de Noé qui inventa la vigne, jusqu'aux empereurs romains qui la firent arracher, ne furent que des agriculteurs ; les mages, les prêtres, les druides, également. En Grèce il existait des champs que l'on appelait sacrés et qui appartenaient aux prêtres. Il en existait aussi à Rome au temps de Romulus et de Numa. En Chine, l'empereur ou Fils du Ciel possède des propriétés immenses qui sont réputées sacrées et que nul n'a le droit de violer sous peine de mort. Enfin nous voyons par l'histoire de Joseph, fils de Jacob, et par les immenses et magnifiques travaux des Pharaons, que l'agriculture était la véritable déesse, la principale occupation des Egyptiens. Les Arts ne venaient qu'après ; et encore les pyramides étaient des monuments agricoles et les obélisques également; les unes, en effet, arrêtaient l'envahissement des sables, les autres indiquaient les heures aux travailleurs des champs.

Mais il y a plus. Puisque Dieu, père de la nature et créateur d'Adam, avait placé celui-ci dans un Eden, dans un verger qui contenait les productions les plus riches et les plus variées, puisqu'il leur avait dit : Tout ce que tu vois est à toi, hormis ceci, il est évident que Dieu aussi était agriculteur; qu'il aimait et cultivait la terre. Ceci admis, pourquoi ne l'aimerions-nous pas à notre tour ? Pouvons-nous nous passer d'elle ?

Aussi doit-on voir dans les fleurs qui nous ravissent, qui nous embaument et dans les grands végétaux qui nous donnent de l'ombre et du bois, qui nous donnent aussi des fruits, quelque chose des êtres chéris que nous avons respectés, aimés, caressés, et qui ne sont plus, qui dorment dans le sein de la terre notre mère chérie et notre nourrice à tous : on a tant enseveli de ces êtres charmants depuis la création du monde, et cela continue !

Quoi de plus pur, de plus poétique, de plus ravissant qu'un bébé au berceau souriant à sa mère, ou suspendu à son sein, qu'une jeune fille ayant atteint l'âge de douze ans et accompagnée de sa mère, se rendant au temple ou en soirée, ou au bal, ou à la fête patronale, au pardon, revêtue d'une robe blanche, couverte d'un grand voile blanc, couronnée de roses, de fleurs, de parures, de dentelles également blanches ? Ces êtres charmants sont presque divins tant ils sont purs, doux, innocents. Mais ils meurent quelquefois, ils meurent souvent avant d'avoir franchi ces âges tendres, avant d'avoir connu les noirs chagrins et les mille amertumes de l'existence, avant d'en avoir aussi savouré les délices, car il y a de tout dans la vie ; ils sont donc ensevelis dans la terre qui semble se réjouir de cette possession, de de cette conquête, de ces trésors, et qui s'en montre reconnaissante en produisant plus de végétaux, plus de fleurs, plus de fruits qu'auparavant.

Il est hors de doute que dans les géants végétaux, chêne, olivier, peuplier, eucalyptus, pin, cyprès, etc., et dans l'humble violette des prairies, dans le jasmin et le lis immaculés et dans le sycomore il y a quelque chose des grands hommes disparus, des guerriers, des héros célèbres, et quelque chose aussi des pauvres bébés et des tendres jeunes filles trop tôt retournées au Ciel dont nous venons de parler. Enfin dans l'herbe des

champs que nous foulons aux pieds, dans ce gazon qui reste
toujours en bas, qui regarde le chêne d'un œil d'envie, il y a
sans doute aussi quelque chose du peuple laborieux, qui, quoique souverain, ne connaît de la vie que le travail et la souffrance,
et que tout le monde est disposé à mépriser, à fouler aux pieds.
Toutefois il est bon de nous rappeler que parmi les plantes faibles,
humbles, délicates, se trouvent le froment, le seigle, le maïs, la
pomme de terre, qui nous nourrissent, les légumes qui nous
font également vivre, enfin les fruits, le raisin et le vin qui, au
dire de Salomon, réjouissent le cœur de l'homme. Donc respect
aux humbles, aux faibles d'ici bas comme aux puissants, au trèfle comme à l'ormeau ; mais afin de n'affliger personne, enterrons
les morts, ne les incinérons plus, ne les embaumons plus, ne les
conservons plus. Qu'ils soient placés avec du ciment dans les
carrières abandonnées afin de consolider notre domaine terrestre, ou ensevelis dans le sein de la Terre afin de la féconder, de
l'embellir, de lui être agréable et utile.

N'est-il pas vrai que Daphné, la plus belle des nymphes, fut
changée en *laurier* à cause d'Apollon qu'elle fuyait et qui la pour-
suivait de ses sollicitations et de ses désirs amoureux ? Que Phi-
lémon et Baucis, ces époux modèles, qui considéraient l'hospitalité
comme un devoir sacré, furent métamorphosés en *chêne* et en
tilleul pour avoir accueilli avec bonté Mercure et Jupiter, sans
les connaître, et pour avoir exprimé à ces dieux leur désir de ne
jamais se séparer, pas même dans la mort, ce qui, on l'a vu,
leur fut accordé après une longue et laborieuse vieillesse ?

Et *Narcisse* changé en fleur de ce nom pour s'être aimé lui-
même en se mirant dans les eaux d'une fontaine ? et Adonis
changé en *anémone* après avoir été mis à mort par un sanglier,
au grand désespoir de Vénus qui l'adorait ? Ne sont-ce pas des
récits, sinon absolument vrais, du moins vraisemblables et en
partie exacts ? Tout cela prouve au moins que la terre, produi-

sant toutes les merveilles de la végétation, emprunte quelque chose au Soleil et à l'Air mais aussi quelque chose à ceux qui sont partis, qui sont morts, qui nous ont quitté pour toujours, que nous aimions tendrement et que nous ne reverrons plus jamais.

Selon nous, il est plus naturel, plus rationnel et en même temps plus poétique de croire que les morts ensevelis dans la terre se transforment en plantes, en feuilles, en fleurs et en fruits, que de voir en eux, selon le mot de Bossuet, *un je ne sais quoi qui n'a plus de nom dans aucune langue*, ou de les voir réduits en momies noires, méconnaissables, hideuses, ou enfin de les voir incinérer, réduits en fumée et en cendres. Nous aimons mieux Ophélie devenue folle de désespoir et mourant dans les eaux en cueillant des fleurs, que les héros de la Grèce et de Rome et les saints du christianisme assis tristement dans les Enfers ou les Champs-Elysées et causant entre eux de leur passé, de leurs travaux, de leur gloire. Des fleurs valent mieux que des pleurs, des fruits que des ombres : c'est-à-dire qu'une transformation vaut mieux qu'une extermination.

L'île de Ceylan embaume à plus de 60 lieues de distance. Les forêts d'Orizaba et de Jalapa, au Mexique, également. La vanille, l'oranger, le girofle, le poivre, le camphre, la cannelle, les arbres à épices, le thé, sont dans l'air partout et ravissent les sens par leurs émanations embaumées.

La Syrie, la Judée, la Mésopotamie, l'Arabie, l'Abyssinie sont des pays parfumés de myrrhe, d'encens et de fleurs qui font songer au Ciel !.. au moins à celui de Mahomet. La Syrie est le Ciel lui-même. Mais il y a autre chose.

La passion des richesses, des trésors que l'on dit nuisible aux individus ne l'est pas aux Etats. Plus ceux-ci possèdent de l'or et plus les citoyens sont heureux. Les Espagnols conquérants et possesseurs de l'Amérique furent les plus puissants, les plus respectés, les plus riches de tous les peuples au temps de Charles-Quint et de Philippe II. Les jardins d'Armide et ceux du Quirinal si renommés pour leur beauté étaient bien moins beaux que ceux du Mexique et du Pérou. Ceux des Hespérides en Espagne et à Cannes qui sont pourtant couverts de pommes d'or toute l'année ne pouvaient non plus leur être comparés. Nous en dirons autant des Etats-Unis qui regorgent de richesses et qui inspirent partout le respect. Gardons donc nos colonies et que l'Etat soit riche.

Le café et l'encens nous viennent de l'Abyssinie ou de l'Arabie ; mais les pommes de terre, les topinambours, les ananas, les patates, le manioc ou tapioca, la cacao, la vanille, le ricin, la cannelle, nous viennent de l'Amérique. Et que de fleurs le Mexique nous a données depuis le fluxia aux clochettes nuancées et veloutées jusqu'aux azalées resplandissantes, d'un blanc immaculé ou d'un rouge éclatant ! L'hortensia aux belles fleurs roses nous vient de la Chine.

La canne à sucre nous vient de l'Inde et de la Chine ; l'eucalyptus et le phormium, ce dernier textile, nous viennent d'Australie.

La Virginie, la Georgie, la Floride, la Caroline, La Louisiane, le Texas, la Californie et plus bas le Guatemala sont de véritables paradis de fleurs et de fruits. Au Mexique, le *yuca* aux belles pyramides de fleurs blanches, a donné son nom à un Etat : le *Yucatan* ; on trouve là le bois de campêche et plus loin, plus bas, le palissandre et l'acajou que les vers n'attaquent jamais, l'ébénier dur et pesant, le manglier aromatique, le mancenillier ou sablier au feuillage immense, enfin le magnolia aux feuilles luisantes, aux fleurs nacrées, et le sorbier aux fruits rouges et au bois dur.

VALPARAISO, capitale du Chili, est un nom composé espagnol qui signifie *vallée du Paradis ;* BUENOS AYRES, signifie *air salutaire ;* MONTE-VIDEO, le *mont d'où l'on voit Dieu ;* LIMA, *citronnier ;* LA PLATA, *argent.* On voit que l'Amérique n'est pas seulement dans le Groënland, le Spitzberg et le pôle nord ; elle contient aussi la zone torride où existent des paradis merveilleux. On sait que les anciens Mexicains adoraient les fleurs au-dessus de tout. Ils y voyaient l'image du Soleil, de l'amour et de l'immortalité. Les nouveaux ne les aiment pas moins.

Ce qui a donné naissance à la jolie fable du Phénix qui renait de ses cendres, n'est autre chose que la plante renaissant de son germe, de la semence produisant une nouvelle plante ; phénomène que le règne animal ne peut accomplir que par la procréation, c'est-à-dire par l'union, l'accouplement de deux êtres de même famille mais de sexe différent.

Le sauvage qui coupe l'arbre pour avoir le fruit est sans doute insouciant, mais il est en même temps instruit ; il sait que Dieu veille à tout, que l'arbre coupé repoussera, qu'il renaîtra de ses cendres. Donc pas d'inquiétude à concevoir de ce côté.

On dit que dans le pain et le vin consacrés par le prêtre il y a le corps et le sang de Jésus-Christ. Nous croyons avec plus de raison qu'il y a un peu du corps et du sang de Dieu, du Créateur, et, aussi un peu du corps et du sang des cultivateurs ainsi que de ceux qui sont morts et qui furent nos semblables.

Lorsque nous étions enfant, que nous étions externe au collége Hammel avec Cotte, Girard, Isnard, Saissy Mounier et d'autres, nous allions presque tous les jeudis et dimanches en promenade à la presqu'île de la Croisette, qui fait face, du côté de la pointe, au fort de l'île Sainte-Marguerite et à la prison du *Masque de Fer*, et du côté opposé, du côté nord, à la Californie et à la route nationale d'Italie que ce fort protège et défend. Aujourd'hui ce quartier de Cannes, cultivé, embelli, est couvert de jardins et de villas ; à l'époque dont nous parlons ce n'était qu'une lande inculte, inhabitée, sauvage, où les bruyères, les lentisques, les myrtes, les ronces et les pins sylvestres végétaient tristement, donnant asile l'hiver à des couleuvres superbes, à

des escargots et à des oiseaux de toute espèce, et l'été à des
lézards qui dormaient au soleil et fuyaient au moindre bruit et à
des cigales qui chantaient tristement le jour à la façon des Turcs.
En 1838, Lord Brougham ne voulut pas fixer sa résidence dans
ce quartier désolé et Chateaubriand ne le traversa la même année
qu'en courant. Une fois là nous jouions aux *barres*, à *vistre*, au
saut de mouton, ou bien nous allions ramasser des coquillages fins
au bord de la mer afin de les offrir à Mme Miette, surintendante de
l'Établissement qui en faisait ou en ornait des objets de luxe charmants, des meubles, des cassettes, des vases à fleurs, des fleurs,
et jusqu'à des flambeaux. Nous voyons toujours par la
pensée ce coin de terre abandonné, qui, non content d'être
en friche et désert contenait encore les ruines d'un fort démoli
et une poudrière circulaire fendue en deux par l'effet d'une
explosion. Ces débris ainsi que l'église paroissiale de Notre-Dame
de l'*Espérance* rappelaient Louis XIII et Richelieu et aussi les
guerres de religion, surtout celle de Trente ans.

Or que rapportait cette presqu'île, cette lande, ces bruyères ?
Absolument rien. A qui appartenaient ces déserts ? Partie à la
ville de Cannes et partie à des particuliers. On y voyait des fossés
pleins d'eau et de joncs que l'on disait avoir servi à la fabrication du sel par évaporation, ce qui était exact, et dans ces eaux
croupissantes des grenouilles et des crapauds en abondance.

En 1860, après la guerre d'Italie, le froid ayant gelé les orangers, à Cannes, comme ils l'ont été cette année à Nice, M. Aune,
l'un de nos principaux propriétaires, qui en était au désespoir,
eut l'idée de transporter son jardin à la *Croisette*, au bord de la
mer où nous allions jouer et où le froid est toujours moins vif
que sur les hauteurs. Le sol d'ailleurs paraissait excellent. Il fit
donc sans difficulté et à un prix raisonnable l'acquisition de la
moitié de la presqu'île, en fit arracher les bruyères et les pins, fit
défoncer le sol et y planta des orangers à fruits doux. Il ne tarda

pas à se féliciter de sa résolution. Les arbres devinrent superbes en peu de temps ; alors il ajouta à ces orangers tous les arbres fruitiers d'Europe et d'Asie. Les palmiers, les bananiers, les eucalyptus, les cotonniers, les cannes à sucre, se développèrent à côté et en même temps que les pommiers, les poiriers, les abricotiers, les vignes et les figuiers. On y aurait même fait pousser des arachides et des goyaves si on avait voulu.

Aujourd'hui les années se sont écoulées et nous, les jeunes collégiens d'alors, nous sommes devenus vieux ; mais les arbres des *Hespérides*, c'est le nom qu'on a donné à ce magnifique jardin, sont toujours plus jeunes, toujours plus beaux, toujours plus productifs. Chaque année on y récolte un ou deux millions d'oranges douces qui se vendent sur place ou que l'on expédie au dehors, ce qui fait déjà un revenu considérable, auquel il faut ajouter celui des plantes potagères, des fruits d'Europe, et des fleurs coupées dont on fait ici un grand commerce. On voit dans ce jardin dès le mois de janvier, à côté des oranges mandarines qui murissent, des mimosas dorés qui sont en fleur, l'hiver, des violettes, des roses-thé, des œillets et mille autres fleurs qui embaument.

Mais ce n'est pas tout ; ce projet de jardin à la Croisette, qui paraissait tout d'abord insensé à tout le monde, ayant été mis à exécution et ayant pleinement réussi, tout le monde voulut y avoir le sien. Aujourd'hui on ne voit plus là que des nids de verdure et de fleurs, habités pendant l'été et même pendant l'hiver par des malades et des savants. Aussi un riche industriel de Grasse, M. Pilar, a-t-il établi dans le voisinage des Hespérides, sur des terrains qui lui appartenaient et qui étaient surtout consacrés à à la culture des fleurs, un immense laboratoire de distillation qui fait concurrence à ceux des Lubin et des Chiris et qu'on peut visiter chaque jour, pendant l'été, en en demandant l'autorisation.

Ce jardin des *Hespérides* est limité par les rues des *Golfes* au sud, la parfumerie P..., au nord, la rue de *Lérins*, qui commence au Tir aux pigeons, à l'est, et le golfe de Cannes, à l'ouest. Rien de splendide, de merveilleux comme cet éden qui sert de but de promenade aux étrangers, où l'on peut se promener librement et manger des oranges à volonté dès le 1er janvier et où ni le mistral, ni le siroco, ni le brouillard ne se font jamais sentir.

Que conclure de cela sinon que le travail de la terre est rémunérateur autant que celui des arts, du commerce ou de l'industrie et qu'il faut asseoir les communes et l'Etat sur cette base solide, inébranlable, indestructible?

Les aéronautes ont appris aux jésuites que le Ciel, l'Air qu'ils adoraient où ils avaient placé leur future patrie, n'offrait pas un point d'appui suffisant aux institutions humaines, que ce point d'appui devait être le globe, la Terre, les continents; aussi ces jésuites sont-ils devenus les premiers agronomes de l'univers. Ils ont défriché toute l'Amérique du sud. Ils produisent mais ne consomment pas. On dit qu'ils ne s'en portent pas plus mal. Hélas! ils meurent cependant.

Allez leur parler du Ciel, ou du pouvoir, ou des honneurs, ils vous répondront comme Dioclétien en vous montrant des légumes, du blé, du vin, des fruits et d'autres produits excellents. Ils vous enseigneront même la manière de les obtenir, car Dieu ne créa pas les fruits tels que nous les voyons aujourd'hui. Il fallait que l'homme les cultivât, s'y attachât, découvrit leurs besoins, leurs qualités, leur utilité.

« La plante, dit M. Henri Fabre, dans ses *Ravageurs*, n'a de » valeur qu'en passant par les puissantes mains de l'homme. » Il faut donc cultiver cette terre, la corriger, la protéger. Que d'ennemis la convoitent et la dévorent ! Ce sont les *criquets* voyageurs ou sauterelles qui dévastent l'Algérie et le Sud-Est de la France ; ce sont les *pucerons*, les *piérides* des choux, les *cecydo-*

mies du froment en fleur, le *dacus* de l'olivier, combattu par la *fourmi*, la *pyrale* des pommes et des poires, la *pyrale* de la vigne que l'on détruit par l'eau bouillante, le *hanneton* qui donne le ver blanc destructeur des potagers, le *rhynchite* de la vigne, celui du poirier, le *balanier* des noisettes, le *charançon* ou *calandre* qui se nourrit de farine de froment, enfin l'*alucite* et la *teigne* des blés. Cette dernière, dans les greniers, réunit ensemble plusieurs grains, les attache avec une sorte de fil de soie et en fait un nid où elle établit sa résidence.

On nous apprend que les Egyptiens, qui étaient et qui sont toujours des agriculteurs émérites, adoraient les oignons. Nous faisons davantage, nous les mangeons et nous les trouvons excellents. C'est par eux que l'on prépare ces ragoûts divins décrits par Carême et Brillat Savarin. A la vérité les oignons nous font quelquefois pleurer ; mais nous leur pardonnons volontiers ce petit défaut. la perfection n'étant pas de ce monde, n'étant même pas de l'autre ; d'ailleurs les pleurs sont un soulagement.

On nous dit encore qu'Esaü vendit son droit d'aînesse à son frère Jacob pour un simple plat de lentilles. Là encore nous trou-vons un fait rationnel qui nous fait aimer l'agriculture et qui nous fait chérir les lentilles, car nous les aimons nous-même à perdre haleine. Que celui qui ne les aime pas ou qui n'en a jamais mangé nous jette la première pierre.

Avant la Révolution la noblesse possédait la moitié des terres et le clergé en possédait le quart. Il suit de là que le tiers état, qui était le plus nombreux, le plus actif et le plus malheureux, n'avait à sa disposition qu'une très faible partie des terres culti-vées. On comprend qu'à cette époque la France agricole ne pouvait être ni belle, ni productive, ni aimée. Aussi n'y voyait-on que des infortunés, ou bien, des ronces et des plantes nuisi-bles ; les forêts couvraient presque tout le sol. Les habitants y étaient plus malheureux que les cailloux sur lesquels tout le monde marche dessus, le jour, et les cailloux plus nombreux que les étoiles, la nuit.

Aujourd'hui il n'en est plus ainsi. Le progrès éclate à tous les yeux. C'est être aveugle ou injuste que de le méconnaître.

Sous Louis XIV il y eut une amélioration importante : les bourgs et les villages furent tenus d'avoir un hospice pour les malades et un autre pour les orphelins. On trouva cela raisonnable. Nous demandons en plus une école, une bibliothèque et une ferme communale, afin d'inspirer partout l'amour de la France et de l'agriculture.

Quoi qu'on fasse et qu'on dise, l'amour de la patrie est la plus noble, la plus belle, la plus puissante passion de l'homme. On en est convaincu en lisant *Mes Prisons*, livre attendrissant, de Sylvio Pellico ; et puis Léonidas, Botzaris, Abd-el-Kader, Garibaldi, Mazzini, Kossuth, Sobiesky, Blanqui, la Tour d'Auvergne, Bayard, d'Assas et mille autres ne sont immortels que parce qu'ils aimèrent leur patrie au point de tout lui sacrifier et de mourir pour elle. Une religion qui n'inspire pas cette passion est une religion incomplète, périssable, vouée d'avance à la destruction, à la mort. La Patrie est le dernier mot de la civilisation, comme celle-ci est le dernier mot des religions. La Patrie c'est Pan, c'est Dieu, c'est tout.

Nous ne pouvons pas dire que nous sommes tous égaux, ou tous chrétiens, ou tous frères, puisque nous différons d'opinions sur tout, que les uns souffrent et que les autres jouissent ; mais nous pouvons dire que nous sommes tous Français et par conséquent tenus d'aimer, de servir, de défendre notre patrie et, le cas échéant, de mourir pour elle.

On sait que Lamartine, qui gouverna la France et en sauva le drapeau, en 1848, regrettait le temps où « il n'avait au monde » que sa propre vigne et que ses figuiers. »

Virgile s'écrie dans ses Eglogues : « Quand je vois un homme

» quitter la campagne pour la ville, je suis toujours tenté de
» m'écrier; *O fortunatos nimium !* ce qui signifie : Trop heureux
s'ils connaissaient leur bonheur ! » Dans le livre II de ses Géor-
giques, le même auteur écrit ceci : « O campagnes fortunées
» qu'arrose le Sperchius ! montagnes du Taygète, foulées en
» cadence par les vierges de Sparte ! fraîches vallées de l'Hémus !
» qui me transportera sur vos rives chéries et me couvrira de
» l'ombre épaisse de vos bois ! »

On voit que nous ne sommes pas seul à aimer la terre, l'agriculture, les travaux des champs, les plantes utiles. Il n'est pas
un homme raisonnable qui ne soit comme nous fanatique de
cette existence heureuse et tranquille qui, sans beaucoup de
peine, donne tout, le bien-être, le bonheur et la liberté. Mais
nous allons nous mettre à l'œuvre et à notre tour cultiver,
labourer et produire. On sera convaincu après.

Ce qui nous inspire ce désir c'est sans doute les poétiques
Études de la Nature par Bernardin de Saint-Pierre, la richesse
des campagnes du nouveau monde que nous avons parcourues,
explorées, et la beauté de notre ville natale que nous avons
jadis quittée à regret, mais c'est aussi le souvenir de Paris si
brillant, si plantureux, si bien cultivé en toute saison, où le
jardin d'acclimatation du bois de Boulogne, l'un des plus remarquables du monde, et le jardin du Luxembourg, attirent l'attention par leurs plantes de toute espèce, par leurs serres, leurs
aquariums, leurs cataractes, leurs rivières, leurs lacs et leurs
bois. Or, puisque les Parisiens sont agriculteurs, le chasselas de
Fontainebleau, les cerises de Montmorency et les pêches de
Montreuil le prouvent, nous ne pouvons moins faire que de le
devenir nous-même.

LETTRE II

Un jour, pendant que nous luttions tout seul contre la desti‑
née qui se montrait cruelle envers nous et que, ne quittant plus
notre logis, nous triomphions de nos maux par la fermeté de notre
caractère, par notre constance et notre philosophie, nous reçûmes
à Paris, capitale de notre prédilection, une longue lettre d'un de
nos anciens camarades de régiment, M. Charles Chauvin, qui
était devenu comme nous capitaine, avec qui nous avions guer‑
royé un peu partout et pris part à la glorieuse guerre d'Orient,
en 1854, mais que nous avions perdu de vue. Nous la transcri‑
vons ci‑après en entier :

Hameau de la GRAND' BASTIDE *près de Mougins, le 1er mars 1880.*

    « MON BRAVE AMI,

« J'apprends à l'instant par le *Courrier de Cannes* et par
d'autres journaux auxquels je suis abonné que ton long séjour
dans la capitale t'a valu l'agrément ou l'ennui de devenir poète,
écrivain, publiciste, journaliste, que sais‑je ? même libre‑pen‑
seur, et que tu es en train d'arriver à la gloire ou au moins à la
célébrité. Je t'adresse à cette occasion mes sincères compliments‑
mais je ne puis te laisser ignorer combien ma surprise a été
extrême, mon étonnement profond en apprenant cette nouvelle.
En effet, moi qui t'ai connu dans l'intimité, qui ai toujours
marché à tes côtés, partout, et Dieu sait si nous en avons fait
des kilomètres, des étapes, des marches et des contre‑marches,
tant en Europe, qu'en Asie, au‑delà du Bosphore, tant en Amé‑

rique, qu'en Afrique, dans les îles qui en dépendent. Moi qui t'ai vu exhubérant, plein de vivacité, d'entrain et même d'insouciance, je ne puis me faire à cette pensée que tu as embrassé une profession sans doute très honorable mais ingrate et de plus difficile, pénible, fatigante au dire des hygiénistes et des médecins laquelle conduit plus souvent au tombeau qu'à la gloire. Il est certain que le métier de bureaucrate, de buveur d'encre, de cul de plomb, d'écrivain enfin, doit te faire ressembler à Thésée au fond des Enfers et nuire énormément à ta santé, à la gaîté de ton caractère, et surtout au culte de la patrie que tu professais autrefois avec autant d'enthousiasme que de raison et que la Providence devait si cruellement éprouver.

« Quoi qu'il en soit nous n'avions que trois poètes à Cannes, notre pays natal : Méro, l'ami de Chaulieu, Honoré Rouaze, le philosophe, auteur du *Futur contrat social* et Emile Négrin, l'auteur des *Promenades de Nice* et des *Fleurs de Cannes*. Avec toi nous en aurons quatre.

« Moi j'ai pris une route différente. Quoiqu'ayant passé sept ou huit ans au collége de Grenoble, je me suis marié après avoir quitté l'armée où j'étais entré volontairement comme toi et à peu près à la même époque que toi, et, ne pouvant oublier ni les patriarches, ni les Grecs, ni les Romains, ni même les Normands qui sont un peu nos ancêtres et qui accomplirent des prodiges en France, en Angleterre, en Italie, partout, non avec des armes homicides mais avec des socs de charrue, je suis devenu agriculteur, agronome, maraîcher, et pour tout dire d'un mot, paysan. Aussi suis je le plus heureux de tous les mortels. Je rends des points à Saturne et à Faunus. Dieu lui-même serait jaloux de mon sort.

« J'ignorais que tu étais resté célibataire et que tu avais changé de nom. Je l'ai su hier. Ayant pris moi-même le nom de ma femme et n'étant plus désigné ici que par ce nom, je com-

prends qu'à ton tour tu n'aies pas connu mes métamorphoses.
Je ne demande qu'à te les faire admirer. Viens donc ici à la saison
prochaine et viens me voir dans la première quinzaine d'octobre
et de préférence un dimanche ; ce jour là je me repose après avoir
fait un peu de toilette, et je reçois les amis et les personnes qui
désirent ou qui ont besoin de me parler. Je te consacrerai tout mon
temps et ne te laisserai partir qu'après t'avoir convaincu de la
vérité de ces choses : 1° que l'agriculture vaut mieux que la
poésie ; 2° la paix active mieux que la guerre meurtrière ; 3° la
civilisation et le progrès mieux que les religions intolérantes,
l'immobilité ou le marasme ; 4° enfin les douceurs de la famille
préférables à la liberté, au célibat, aux honneurs, à l'argent et à
la gloire. Cela demandera sans doute plusieurs jours, mais ni
la place, ni l'amitié, ni ma patience ne feront défaut ; tu seras ici
comme chez toi : je ne serai plus que ton narrateur, ton cicerone.
Tu verras qu'après avoir immolé des hommes sans motif et fait
la soupe en Crimée avec des arbres et des ceps de vigne magnifiques, ce qui était du vandalisme, j'ai réparé en partie cette
grande faute. »

« CH. CHAUVIN,

Capitaine en retraite, Officier de la Légion d'honneur,
Propriétaire,
Directeur de la Ferme cantonale de la Grand' Bastide. »

Comme on s'en doute cette lettre aimable nous combla de joie.
Elle jeta un peu de clarté, un peu de soleil dans notre existence
tourmentée, et nous fit comprendre que notre ami ignorait la
ruine de notre fortune et l'insuccès de nos tentatives matrimoniales et autres ; de même que nous avions ignoré son opulence
et son bonheur. Et nous étions concitoyens ! nés l'un et l'autre
à Cannes même ! Et nous étions restés 25 ans côte à côte : Nous
nous promîmes de lui faire connaître la vérité à cet égard et, en
attendant nous lui adressâmes à la hâte les quatre mots suivants :

Paris, le 4 mars 1880.

« CHER ET VAILLANT AMI,

« J'ai reçu avec joie ton aimable lettre. Je l'ai lue et relue avec une profonde émotion accompagnée et suivie d'un rajeunissement d'une vingtaine d'années environ. Je ne saurais t'exprimer assez vivement ici la satisfaction qu'elle m'a causée. Je vais mettre ordre à mes affaires et quitter définitivement Paris où la carrière des lettres est encombrée et où le plaisir, la civilisation et le froid me tuent à petit feu. Aussi le 1er octobre prochain, à l'ouverture de la saison hivernale, je serai près de toi, s'il plaît à Dieu, et pour ne plus te quitter.

« En attendant, je présente mes plus respectueux hommages à ta femme, et te serre cordialement la main.

« Mille amitiés à tes enfants, si tu en as. Nous ferons connaissance plus tard.

« A toi, *for ever*.

« G. C. de L. »

« P. S. — Je t'adresse mes compliments les plus sincères et mes souhaits les plus ardents, au sujet de ta résolution et de ton mariage. Je regrette de n'en avoir pas fait autant. Il y a vraiment trop de chemins dans la vie aujourd'hui. Hercule n'en trouva que deux devant lui. Il lui était plus facile de faire un choix et plus facile aussi de ne pas se tromper.

« Vivant tout seul comme un ermite ou un escargot, dans une vaste maison meublée de Neuilly, d'où j'aperçois l'arc de triomphe de l'Etoile, la Seine, paresseuse et tranquille, qui arrose mon jardin et le bois de Boulogne, je passe mon temps à composer des ouvrages d'observation qui tiennent le milieu entre les pamphlets et les mémoires, entre les nouvelles et les romans, mais que le souvenir de nos récents désastres remplissent de passion, d'amertume et de regret. Je les publierai bientôt à mes frais, risques et périls si la mort ne m'en empêche pas, car personne ne veut ni les voir, ni les lire, ni même en entendre parler. Je ne demande à ce travail difficile et fatigant ni la fortune que je possède, ni la gloire qui me trouve indifférent ; il me suffit d'y trouver une occupation et un soulagement. Mais nous causerons de toutes ces choses bientôt et longuement. A toi.

« G. »

Nous l'avouons sans détour, nous étions comme honteux de notre solitude, de vivre séparé du reste du monde, de délaisser les amis, les journaux, les spectacles, les cérémonies, enfin d'ignorer les grands événements contemporains ainsi que tout ce qui se passait en France depuis la dernière guerre, et tout ce qui se passait à Cannes même, dans notre ville natale, dans notre quartier, dans notre rue. Aussi notre parti fut pris et bien pris. Nous donnâmes congé à notre propriétaire de Neuilly et le 28 septembre 1880, ayant confié nos meubles et nos effets à la petite vitesse et fait nos visites d'adieu aux personnes que nous connaissions, surtout à l'excellente famille Lebatteux, nous répandîmes quelques larmes de regret, et nous prîmes le chemin de fer rapide de P. L. M., de sorte que le 1er octobre ainsi que nous l'avions annoncé nous arrivions à la *Grand' Bastide*.

Là, nous fûmes dans le ravissement. Ce quartier que nous avions laissé nu et désert trente ans auparavant était vert et peuplé partout. Tout était couvert de verdure et de fleurs.

Nous trouvâmes notre ami à la limite de sa propriété à ce qui en formait l'un des portails. Après les effusions premières de l'amitié et les compliments d'usage, nous nous dirigeâmes vers l'habitation principale, mais à pied, en nous promenant comme nous le faisions autrefois en allant d'un pays à l'autre.

Rien de délicieux à la vue et à l'odorat comme ce nid de verdure, de fleurs et de fruits qui se nomme la *Grand' Bastide*, et où notre ami s'était confiné. Arrivé près du château, nous trouvâmes la femme de notre ami, Mme Chauvin, au milieu d'un déluge d'enfants et occupée à jouer avec eux soit au volant, soit à l'escarpolète sur une immense pelouse bordée de rosiers. En nous apercevant au bras de son mari elle laissa tout en plan et courut au devant de nous avec les démonstrations d'une grande joie. On nous présenta. Nous saluâmes profondément ; puis ayant embrassé les enfants ou baisé leurs petites mains blanches, nous nous dirigeâmes vers un kiosque agréable où se trouvaient des sièges, des nids d'oiseaux et des canapés, où se trouvaient aussi des fleurs et des fruits de toute espèce.

— Oh ! que tu es aimable d'être venu nous voir, nous dit Chauvin ; tu ne saurais croire le plaisir que nous cause ta présence.

— Tout le plaisir est pour moi, répondis je ; en effet, tu me reçois en Écossais, en seigneur, en roi, aussi suis-je dans l'admiration, dans l'extase.

— Dans l'admiration de quoi ?

— Dans l'admiration de ce superbe domaine qui se présente si agréablement à mes regards ravis surpris, charmés, et aussi et surtout des brillantes qualités de Mme Chauvin. Tout y brille, tout y embaume, tout y enchante. C'est donc un paradis que tu as voulu te créer en venant t'ensevelir ici ?

— Tu sais que je n'ai jamais pu me résoudre à prendre au sérieux celui du Ciel dont on nous parle sans cesse, que l'on nous promet, par bonté d'âme, après notre mort, mais dont nul ne peut nous entretenir avec certitude, par la raison qu'aucun de ceux qui y sont allés n'en est revenu.

— Et Orphée n'est il pas descendu aux Enfers ? et Hercule n'en a-t-il pas retiré Alceste ? Et Thésée, et Pirothoüs, et Jésus ne sont ils pas revenus à la vie après avoir été immobilisés et frappés par la mort cruelle, implacable ?

— La poésie a le don de nous plaire en imaginant les choses les plus extraordinaires, les plus invraisemblables, mais entre imaginer et prouver, il y a loin. En somme le paradis, l'enfer et le purgatoire ne sont que des fictions impossibles ou si tu aimes mieux une *Divine comédie* qui peut nous amuser mais nullement nous convaincre.

« Mais, ajouta-t-il, procédons par ordre; d'abord tu vas venir te rafraîchir. Je t'offre le vin d'honneur par devoir, par amitié ; ensuite t'ayant présenté à ma femme et à mes enfants je dois te présenter mon domaine que je mets, dès ce moment, à ta disposition et dont je te ferai connaître les rouages, les secrets, les ressorts à la condition que tu m'en signaleras les imperfections, les défauts si tu en trouves. Tu verras que les anciens étaient dans le vrai en s'attachant à la terre plus qu'au ciel, que Cincinnatus, Marius, Dioclétien et avant eux Moïse et Abraham, Faunus et Saturne avaient raison de cultiver des laitues et d'élever des moutons, enfin que Phocion, Aristide, Périclès, ainsi que les anciens Égyptiens étaient gens pratiques et sensés, beaucoup moins croyants que positifs puisqu'ils étaient surtout agronomes distingués, éleveurs, maraîchers. On peut se passer du séjour du ciel, on ne peut se passer ni du mouton, ni de la chèvre, ni de la vache, ni du bœuf, encore moins de l'herbe et du blé qui poussent sur la terre et dont nous vivons. »

A ces mots, notre ami nous prit par le bras et nous fit entrer dans une superbe allée d'oliviers en ligne droite que nous n'avions pas remarquée et qui conduisait directement au château, à l'habitation seigneuriale, grand ducale, royale, nationale de notre ami. Ce château se composait d'un grand bâtiment de style italien, badigeonné à la chaux, élevé de deux étages sur rez-de-chaussée, avec sous-sols et terrasse, et flanqué de deux ailes en retour, couronnées de mâchicoulis qui lui donnaient un air féodal et guerrier ; deux autres tourelles circulaires aux deux autres angles servaient d'escalier. En somme nous comptâmes dix fenêtres de façade, deux étages, un perron grandiose et deux grands balcons au milieu de chaque étage : c'était en même temps rouge et blanc, grand et beau, gracieux et confortable.

Nous ne pûmes nous empêcher de dire confidentiellement à notre excellent ami combien nous trouvions sa femme belle, aimable, sympathique et son domaine resplendissant. Il parut satisfait de ces éloges qui étaient en tous points mérités, qui étaient l'expression de la vérité et que d'ailleurs l'amitié et la galanterie nous imposaient comme un devoir ; aussi s'écria-t-il radieux :

« Puisque tu me parles ainsi, je vais te raconter l'histoire de mon mariage ; tu verras combien le ciel aide peu, ceux qui veulent vivre à leur guise, et combien la raison, la justice et la volonté servies par une santé robuste, sont plus puissantes que tous les dieux réunis qu'ils soient ou non armés de la foudre, du trident ou de la massue.

« Ayant obtenu la liquidation de ma pension de retraite en 1873, je vins me fixer à Cannes notre pays natal. Ayant laissé à Metz le drapeau de mon régiment et à Lorient tous mes vieux camarades, je pensais qu'il me serait difficile, sinon impossible, de vivre dans un autre milieu que celui auquel j'étais habitué, c'est-à-dire qu'il me faudrait pendant longtemps encore les villes de garnison, les cercles et les cafés militaires, les revues et les exercices, enfin le tambour et le clairon, la musique et les sapeurs passant de temps en temps sous mes croisées ou devant moi. J'étais dans l'erreur. La solitude, la tranquillité, le repos que je goûtai dans ma nouvelle position, eurent d'abord le don de me calmer, de me faire oublier, d'apaiser les colères de mon cœur et de mon esprit. J'avais vu tant de choses mauvaises concernant l'armée sous le règne de Napoléon III ; mais j'avais aussi été témoin de beaucoup de miracles, entr'autres de la transformation et de l'embellissement de la capitale ; du courage et de l'impétuosité de nos soldats en Crimée, de l'extension de notre domaine colonial, du développement de notre commerce, de notre industrie, de nos réseaux de chemin de fer et des télégraphes, enfin du percement du canal de Suez. A cet égard, j'établis une sorte de balance et après mûres réflexions je considérai le compte de ce règne comme liquidé ; il avait été glorieux et désastreux en même temps : glorieux au commencement, désastreux à la fin. Alors ayant toujours eu du penchant pour la République puisque c'est sous ce gouvernement que je commençai à prendre du service, je me ralliai aux révolutionnaires du 4 septembre 1870, devenus les maîtres de nos destinées et je vécus dans la solitude et l'oubli, passant mon temps à écrire mes souvenirs, mes mémoires mais rêvant toujours d'être agriculteur.

« Une ou deux tentatives matrimoniales que je fis sérieusement n'ayant pas abouti je pris la résolution de rester célibataire et de vivre seul dans la maison que mon père m'avait laissée en mourant, et qui était bien située, spacieuse, commode, agréable et d'un bon rapport ; quant à mes économies qui s'élevaient à 20,000 francs, j'eus la pensée de les consacrer à l'achat d'une vaste propriété dans les environs de Cannes, mes goûts m'ayant toujours sollicité de ce côté, et de la faire valoir par mon travail. Tu vas voir comment la fatalité se joue des calculs des hommes, même quand ces calculs sont justes et sensés.

« Ma pension avait été liquidée au taux de 3 000 francs tout compris. C'était plus qu'il n'en fallait à un homme seul, revenu de toutes les erreurs de la jeunesse et n'ayant d'autre ambition que celle de bien faire ou ce qui revient au même de ne rien faire. Je n'étais pas encore âgé comme je le suis, comme nous le sommes aujourd'hui. En 1873 j'avais 42 ans, et toi 41. Je sais que tu as un an de moins que moi ; aujourd'hui nous en avons 50. C'est presque le bout du monde. N'ayant que 42 ans, j'étais donc dans la force de l'âge. Or, voici ce qui m'advint un jour en chemin de fer, dans un trajet, de Nice à Cannes, que je fis pour affaires et que je fais encore assez souvent pour le même motif.

« Dans le compartiment de 1re classe que j'avais choisi j'eus le bonheur de trouver une magnifique personne, une femme divine dont la toilette m'attira, dont la beauté m'éblouit. Elle était blonde, entièrement vêtue de noir et d'une distinction parfaite. Étant habitué à recevoir ici, c'est-à-dire à voir passer des reines, des princesses et les femmes les plus distinguées du monde, j'eus tout d'abord la pensée que j'avais escaladé le Ciel, sans le savoir, que je me trouvais dans un compartiment réservé, que j'étais en présence d'une déité, d'une divinité, d'une immortalité, enfin que mon devoir était de descendre, d'aller ailleurs pour ne pas paraître indiscret. Cependant je songeai que ma rosette d'officier de la Légion d'honneur, qui était apparente, était une garantie et comme une sorte de laisser passer. Je pouvais donc, me basant sur cet insigne éclatant, me considérer comme l'égal des rois et aller partout. Un instant je crus être en présence de l'ex-impératrice Eugénie qui, tu le sais, est blonde et qui possède une villa à Monte-Carlo. Un procès que lui avait intenté la ville de Marseille à l'effet de rentrer en possession du château impérial qu'elle avait offert à Napoléon III, et que celui-ci, en mourant, avait légué à sa femme, la retenait ici. Ce procès fit grand bruit. Il se termina plus tard à l'avantage de l'impératrice, ce qui lui procura l'agrément, la satisfaction de faire une bonne action, de montrer qu'elle était aussi grande dans le malheur qu'elle l'avait été dans la fortune, qu'elle ne sacrifiait pas les intérêts privés à ses convoitises personnelles, elle qui avait créé des asiles pour les infortunés et sauvé la vie à des milliers de malheureux, victimes des inondations et du choléra. En effet, on apprit plus tard que la Cour d'Aix, ayant considéré cette donation comme particulière et non nationale, avait rendu un arrêt qui déboutait la ville de Marseille de ses prétentions et la condamnait aux dépens. Ce château resta donc la propriété de l'ex-impératrice ; mais celle-ci se hâta d'en faire présent à la ville de Marseille, acquittant ainsi, noblement et sans bruit, la dette de reconnaissance que feu son mari avait contractée envers les Marseillais et qu'il avait payée en partie par la construction des ports de la Joliette et des docks, par la guerre d'Orient et par le creusement du canal de Suez.

« Le train se mit en marche ; j'étais seul ; mais ma compagne de voyage n'était pas seule : deux ravissants enfants, un garçon et une fille âgés de 8 à 10 ans, qui ne cessaient de causer entre. eux, l'accompagnaient. Je regardai à la dérobée celle qui me paraissait être la mère de ces enfants et je m'aperçus qu'elle était belle ; je m'aperçus aussi qu'elle me regardait. Arrivés à la station du Var nous n'avions pas encore échangé une seule parole. Elle lisait des journaux et moi des calendriers d'hôtel. Enfin à Cagnes, elle me fit l'honneur de me demander s'il était vrai, comme on le lui avait affirmé, que le maréchal Masséna, né à Nice, se fut marié à Antibes et qu'il fut mort à Paris?

— « Rien n'est plus exact, madame, le prince d'Essling, duc de Rivoli, l'*Enfant chéri de la victoire*, naquit à Nice en 1758, mais il se maria à Antibes, dont on voit d'ici les fortifications.

« De ce mariage naquirent deux enfants : une fille qui devint la femme du maréchal comte de Reille, né comme elle à Antibes, et un garçon qui devint fonctionnaire de l'État et qui eut à son tour un fils qui vit toujours, qui a été officier, député des Alpes-Maritimes, etc.

« Masséna mourut. en effet, en 1817, à Rueil, près de Paris.

— « Quel âge avait il au moment de son mariage?

— « 30 ou 32 ans, madame. Il allait partir pour les grands combats qui l'ont illustré.

— « Peut-être appartenez-vous encore à l'armée active ?

— « Oh ! non pas, madame ; mon compte a été liquidé, réglé définitivement, moins glorieusement sans doute que tant d'autres qui ne sont pas revenus de la Crimée, de la Chine et du Mexique, qui ne reviendront pas de Metz et de Sedan, mais enfin d'une manière honorable, raisonnable. Je suis en possession de ma pension de retraite depuis six mois.

— « C'est à Nice que vous en jouissez ?

— « Pardon, madame, à Cannes, où j'ai le bonheur de posséder une villa et formé le projet d'acheter une propriété afin de me livrer, en amateur, aux travaux des champs que j'ai toujours aimés et ambitionnés.

— « Voulez vous que je vous cède une partie de ma terre ? dit vivement la dame inconnue ; elle est fort belle.

— « Elle est peut-être beaucoup trop étendue pour moi et par conséquent trop chère.

— « Quarante hectares avec de l'eau de source et toutes les habitations et végétaux nécessaires. Je consens à vous en céder la moitié.

— « C'est juste ce que je désire.

— « Voulez vous venir la voir ? j'y suis installée depuis la mort de mon mari ; vous êtes sûr de m'y trouver tous les jours, à toute heure. En voici l'adresse.

« A ces mots je reçus des mains gantées de cette divine personne, que je viens d'avoir l'honneur de te présenter, de te faire connaître, car c'est de ma femme que je parle, une carte de visite sur laquelle étaient gravés ces mots : « Madame veuve X..., propriétaire, *Grand' Bastide*, près de Mougins (A.-M.). » Aussitôt je tirai de mon calepin une de mes cartes à moi, et la présentant à Mme X... je lui dis :

« Veuillez être avec moi, madame, avec autant d'agrément, de plaisir, que je serai avec vous. »

« Mme X... sourit, prit la carte, la lut et la mit dans son sac de voyage. Mais le train arrivait en gare de Cannes ; il s'arrêta.

« Voici notre première séparation, dis-je tristement.

— « Il ne tient qu'à vous d'en abréger la durée.

— « Demain ou dimanche prochain je serai à la Grand' Bastide.

— « A la bonne heure. »

« Mme X... répondit à mes salutations respectueuses par une gracieuse révérence. Elle s'éloigna ensuite et se perdit dans le flot de voyageurs qui se rendait au guichet de sortie.

« Toute la nuit je réfléchis à mon aventure ; c'était pour moi une question de vie ou de mort. Il s'agissait de prendre une résolution héroïque. Il fallait aller à la Grand'Bastide et alors acheter ou se marier, l'un ou l'autre ; ou bien n'y pas paraître du tout et alors renoncer à la vie rurale, matrimoniale, idéale, après laquelle j'avais toujours soupiré. Je m'arrêtai au premier de ces deux partis, pour ce motif que je ne voulais pas vendre ma villa bien qu'on m'en offrit 80 mille francs et que je ne voulais pas non plus me débarrasser de mes économies qui s'élevaient à une vingtaine de mille francs. Je pensai qu'étant ou ayant été capitaine, décoré de la Légion d'honneur, possesseur d'une fortune de cent mille francs et âgé de moins de cinquante ans, je pouvais aspirer à tout, même après avoir subi divers échecs matrimoniaux, bien plus par la faute de mes amis que par la mienne propre.

« J'attendis avec impatience le dimanche suivant ; ayant fait un peu de toilette ce jour-là je montai en voiture et dis à mon cocher de me conduire à la Grand' Bastide. Faut-il te le dire ? Le cœur me battait bien fort ce jour-là. C'est que la personne que j'allais voir en valait la peine. Je l'avais rencontrée par hasard, un soir, en chemin de fer, je dis par hasard, car elle ne savait pas que je monterais dans le compartiment qu'elle occupait, et je ne savais pas davantage qu'elle s'y trouvait lorsque j'en fis choix, elle venant de Menton, moi de Monte-Carlo ; mais je l'avais suffisamment examinée, pour savoir qu'elle était jeune encore, aussi belle que distinguée et d'un caractère doux, affable, obligeant. Je savais aussi que ces dons gracieux étaient accompagnés d'une fortune considérable. ou au moins d'une propriété seigneuriale aussi vaste que bien située, dont j'avais entendu parler et dont on disait le plus grand bien. Deux points seuls se rapportant à cette aimable personne, restaient obscurs pour moi : j'ignorais absolument si elle avait une nombreuse famille et si sa propriété était ou non grevée d'hypothèques. J'allais bientôt être renseigné à cet égard. Ce double mystère n'allait pas tarder à être éclairci et par qui? par la personne même qu'il concernait.

« Arrivé à la Grand' Bastide, c'est-à-dire ici, je n'eus ni la peine de demander des renseignements ni celle de sonner à la porte des habitations. Je vis des enfants et du monde partout et toutes les portes ouvertes. Tous les habitants étaient en toilette du dimanche, aucun n'était occupé, tous se reposaient, se délassaient, chantaient ou jouaient.

« Je trouvai sur le perron du château Mme X... dans une toilette exquise, semblable à peu près à celle du dimanche précédent lorsque la destinée nous avait mis en présence. Seulement je vis qu'elle avait en plus des fleurs naturelles dans sa coiffure et sur son sein et aux mains une grande quantité de bijoux.

— « Veuillez m'excuser, madame, lui dis-je, en m'inclinant profondément, de venir vous causer un second ennui ; je suis d'autant plus coupable que le premier n'est sans doute pas encore complètement effacé de votre mémoire.

— « Vous avez raison de penser ainsi. Il est si peu effacé que je me demandais chaque jour pourquoi vous ne veniez pas me voir.

— « Vous êtes trop aimable, en vérité, et je ne sais comment vous exprimer ma reconnaissance.

— « Par un moyen bien simple; celui d'écouter l'histoire de mon veuvage que je vais vous raconter en peu de mots et qui vous expliquera tout.

— « J'écoute, madame ; ne m'épargnez pas. Je suis heureux de me trouver ici, de respirer le même air que vous, de vous voir, de vous entendre, de vous admirer.

— « Mon père, négociant estimable et estimé de Cannes, continua Mme X..., avait placé pour moi qui étais sa fille unique un capital de cent mille francs sur l'Etat, lequel devait représenter ma dot au moment de mon mariage. Il mourut après m'avoir mariée à un ancien gentilhomme de ses amis qui avait un grand nom et de belles manières, qui possédait même une instruction complète et de nobles sentiments, mais qui ne savait ni travailler de ses mains, ni faire fructifier les capitaux. Il me fit voyager, m'entraîna à des dépenses folles, m'aurait acheté le Soleil et la Lune si je l'eusse souhaité et finalement engloutit ma dot et son patrimoine.

« Lorsqu'il mourut, il y a deux ans de cela, j'avais eu de lui dix enfants, quatre garçons et six filles, qui sont tous vivants et bien portants, et qui ne me donnent que des satisfactions et pas un seul ennui. L'aîné a quatorze ans ; il fait sa philosophie au collége Stanislas. Il passera son examen du baccalauréat ès-lettres dans deux ans. Le suivant est également au collége ; celui qui vient après a fait sa première communion cette année. Les demoiselles sont plus jeunes, mais toutes aimables, toutes charmantes. Il résulte de ceci qu'ayant été obligés de vivre à la campagne, par économie, nous nous sommes tous mis à travailler de nos mains et que nous avons subvenu à tous nos besoins. Je n'ai gardé qu'un seul fermier, celui qui m'avait vu naître et auquel mon père était le plus attaché. Il est ici avec sa famille comprenant cinq personnes. En terminant je vous dirai que je n'ai pas un sou de dette et que je suis aussi heureuse que possible.

— « Madame, dis je timidement, ce que vous venez de m'apprendre au sujet de votre famille m'a vivement intéressé. A tort ou à raison je n'ai pas cessé un seul instant de penser à vous depuis notre rencontre imprévue d'il y a huit jours. Je vous vois peut-être avec les yeux ardents d'un célibataire qui a promené un peu partout sa torche incendiaire, et qui depuis deux ans ne vit que de souvenirs, mais ma raison, qui ne me trompe jamais, me dit que vous êtes une personne aussi estimable que distinguée et que m'unir à vous serait pour moi le comble de la félicité. Je sollicite donc la double faveur de vous faire connaître ma situation personnelle et de devenir votre mari, ou si vous aimez mieux votre ami.

— « Parlez, monsieur, dit Mme X... visiblement émue ; je ne puis croire que vous ayez l'intention de me tromper.

— « Madame, je n'ai ni maitresses intolérantes, ni enfants naturels, ni dettes criardes ; à ces trois avantages importants que je possède réellement, il s'en joint trois autres également précieux : je suis propriétaire d'une belle villa à Cannes, j'ai un capital de vingt mille francs, placé en rentes sur l'Etat, et ma pension viagère correspondant à ma retraite de capitaine s'élève à 3.000 francs en y comprenant le maximum de campagnes et le traitement d'officier de la Légion d'honneur. En regard de cet actif qui est clair, net, exact, il y a un passif, il y en a même deux. J'ai déjà fait ici une demande en mariage qui n'a pas été accueillie favorablement. J'en suis d'autant moins affligé que la demoiselle dont j'avais sollicité la main, dont j'avais fait choix m'était à peu près inconnue, qu'elle est toujours demoiselle, qu'elle soigne, avec le plus grand dévouement, sa mère devenue âgée et infirme, enfin qu'elle est sage, fidèle, pieuse et que rien, sous le rapport des sentiments, de l'intelligence, de la vertu ne peut lui être comparé, si ce n'est vous, madame, qui rayonnez comme un soleil. Mon second passif c'est que j'ai atteint l'âge respectable de 42 ans. Mes cheveux se dressent d'horreur sur ma tête à la vue de ce nombre... fabuleux.

— « C'est la maturité ; on ne devrait se marier, gouverner ou administrer les affaires publiques qu'à cet âge-là.

— « Alors, madame, j'attends votre réponse. Si vous dites oui, dans huit jours nous pouvons être mariés, et vivre chacun dans une solitude moins triste que celle qui est notre partage ; si vous dites non, j'en serai au désespoir car je ne pourrai jamais devenir le propriétaire de votre domaine beaucoup trop magnifique, pour moi. En effet, mon intention est de ne pas faire de dettes, de ne pas vendre ma maison et de garder mon capital. Quant à ma pension de retraite elle est viagère et insaisissable et, par conséquent, sans garantie dans les transactions.

— « Monsieur, votre demande est grave, ou si vous aimez mieux sérieuse. Vous oubliez déjà que j'ai dix enfants que vous aurez peut-être de la peine à voir, à caresser, à considérer comme étant à vous.

— « Vous, en étant la mère, je ne pourrai que les aimer, comme vous les aimez vous-même.

— « Je ne puis croire que vous parliez sérieusement.

— « En voici la preuve : Je ne fume ni ne bois entre mes repas ; je suis très sobre, très matinal, très laborieux, très adroit de mes mains ; j'aime, j'adore la campagne et je ne recherche ni les aventures, ni les invitations, ni les distractions, ni les spectacles que j'ai beaucoup aimés autrefois, mais dont je suis comme saturé, rassasié aujourd'hui.

— « Faut il vous dire que je suis âgée de 34 ans ?

— « C'est l'âge par excellence quand la femme est veuve et qu'elle trouve l'occasion de se remarier.

— « Alors je n'ai plus rien à dire.

— « Pardon, madame, vous avez à dire *oui* si vous tenez à me rendre heureux, *non* si plus rien ne vous touche, hélas !

— « Eh bien ! soit, je dis *oui*, puisque vous le voulez et que la Providence a pris soin de nous réunir.

— « Oh ! Madame, soyez bénie pour cette bonne parole ; je

justifierai bientôt par mon travail la bonne opinion que vous avez de moi.

— « Que Dieu vous entende et nous vienne en aide !

— « Qu'il vienne surtout en aide à la France ! »

« A ces mots Mme X... appuya son doigt sur un timbre mobile qui se trouvait à à sa portée sur la table et une bonne parut.

— « Rosita, apportez-nous de l'eau filtrée, de l'eau de fleurs d'oranger et du sucre. Consentez-vous à prendre un verre d'eau sucrée avec moi ? me demanda t elle ensuite.

— « Madame, avec le plus grand plaisir ; c'est trop d'honneur que vous me faites, en vérité.

— « Vous aimeriez peut-être mieux l'absinthe, boisson nuisible à laquelle tout le monde s'abandonne aujourd'hui, sans réflexion, sans motif, au grand détriment du bien-être général.

— « Je n'en bois plus depuis deux ans ; j'en ai fait usage autrefois, mais sans en abuser, avec modération, et comme pour me mettre au diapason de mes chers camarades. Aujourd'hui plus rien ne m'oblige à en boire. »

« La bonne revint bientôt avec un plateau contenant tout ce qu'on avait demandé. Mme X... prépara elle-même deux verres d'eau sucrée. Elle en approcha un de ma main, après l'avoir placé sur une soucoupe blanche, et s'emparant de l'autre :

« Capitaine, dit-elle, sans quitter sa place, buvons aux douceurs de la famille.

— « Et surtout, madame, à celles de votre charmant caractère !

— « Oh ! c'est de la galanterie. Rosita, dit-elle ensuite, allez prévenir mes enfants de venir goûter et préparez-leur des tartines de miel avec du pain frais.

— « Oui, Madame. »

« Quelques instants après je remontai en voiture. Les deux enfants que j'avais vus en chemin de fer avec leur mère, le dimanche précédent, vinrent me saluer. Je leur serrai la main et

leur recommandai d'être bien sages, afin que leur maman fût
satisfaite et que Dieu les récompensât. Après quoi je partis en
agitant mon chapeau en signe d'adieu et en promettant de revenir le lendemain.

« Le lendemain en effet je revins à Mougins. Mme X.., m'ayant
fait l'honneur de m'inviter à dîner j'acceptai avec joie et je passai
une journée charmante ; le surlendemain et jours suivants j'en
fis autant ; on s'habitue à tout, même à être heureux. Enfin au
bout de huit jours notre mariage arrêté, conclu, fut célébré à
Mougins, patrie des Sardou, des Court, des Crist, des Lautier,
des Bareste, dont dépend le domaine de la Grand' Bastide, et je
ne suis plus sorti d'ici. Depuis cet heureux jour ma félicité n'a
pas cessé de resplendir et je n'ai plus souhaité d'aller ailleurs.
Mon bonheur dure depuis dix ans, autant qu'a duré le siège de
Troie ; il me semble qu'il date d'hier. Aucun nuage n'est venu
troubler, obscurcir la sérénité de ce ciel limpide et azuré dans
lequel je nage avec joie. On me laisse libre de tout faire et je fais
tout pour le mieux. Ma femme me proclame le meilleur des
époux et des pères et le premier agronome de l'Univers, et moi
je la présente comme la plus belle, la plus sainte des déesses.
Je n'ai pas d'autre dieu, d'autre religion, d'autre idole qu'elle.
Son humeur est toujours égale, son caractère toujours doux, ses
manières toujours polies ; je vois en elle la perfection égarée sur
la Terre. Quant à moi personnellement j'ai tout bouleversé, tout
transformé dans cette propriété qui était abandonnée au kaïroun
et au phylloxéra. J'ai découvert comme à Sacramento des mines
d'or que j'exploite avec opiniâtreté dans des placers agréables et
fidèles. En outre, je suis devenu père de deux charmants petits
garçons qui commencent à marcher, à parler et à se battre.

———————

LETTRE III

« Ah ! c'est que le travail, continua Chauvin, est le seul le véritable créateur dans ce monde malheureux que nous habitons. Aussi j'ai basé mon système de gouvernement patriarcal sur ce principe d'hygiène qu'on mange d'autant mieux qu'on travaille davantage et que l'on produit d'autant plus que l'on consomme moins. J'ai donc voulu que mes 60 hectares de terre me donnassent le nécessaire et le superflu, la liberté et la santé et aussi qu'ils donnassent à mes fermiers la fortune ou le commencement de celle-ci. En ce moment ces fermiers sont au nombre de trois ; ils ont à eux trois autant d'enfants que j'en ai moi même ; c'est-à-dire que le tout réuni forme un total de trente-cinq personnes, vingt chez moi, dans mon château, avec six domestiques, et quinze dans les fermes situées aux quatre points cardinaux. L'une d'elle est inoccupée par suite de la mort accidentelle du titulaire qui s'est noyé en voulant traverser, à la nage, la Siagne grossie par les pluies. Il sera remplacé un de ces jours. On se dispute pour avoir cette place. J'ai déjà reçu plus de vingt demandes à ce sujet.

« Comme il faut le repos après le travail ou le travail avant le repos, ce que l'Eglise catholique a oublié en plaçant le dimanche au commencement de la semaine, lorsque les juifs la placent à la fin, se conformant en cela à l'Ecriture sainte et à l'œuvre divine des six jours, j'autorise mes fermiers à se reposer les dimanches et jours de fête, à jouer entre eux aux boules, au billard, aux cartes, à la balle, aux quilles, etc. Je leur recommande aussi quelques exercices de gymnastique, mais pas d'escrime. Elle porte aux querelles, aux défis, aux duels.

L'homme ne doit se battre que contre la matière et en triompher partout.

« Je ne donne aucun argent à ces fermiers qui sont tous mariés, tous bien logés, bien vêtus, bien nourris et qui trouvent ici toutes les distractions nécessaires ; mais je paie leurs frais de déplacement lorsqu'ils sont obligés d'aller en chemin de fer, pour les besoins de la ferme, à Grasse, à Nice ou ailleurs ; en outre je dépose pour eux et en leurs noms à la caisse d'épargne, la somme de 1 franc par jour, soit 400 francs par an, qu'ils ne touchent en totalité qu'à leur départ de la ferme et après une période de dix ans, ou plus tôt si ce départ est absolument nécessaire, s'il ne peut être empêché par rien. Je leur fais aussi beaucoup de cadeaux.

« Lorsque, pour un motif quelconque, le fermier a besoin d'un peu d'argent il m'en fait la demande, comme un fils le fait à l'égard de son père, et je le lui donne, sans que le dépôt régulier à la caisse d'épargne en souffre. Le fermier emprunteur s'acquitte envers moi en travaillant un peu plus et un peu mieux le restant de l'année ou en faisant quelques commissions pour ma femme ou pour moi. Ce n'est pas une dette qu'il a contractée c'est un service qu'on lui a rendu.

« Ma propriété est censée pourvoir à tous nos besoins ; nous y trouvons donc outre la nourriture quotidienne pour nous et les bêtes, du linge, du fil, des pièces de drap, des couvertures de coton, des tissus de soie, des édredons même des chaussures.

« Comme il faut toujours faire la part du feu, et que les routes lorsqu'elles bordent les propriétés sont plutôt un avantage qu'un inconvénient, j'ai fait planter le long des chemins des mûriers qui donnent des fruits savoureux, des ronces et des cactus qui viennent aussi bien ici qu'en Algérie et qui donnent comme dans nos possessions d'Afrique des fruits excellents, enfin des vignes et des néfliers du Japon en quantité. Tous les fruits de ces arbres exotiques et excentriques sont abandonnés aux caprices ou aux besoins des passants. Défense expresse de s'en plaindre ; il fait parfois si chaud ici pendant l'été ; j'ai aussi fait établir près de la route une fontaine où l'on peut se désaltérer ; enfin j'ai recommandé à mes fermiers de venir toujours en aide aux malheureux lorsqu'en passant ils demandent des secours ou à me donner avis de leurs demandes lorsque le nombre de ces malheureux est trop grand.

« Mes plantations consistent 1° en oliviers : j'en ai deux cents en tout qui me donnent chacun 20 kilogrammes d'huile par an en moyenne, soit quatre mille kilogrammes. Nous en consommons une partie et nous gardons le restant. Il est rare que cet arbre divin ou sacré, qu'il était défendu d'arracher ou de brûler sous peine de mort, dans l'ancienne Grèce, et que nous connaissons ici depuis l'établissement des Phocéens à Marseille, l'an 600 avant Jésus-Christ, donne de suite, consécutivement, deux récoltes abondantes ; l'une de ces récoltes est toujours suivie d'une récolte médiocre ou nulle. Il faut ajouter à cette irrégularité qui provient plus du manque de soins que de la fatigue de la terre, les insectes destructeurs tels que le dacus, ou *kairoun* et la sècheresse qui règne une grande partie de l'année. En général quand on peut fumer suffisamment ces arbres, et que l'engrais est de bonne qualité les récoltes qu'ils donnent sont abondantes ou au moins passables. Quand la nourriture, c'est à dire l'acide carbonique leur fait défaut, ils souffrent et ils font souffrir les propriétaires et les fermiers.

« Après l'olivier vient la vigne qui occupe le quart de la superficie de mon domaine et que je soigne de mon mieux. J'en possède vingt mille pieds. Je récolte bon an mal an, depuis 1873, cinq cents hectolitres ou cinquante mille litres d'un vin excellent que l'on peut confondre avec le vin de Bourgogne après deux ou trois ans de bouteille et que l'on me demande de tous côtés. Nous n'employons pour l'obtenir ou le conserver rien autre chose que le raisin ; pas d'eau pour le mouiller, de plâtre pour le conserver, d'alcool pour le renforcer, de sucre pour l'adoucir ; rien que du raisin que l'on a eu soin de nettoyer avant d'en écraser les grains, et que l'on abandonne ensuite à la fermentation pendant huit jours, lorsque nous voulons avoir du vin rouge ou que l'on tire de suite, lorsque c'est du vin blanc que nous voulons obtenir. Tu sais que la matière colorante du raisin ne se dissout que dans l'alcool et que cet alcool ne se produit que par la fermentation. Pas de fermentation, pas d'alcool et par suite pas de vin rouge. Mais tu sais cela mieux que moi.

« Je vends environ 20 mille kilogrammes de raisin au marché chaque année.

« Le vin est donc le principal produit de ma métairie. Je m'applique à le fabriquer avec soin, à le transvaser avec soin et à l'offrir en confiance aux meilleurs hôtels de Cannes et de Nice et aux fonctionnaires de l'Etat.

« Les arbres fruitiers qui sont nombreux et qui donnent des fruits excellents, nourrissent les enfants et nous-mêmes et permettent à ma femme de faire des compotes et des confitures que je ne crains pas de qualifier d'exquises. Ainsi j'ai des châtaigniers, des pêchers, des cerisiers, des amandiers, des noyers, des noisetiers, des jujubiers, des abricotiers, des pruniers, des poiriers, des orangers, des citronniers, des grenadiers, des cognassiers, des pommiers et des figuiers, autant qu'il y en avait dans l'Eden du premier homme ou qu'il y en a dans la campagne de Rome et dans celle de la Syrie. Je mets en vente quelques-uns de ces fruits et nous en gardons beaucoup pour nous et pour nos voisins ; nous les mangeons au dessert ; ce qui reste se transforme en confitures aussi délicieuses que celles d'Apt (Vaucluse).

« Le principal de tous ces fruits est la figue que l'on mange fraîche ou sèche, qui est sucrée et qui n'a pas l'inconvénient de la datte tout en en possédant les avantages précieux qui sont la douceur et la *pectoralité* ; en effet celle-ci a un noyau qui tient tout l'intérieur du fruit tandis que la figue n'a rien qu'une substance sucrée, riche en pictine, par conséquent nutritive, pectorale et agréable. J'ai aussi des fraisiers, des framboisiers et des groseilliers en abondance parmi lesquels des cassis.

« Après les arbres fruitiers qui sont disséminés un peu partout mais qui garnissent aussi mes quatre allées, afin que chacun puisse en prendre à volonté (rien comme tu vois de la défense du Seigneur à l'égard d'Adam) ; après le blé, l'orge, le maïs l'avoine, le lin, les betteraves dont nous faisons du sucre, viennent les haricots, les lentilles, les pois-chiches, les fèves, les pois, ensuite les carottes, les choux, les navets, les artichauts, les tomates, les oignons, les ails, les bettes, les épinards, enfin les plantes potagères, cerfeuil, persil, asperges, courges, concombres, oseille, etc.

« Les basses-cours (il en existe cinq afin que chaque ménage en ait une à sa disposition) comprennent des poules, des canards, des dindes, des oies, des pigeons, des lapins qui donnent soit des œufs, soit des petits et que l'on garde pour s i, dont on se nourrit, ou que l'on porte au marché ou dont on fait présent aux amis.

« Comme il faut une occupation aux femmes et que l'eau du canal de la Siagne nous permet de faire du jardinage toute l'année, chaque fermier porte chaque jour au marché de Cannes, des fruits, des légumes, des œufs, des lapins, etc. Le lundi, le mardi et le mercredi le produit de cette vente est le bénéfice du fermier. Il entretient sa famille avec ce bénéfice assuré qui peut être important pendant l'hiver, quand les étrangers ici sont nombreux. C'est un millier de francs par an que mes fermiers retirent de ce côté. Les autres jours de la semaine le bénéfice de cette vente est pour moi. Il sert à payer les fournisseurs. C'est avec ce produit, que les fermiers m'ont abandonné pendant les premières années, que j'ai transformé ma principauté.

« Les poivriers que nous avons ici me fournissent le poivre nécessaire à la préparation des aliments. J'ai aussi quelques lauriers d'Apollon, du thym en abondance, de la sauge, du romarin et de la lavande que j'appelle la vanille d'Europe et qui a la propriété comme celle d'Amérique de garantir les effets des mites.

« Maintenant pour les travaux de labour, pour les déplacements, pour le laitage, le fromage, la viande de boucherie, etc., nous avons six chevaux, quatre vaches, dix chèvres, dix moutons, autant de brebis et cinq *grognons*. Chacun a le sien et le nourrit comme il peut, comme il veut, mais décemment. Tu vois que tout est au complet. Si tu ajoutes à cela une demi douzaine de chiens, trois ou quatre petits bourriquets, qui vont comme le vent et qui coûtent peu à nourrir, deux mulets qui déplaceraient toutes les montagnes de la Grèce si on les y attelaient et qu'on les fouettât pour les faire tirer, et une douzaine de chats qui détruisent les souris, tu auras l'état du personnel de la métairie de la Grand' Bastide au moment actuel. J'oubliais une bicyclette et un tricycle qui ne mangent pas et qui permettent d'aller aussi rapidement qu'en chemin de fer quand on est pressé. Bientôt nous y ajouterons un char à pétrole.

« Pour les besoins de tous ces animaux qui donnent du travail et de l'engrais, qui me fournissent aussi tout ce qui m'est nécessaire j'ai des prairies naturelles à perte de vue, des écuries, des bergeries et des crèches confortables, bien aérées, bien abritées, bien disposées ; enfin l'avoine et le son nécessaires. Tous ces animaux sont aussi heureux qu'on l'est au paradis. La loi Grammont qui les concerne n'est jamais violée ici. Défense expresse de les maltraiter, même quand ils sont de mauvaise humeur.

« Mes arbres comprennent, outre les eucalyptus, les chênes, les noyers, les châtaigniers, les oliviers et les mûriers des extrémités et des grandes allées qui conduisent ici, une demi douzaine de palmiers dattiers, des tilleuls, des magnolias, des frênes, des sapins, des peupliers, des thuyas, des fusains, des arbres à fraises ou arbousiers, des mimosas pour les batailles de fleurs. Pour l'agrément des yeux nous avons des herbes des pampas, des chamerops, des dracænas, des yuccas, des phormiums, des hortensias, des cyclamens, des cinéraires et quelques bananiers qui persistent à ne pas me donner des fruits quoiqu'ils soient bien soignés et bien abrités. J'ai aussi des ricins. Mon projet est de planter des cotonniers, des cannes à sucre, des arachides et des caféiers. Tu sais qu'en Corse on cultive le coton avec succès ; dans l'Italie centrale et méridionale la canne à sucre se développe parfaitement et rapidement ; donc toutes ces plantes doivent se plaire ici. Nous fabriquons du charbon excellent avec l'eucalyptus.

« Comme plantes médicinales nous avons la mauve, la violette, la bourrache, la centaurée, le bouillon-blanc, le coquelicot, la fleur de tilleul, la camomille, etc., etc.

« Enfin je possède une bibliothèque complète que je divise le plus possible, en en prêtant les livres qui la composent à mes fermiers et à leurs enfants. La collection Rion des *Bons Livres* à dix centimes me permet de répandre l'instruction à peu de frais. Cependant tous nos enfants vont à l'école. Je reçois aussi à domicile quelques journaux modérés et agricoles que je fais lire à mes fermiers. Ceux-ci je les instruis directement, de temps en temps, en leur faisant des conférences familières, en leur racontant ce que j'ai vu, ce que j'ai appris, ce qui m'a rendu meilleur et aussi ce qui concerne l'agriculture.

— La famille qui est le commencement de la patrie, dis-je à mon ami, la probité qui est le commencement de la vertu, la tolérance qui est le commencement de la sagesse, de l'humanité, du bonheur nous enseignent, à défaut d'autres preuves, qu'il existe un Dieu dans la nature et un maître dans la société, que la justice en est ou en doit être l'essence, et que hors de cette justice il n'y a de salut ni pour les peuples, ni pour les individus.

On se plaît à dire que le premier de ces dieux est l'Air et le second l'Or. Je commence à croire que l'Air et l'Or sont surtout dans l'agriculture. Quant à la liberté, nous ne devons y attacher aucune importance par la raison qu'il n'y a plus de tyrans nulle part et par suite plus d'impatients, de conspirateurs, de malheureux. A la vérité les lois sont quelquefois gênantes, mais que d'avantages elles procurent ! L'essentiel c'est que nulle personne ne soit assez puissante pour nous faire faire ce que nous ne voudrions pas faire, nous faire dire ce que nous ne voudrions pas dire, ni enfin nous faire agir contrairement à notre conscience, à notre raison, ou aux intérêts de notre patrie. La faim, l'ambition, la vengeance, ne sont pas des motifs suffisants pour que l'homme avilisse la noblesse de son origine, la divinité de sa nature. La mort vaut mieux.

— Tu as raison.

— J.-J. Rousseau affirme dans son *Contrat social* que, dans tous les « gouvernements du monde la personne publique con » somme et ne produit rien ». Cela n'est plus exact de nos jours. Le peuple étant souverain un peu partout, un président de République, un roi, un empereur sont des fonctionnaires comme les autres qui rendent des services immenses et qui ne coûtent presque rien. Ils sont utiles et souvent, hélas ! ils en sont mal récompensés, témoins l'attentat contre le Tzar, en 1885, et la fin violente et prématurée de M. Carnot, à Lyon, l'année dernière (1894). Les Ministres, les Sénateurs, les Députés ne coûtent absolument rien, tous les citoyens qui possèdent une fortune indépendante désirant l'être *gratis pro Deo*, afin de faire triompher leurs idées. Donc tous les rouages de l'Etat sont gratuits, grâce aux fortunes particulières, et nous ne voyons pas que cela soit un mal. D'un autre côté aujourd'hui tout le monde travaille ou fait travailler et par conséquent produit. Il n'est pas de fonctionnaire un peu élevé qui ne soit industriel, agronome, financier, spéculateur ou propriétaire. Tous travaillent, produisent, aiment le bien-être, la civilisation, le luxe et les plaisirs. C'est donc là un progrès réel.

— Le problème à résoudre, répondit Chauvin, est celui ci : Étant donnés un grand nombre de travailleurs dont le temps est absorbé par le devoir, et un grand nombre de désœuvrés dont le temps est absorbé par le plaisir, faire que ceux-ci travaillent et que les autres consomment. On arrivera à cette solution par le moyen de l'agriculture qui est le travail par excellence et par le patriotisme qui est le devoir par excellence aussi.

— C'est cela. Que la pensée recueillie, méditative s'élevant dans les régions éthérées se complaise dans le culte de la civilisation plus que dans celui des idoles, et trouve moyen d'aimer, d'admirer, de jouir des produits merveilleux de l'esprit humain, c'est-à-dire des livres, des tableaux, des statues, des monuments, etc., et l'humanité aura un centre, l'état social reposera sur une base solide ; alors la stabilité des esprits amènera forcément la stabilité des institutions et des lois. Dans ce cas tout le monde serait heureux, nul ne se plaindrait, nul ne conspirerait. Les hommes seraient égaux, ils seraient libres, frères et rois.

— Il est certain qu'aujourd'hui la démocratie convient à tous les États. Pourquoi? Parce que l'instruction primaire gratuite et obligatoire, la diffusion des lumières, la facilité des communications ont jeté un tel faisceau de clartés au sein des classes ouvrières qu'elles peuvent être appelées à gouverner du jour au lendemain sans avoir à craindre, de leur part, ni les excès de la barbarie, ni ceux de la civilisation.

— En effet, on trouverait, si on cherchait bien, en France comme dans les autres États, des Jacques d'Artevelde qui, à l'exemple de celui de Gand, sauveraient leurs concitoyens, augmenteraient leurs droits politiques et créeraient des ressources nombreuses par la seule puissance de leur génie et de leur pa-

triotisme, Pourquoi ne le fait-on pas? Puisque les Indiens, les
Chinois et les peuples du Midi, Italiens, Arabes, Espagnols,
Provençaux se nourrissent avec rien et que l'on peut gagner 5
francs par jour en travaillant, qu'a-t-on à craindre? La sobriété
ou si l'on veut la faim, tue moins facilement les hommes que
l'intempérance et l'indigestion. Avoir du superflu à table est
bien, n'avoir que le nécessaire est mieux. Non seulement on
peut vivre avec du riz, des figues, des dattes et des pommes de
terre, mais on peut encore fournir un travail considérable si l'on
est dans un milieu favorable et qu'on ait des habitudes régulières.
Des organes sains se contentent de l'air du temps avec l'usage
des lits à une place et l'abandon de l'absinthe et du tabac.

— On dit que l'homme, civilisé ou non, ne peut pas êtrelibre
parce qu'il tient à la Terre par ses pieds, en vertu de l'attraction,
à l'Air par sa tête en vertu de la respiration, de l'aspiration, à
soi-même par ses bras plus particulièrement par ses mains,
enfin au Soleil par son cœur, son sang, sa vie. Tout cela est
peut être exact; mais il n'en est pas moins vrai qu'il possède des
jambes, une raison, une volonté et qu'il invente chaque jour les
machines les plus ingénieuses, les plus rapides en vue de se
déplacer, d'être libre; les bicycles, les tricycles, les bi-tandem,
les chars à pétrole, les locomotives, les bateaux à vapeur, les
tramway, et à côté de tout cela les chevaux, les rennes, les
bœufs, les chèvres, qu'il a su domestiquer, prouvent qu'il en
est ainsi. Nous ne parlons pas des aérostats qui présentent quelques dangers, mais dont M. Gambetta sut se servir, avec succès,
en 1870, à Paris. Donc l'homme est né libre.

— Il ne lui manque plus qu'une seule chose, la sensibilité,
l'humanité. Etre en possession de tous les biens et se montrer
sans pitié envers les malheureux, les condamnés qui sont des
frères, c'est un non sens que la raison ne peut expliquer.
Pourquoi ne pas abandonner une partie de ses biens à l'Etat et

une autre partie aux déshérités? Puisque nous nous disons civilisés montrons-le dans nos actes, alors tout le monde nous croira. Pour moi la liberté consiste à respirer librement après le travail et après les repas. C'est pourquoi je demande la suppression des lieux où l'on ne peut respirer, savoir, des prisons, des casernes, des hôpitaux et des cimetières dans les grands centres. Il en existe une vingtaine de chaque catégorie dans Paris même. C'est trop ; d'autant plus qu'on voit là des fortifications, des fossés, des glacis et des zones de servitude qui sont immenses et qui ne servent à rien. Toutes ces cages de fer et de pierre devraient être réservées aux grands oiseaux de proie ; ceux-ci n'ont pas besoin comme nous d'être humains, colonisateurs, pacifiques. Ils ne sont pas même tenus de respecter le bien d'autrui. Leur seule mission étant de voler, de s'élever vers le Soleil resplendissant, ils considèrent la Terre, le globe comme un faucheux « *bien gras* » ou un Prométhée enchaîné auxquels ils peuvent dévorer le cœur.

— C'est-à-dire que l'homme qui est né libre, doit vivre et mourir libre, mais en respectant l'ordre, la famille, la propriété, les lois; en aimant le travail, le devoir, la justice et l'humanité.

— C'est ce que je nomme la patrie et l'agriculture, l'indépendance et la civilisation. Il n'y a rien au-delà.

LETTRE IV

— Ces quatre grandes allées, reprit Chauvin, qui forment des secteurs de 90 degrés séparés par des sentiers et qui vont de mon château seigneurial, c'est-à-dire du centre aux extrémités, ont 400 mètres de longueur chacune, sur 10 de largeur. De 5 mètres en 5 mètres il y a un arbre, ce qui donne 80 végétaux pour un côté de l'allée et 80 autres de même famille pour l'autre côté, total 160 pour l'allée entière, qui prend naturellement le nom du grand végétal qui l'ombrage et qui y domine. J'ai donc l'allée des *Oliviers*, celle des *Figuiers*, celle des *Noyers* et celle des *Châtaigniers*. Mais à côté et à 2 mètres de ces grands végétaux qui me donnent des fruits, de l'huile et du bois à brûler, j'ai planté dans la première allée 40 abricotiers et 40 pêchers, dans la seconde 40 néfliers du Japon et 40 sorbiers qui viennent du fond de l'Asie et du Canada ; dans la troisième 40 amandiers et 40 pruniers ; enfin dans la quatrième 40 poiriers et 40 pom-miers. Auprès de chaque habitation il y a en plus des jujubiers, des noisetiers, des poivriers, des cerisiers, des tilleuls et des grenadiers. Il y a aussi des potagers complets. Enfin tout autour de ma propriété j'ai semé des globules d'eucalyptus qui, en cinq ou six ans, ont atteint la grosseur des plus vieux chênes du pays, et j'ai planté des mûriers pour mes vers à soie, des peu-pliers et des frênes pour les constructions. Ainsi mes arbres à feuillage persistant comme l'olivier, l'oranger, le néflier bordent les allées qui vont du centre aux limites de ma terre et par suite ne nuisent en rien aux céréales par leur ombre ou leurs racines. Tu remarqueras que l'allée du Midi conduit à Alger, au Sahara, au Soudan et au Sénégal, les deux autres en Asie et en Amérique. Quant à l'allée du Nord, elle va au pôle directement.

« Mes vingt mille pieds de vigne séparés par un intervalle de deux mètres sur le même rang et de cinq d'un rang à l'autre s'entrelacent entre eux au lieu de s'entrelacer à des arbres comme en Italie ou à des échalas comme en Bourgogne. Plus rapproché de la terre le raisin mûrit mieux et plus rapidement. Je taille mes vignes tous les ans, ce que beaucoup de propriétaires ne font pas mais à tort ; enfin je récolte 50 hectolitres de vin par hectare, soit 500 hectolitres en tout quand tout va bien.

« Mais j'ai une manie ; je recommande à mes fermiers de tailler eux-mêmes leurs barbes le samedi et leurs cheveux tous les mois. J'en donne l'exemple. Rien n'est plus facile, ni plus avantageux, ni plus économique que de laisser croître sa barbe et ses cheveux et de les rafraîchir de temps en temps. Il faut beaucoup d'attention et de soin pour se raser, il n'en faut pas pour tailler sa barbe. Une paire de mauvais ciseaux rouillés suffisent. La pratique n'est pas nécessaire, on fait ce travail de suite lorsqu'on en a la volonté ; c'est du temps de gagné et de l'argent économisé. A la campagne on ne peut pas faire comme à la ville. D'ailleurs rien n'empêche de se parfumer, de se laver, de se nettoyer tous les jours, ou au moins tous les dimanches. Nous avons ici l'eau de lavande qui est à bon marché et qui vaut toutes les eaux de Cologne possibles et imaginables, sans en excepter le *Bully*, le *Botot* et le *Lubin*. Nous avons aussi l'eau de la Siagne. Nous avons encore le néroli, l'eau de fleurs d'oranger, l'eau de rose, l'eau de menthe qui coûte 30 centimes le litre et qui est excellente, l'eau de géranium, d'eucalyptus. etc. Nous aurions de la vraie vanille, de la vraie muscade, du vrai patchouli, du vrai vetiver si on le voulait bien. Nous possédons des côteaux bien exposés au midi et bien abrités qui sont couverts de palmiers et d'orangers et qui seraient également couverts de bananiers et de goyaviers avec un peu de bonne volonté si les bras ne faisaient pas défaut.

« En résumé je possède aujourd'hui 60 hectares de terre repartis ainsi qu'il suit :

Sillons, terres labourées..................	20	hectares
Vignobles comportant 20 mille pieds, en gamay, pineau, clairette, muscat, etc..............	10	--
Forêts	10	—
Potagers.........................	5	—
Vergers	5	—
Pâturages.........................	8	—
Habitations	1	—
Allées et chemins.................	1	—
Total..............	60	hectares.

qui me rapportent 60 mille francs par an. — Oh ! oh ! — Tu en doutes ? Je vais te le prouver bientôt par des chiffres éloquents.

« Comme tu vois ma propriété a environ 2 kilomètres et demi de circonférence, de circuit, soit une demi-lieue environ. J'en fais le tour chaque matin en me promenant ; en bicyclette, je la parcours en tout sens en un instant. Mais je suis ambitieux je veux en doubler la superficie ; je veux aussi doubler le nombre des fermes et celui du personnel qu'elles contiennent. Il faut que j'aie cent hommes vigoureux, cent laboureurs intrépides sous mes ordres, comme nous eûmes autrefois, toi et moi, cent guerriers valeureux, ce qui nous valait le titre démodé de *centurion* qui désignait autrefois le chef de cent hommes dans la milice romaine.

« Pour cela il me faut vivre encore dix ans. C'est la durée de l'engagement que j'exige de mes fermiers. Après ce temps ils sont libres de rester ou de s'en aller s'ils espèrent se trouver mieux ailleurs. Ils emportent d'ici une dizaine de mille francs en argent comptant, une assurance en cas de décès de 3,000 francs

et la satisfaction d'avoir élevé une nombreuse famille honnêtement.

« Après cette période de dix ans mes bénéfices à moi s'élèvent
à cent mille francs environ que j'abandonne à l'Etat n'en ayant
nul besoin ou que j'emploie à l'achat d'immeubles et de machines.

« Nos principaux produits sont le froment, que tous les peuples de l'antiquité ont connu, le maïs et la pomme de terre,
présents de l'Amérique, le vin, invention de Noé, l'orge et
l'avoine pour les chevaux, qui nous viennent de l'Egypte.

« Les céréales ou légumes dont j'ai fait choix sont les lentilles,
les pois chiches, les haricots, les pois et les fèves. Tu sais
que les haricots verts ont quelquefois des fils désagréables ; ce
n'est pas leur faute ; je les ai débarrassés de ce défaut en les
proscrivant de mes semences. Ce que j'ai fait pour ce légume je
l'ai fait aussi pour le reste. Je me suis appliqué à rechercher et à
choisir ce qu'il y avait de meilleur dans les variétés de tous les
végétaux ; aussi tous mes produits sont renommés et plus heureux qu'Adam j'ai la satisfaction de goûter aux bonnes choses et
de goûter à tout, sans déplaire ni au Père éternel ni à mes semblables.

« Autour de la propriété et la protégeant il y a des ronces ou
rubus qui donnent des fruits excellents et qui sont difficiles à
traverser aussi bien par les hommes que par les animaux. Au-
delà de cette haie vive il y a des eucalyptus, des mûriers, des
cognassiers, des sorbiers, des peupliers, des pins, des frênes,
et des agaves gras et aigus, au milieu desquels paissent les
animaux.

« Les quatre grandes allées sont embellies par des soleils ou
hélianthus qui donnent du fourrage, des pommes de terre et des
fleurs superbes, et par des rosiers et des lis qui embaument dès
le mois de mai.

« Tu sais qu'il entre dans la composition d'un pot-au-feu, outre la viande, beaucoup de substances, mais surtout de l'ail, de l'oignon, du poireau, de la courge, du céleri, des navets, des carottes, du cerfeuil et des choux. Nous avons tout cela et en plus des asperges, des choux de Bruxelles, des betteraves, des tomates, du cresson, des radis, des bettes, des épinards, etc.

« Nous mettons le vin en tonneau un peu avant d'abandonner la ferme pour retourner à Cannes, c'est-à-dire au mois d'octobre. L'opération a été faite hier. C'est notre dernier travail. Après cela nous nous reposons un peu et nous immolons les *grognons*, qui nous donnent de tout, mais dont nous emportons la majeure partie c'est à-dire la partie solide, les jambons, la hure et le lard.

« Nous possédons ici une petite machine à égrapper ; mais outre qu'elle n'est pas commode elle ne change rien à la qualité ni au goût du vin. J'aime mieux, pour conserver le bouquet de ce vin, mettre à part celui que l'on obtient au moyen des pressoirs qui sont ici au nombre de quatre. C'est le vin que nous buvons en temps ordinaire. C'est de la piquette, mais excellente.

« Mes deux chaix ont chacun 36 mètres de long sur 13 de large et 5 de haut ; leurs murs sont percés de deux grandes portes qui se correspondent à la moitié de leur longueur, de 4 croisées de façade et de deux ouvertures sur les petits côtés. Ils sont couverts de lierre et de chèvre-feuille. Leur toit est terminé en terrasse ; on y arrive par un perron extérieur qui donne asile la nuit à deux bourriquets. Ces chaix se composent de quatre cuves ou piles sur rez de-chaussée, placées aux extrémités et accouplées par deux, et d'un sous-sol bétonné formant huit divisions et 16 subdivisions. Les deux divisions les plus rapprochées des cuves sont pour le vin que l'on soutire après la fermentation, la troisième pour le vin sortant du pressoir, et la dernière pour l'huile d'olive. Cuves et piles ont 6 mètres de long sur 6 de large ; mais les premières ont 3 mètres de haut tandis que les secondes n'en ont que 2. La capacité est donc de 108 mètres cubes pour les cuves et de 72 pour les piles ou sous sols qui sont séparées par une cloison de briques et de bois.

« Un mur de refend formé d'arceaux à partir du sol sépare ces chaix en deux parties égales, dans le sens de leur longueur ; c'est ce mur qui supporte les poutres un peu inclinées des plafonds et placées de chaque côté des chaix.

« Figure-toi bien qu'ici tout le monde travaille, les enfants comme les hommes, les femmes comme les filles, les jeunes comme les vieux ; seulement le travail est approprié et proportionné à l âge et aux forces de ceux qui doivent l'accomplir. En outre dès que les enfants peuvent marcher tout seuls, ils gagnent leur vie, ce qui est impossible dans les cités.

« Ces hangars que tu vois en dedans de la haie vive sont les écuries, les bergeries, les bûchers, les lapinières et les basses-cours, les unes ayant des caves à purin, les autres des fosses à fumier. Auprès de mon habitation il existe quatre baraques en acier ondulé et galvanisé qui contiennent des outils, des ustensiles, des chaudières et qui marquent l'emplacement de quatre silos toujours bourrés de denrées que je renouvelle par quart tous les ans. Ces silos ont de 35 à 40 centimètres de profondeur et cent mètres carrés de superficie. Ils sont bourrés de paille, remplis de grains et couverts de terre. Ils peuvent contenir cent hectolitres de blé ou de pommes de terre.

« Je n'y conserve que le froment, le maïs, l'avoine, les fèves et les pommes de terre, c'est la grande réserve. On ne doit y toucher que dans les cas d'absolue nécessité, soit pour renouveler les semences perdues, soit pour compléter l'alimentation devenue insuffisante, soit pour venir en aide aux malheureux.

« Mes caves de vin fin ou vieux sont dans les sous-sols ou autour de mon habitation. C'est mon principal produit, celui dont je m'occupe spécialement et qui me rapporte le plus. Mais j'apporte à la fabrication, à la conservation et à la classification de mes vins un soin infini. Je peux tout donner en confiance, car je m'en occupe sérieusement et je vois tout par moi-même. Par exemple, si j'offre du vin de dix ans, c'est que j'ai réellement du vin de cet âge ; si je l'offre comme étant un produit absolument naturel c'est qu'il l'est en réalité ; si je le donne comme étant de la dernière récolte, il est en effet tout jeune, tout vert.

« Ce travail est assez pénible et assez long ; il exige une sollicitude constante et beaucoup d'activité. Mais l'activité c'est ma vie. Par exemple il faut que le vin d'une récolte et destiné à être mis en bouteille et à vieillir soit pris dans le haut du tonneau, que les bouteilles soient, non seulement lavées mais égouttées, qu'aucune erreur dans la classification ne puisse se produire, que les compartiments et la cave soient bien numérotés et bien fermés au moyen de clés et de rubans, etc., etc. Pour les cognacs, les eaux-de-vie et les fines-champagne il en est de même. Quant aux vins étrangers, je n'en garde jamais dans mes caves. J'en fais prendre chez mon fournisseur au fur et à mesure des besoins. Les vins de ce genre que je consomme ici sont le vin cuit ou vin blanc doux, le champagne et le frontignan. Tu sais que les villes du Languedoc, notamment Montpellier et Cette, fabriquent et imitent tous les vins possibles depuis le Tokay de Hongrie jusqu'au Malvoisie de la Grèce, depuis les vins du Rhin jusqu'à ceux du Cap ou de Malaga, en Espagne. C'est de ces villes que je tire mes vins de fantaisie. Cependant je reçois de Reims directement le vin de champagne. C'est lui qui donne de la solennité aux fêtes, des roses aux joues et de la gaîté au cœur. Je veux donc qu'il soit authentique. J'ai soin d'employer de bons bouchons.

« Tu vois ces beaux soleils dans l'allée des oliviers ; ils me donnent du fourrage et des pommes de terre que la maladie n'atteint jamais, qu'aucun insecte n'attaque ni ne dévore ; 250 kilogrammes de topinambours équivalent à 100 kil. de foin et produisent 500 kil. de tubercules. Comment mourir de faim avec cela ?

« Et ces patates d'Amérique qui pourraient me fournir 30 mille kilogrammes de tiges et 30 mille kil. de tubercules par hectare ! N'est-ce pas trop ?

« Malheureusement il en est de ces racines comme de la pomme de terre ; il faut environ 5 ou 6 kilogrammes des unes ou des autres pour égaler, comme aliment nutritif, un kilog. de farine ou 2 kilog. de pain.

« Nous récoltons de l'orge, mais en petite quantité, pour les animaux ; quant à l'avoine, j'en sème quatre hectolitres sur un hectare et j'en récolte 50 hectolitres qui pèsent 3,000 kilog. et qui valent mille francs. Cette quantité suffit aux besoins de mes animaux.

« Je sème aussi du lin pour avoir du fil et fabriquer de la toile. Mais je néglige le chanvre, la garance, la ramie ainsi que les autres plantes textiles ou tinctoriales : nous ne pouvons pas tout produire.

« Avoir du fil, de la soie, du miel, du vin, du blé et du maïs, me semble l'idéal. Et que de choses secondaires accompagnent ces choses principales !

« Mais il ne faut pas craindre de se donner de la peine. Il en est de la terre comme des enfants, des chevaux et de tout. Il faut l'aimer, la nettoyer, la débarrasser de ses poux, de ses insectes, de ses ennemis, si on veut qu'elle vous rende en caresses, en bienfaits ce que l'on aura fait pour elle.

« Ce qui manque à la terre ce sont les engrais ; ce sont aussi les bras ; mais après la main d'œuvre et le fumier, ce qu'il faut à la terre qui produit, qui s'épuise à donner de bonnes récoltes, ce sont les insecticides qui sont en même temps fécondants. Le premier est le sel. Rien n'est plus propre à débarrasser la terre et les plantes de leurs insectes et à leur donner de la vigueur, que le sel de cuisine sans lequel le pot-au-feu serait immangeable. Mais le sel à 20 centimes le kilogramme est encore trop cher pour l'agriculteur. C'est pourquoi tous ne l'emploient pas. Moi j'en fais un usage immodéré, désordonné (1,000 kilogrammes par an). J'en mets partout, dans la litière, dans le purin, dans le fumier, dans la terre et dans mes greniers ; aussi vois mes arbres ; ils rendent des points à ceux de la Mésopotamie, de l'Éden, des tropiques !

« Mais voici les outils. Le premier de tous à mes yeux, le principal, le plus indispensable, c'est la *charrue* que tu vois là et qui joint l'élégance à la force, la puissance à l'utilité.

« Dans cet instrument précieux, vénéré, peut-être aussi ancien que le monde, on voit le *coutre*, le *soc* et le *versoir*. Le premier de ces outils coupe la terre verticalement ; le deuxième la coupe horizontalement, enfin le versoir renverse la tranche de terre qui a été coupée et la rejette sur le côté.

« Tout cela est fixé sur la charrue proprement dite qui se compose d'un *age*, où les bœufs sont attelés ; de deux *mancherons* permettant de relever le soc ou de l'enfoncer, de l'incliner à droite ou à gauche ; enfin d'un *avant-train* formé de deux roues.

« Une fois que le sillon est ouvert on y fait passer le *rouleau* hérissé de pointes afin d'ameublir la terre. C'est le travail que faisait la herse autrefois. On fume ensuite.

« Le *semoir* a pour but de déposer les graines sur le sol et de les recouvrir de terre, quand on sème en ligne, comme nous le faisons ici.

« Les *faucilles* et la *faulx* sont remplacées par les *moissonneuses* qui font plus de travail avec moins de frais et que l'on voit fonctionner dans les concours régionaux. J'en possède une qui lie les gerbes après les avoir fauchées.

« Le *fléau* est remplacé par la machine à battre ou *batteuse* ; enfin le *tarare* bruyant et joyeux a été substitué au *van* des patriarches. Il nettoie le blé rapidement en le débarrassant de son ivraie et de sa poussière.

Tout à l'heure dans ma salle à manger tu verras, sur les murs, non pas des images religieuses ou belliqueuses, mais des portraits vénérés, ceux de Cérès et de Bacchus, de Faunus et de Saturne, de Minerve et de Parmentier, de Chaptal et de Mathieu de Dombasle, de Boussingault et d'Alphonse Karr. Ils furent les dieux de la terre.

« Puisque l'Etat ne fait rien ou ne peut rien faire il faut que le particulier prenne l'initiative et devienne agriculteur.

— L'Etat encourage l'agriculture tant qu'il peut ; il a fondé l'institution du Mérite agricole, il a un conseil supérieur de l'Agriculture, des fermes écoles partout ; il a l'école de Grignon, la colonie de Métray, les expositions régionales où l'on distribue des récompenses, enfin ici même la ferme de Mouans-Sartoux où des professeurs diplômés enseignent l'art de cultiver la terre. Que veux-tu qu'il fasse ?

— Il doit créer une académie d'agriculture afin de donner l'exemple et obliger les communes à posséder des fermes communales et à les rendre productives.

— Cela ne servira à rien. Je t'apprendrai que dans la seule ville d'Aix (Bouches du Rhône) où il existe plus de 400 éducateurs de vers à soie qui récoltent chaque année plus de 12 kilogrammes de graines et 12 mille kilogrammes de cocon, ce qui, au prix de 8 francs l'once, pour la graine, et de 2 francs le kilog. pour le cocon, représente une valeur considérable, l'Etat alloue chaque année, à titre d'encouragement à ces éducateurs, une somme variant de 7 à 10,000 franc. Je dirai encore que les 1,050 hectares du camp de Chalons, les 700 hectares du camp de Laon et les 600 hectares du camp de Satory vont être mis en culture, ainsi que la plus grande partie des champs de course et des fortifications de certaines villes centrales.

— Je sais tout cela ; mais Charlemagne, Virgile, Auguste et avant eux Moïse, Abraham, Marius, Cincinnatus, Curius, même Cicéron étaient agriculteurs ; l'Etat peut donc l'être à son tour, sinon directement comme les anciens Romains, du moins indirectement par ses fonctionnaires retraités.

— Cela ne peut pas se faire.

— Lorsque le christianisme, grâce à Clovis, à Charles-Martel, à Pépin-le-Bref et à Charlemagne, eut pris racine, on se dépêcha de créer des églises rurales, desservies par un seul prêtre, qui devait trouver dans ce nouvel établissement tout ce qui lui était nécessaire. Cela existe encore en Italie. C'est de là que sont nés les conseils de fabrique qui fonctionnent encore aujourd'hui.

« Or c'est ce qu'il faut renouveler en faveur de l'Etat, des fonctionnaires et des maires.

— Ce sera difficile.

— Tu sais que les plantes trouvent dans le sol et dans l'air l'azote et l'acide carbonique qui leur sont nécessaires pour leur accroissement ; mais comme l'air est souvent agité, qu'il est parfois impétueux, furibond, il faut que la plante adhère fortement au sol. Ce sont les racines qui lui permettent de se servir de ce point d'appui indispensable ; ce sont elles encore qui donnent à la plante les moyens de transformer les substances solubles contenues dans la terre en une sève abondante qui opère les plus extraordinaires métamorphoses. En effet, cette liqueur qui fermente au printemps et qui circule jusqu'au mois de septembre, devient grâce au concours de ces magiciens que l'on nomme l'air et le soleil, écorce, feuille, fleur, fruit, graine, etc. Dans l'air, comme au sein de la terre, la plante trouve l'acide carbonique et l'azote qui sont sa nourriture. Mais tu comprends que l'azote finit par s'épuiser après un certain temps. De là nécessité de le reconstituer par la fumure, les amendements, les assolements, etc.

« On distingue les terres en terres fortes et terres légères.

« Les alcalis minéraux, soude et potasse dont la plante ne peut se passer peuvent être remplacés par des cendres de bois, par l'*écobuage* ou incinération des herbes et des chaumes, etc. On emploie aussi le plâtre qui contient du soufre, la marne qui contient du calcaire, les phosphates qui se trouvent dans le noir animal, et qui contiennent du phosphore.

« Les *assolements* consistent à alterner les cultures. Ainsi la première année on sème des pommes de terre et on les fume ; la deuxième année du froment, la troisième du trèfle, la quatrième encore du froment, la cinquième de l'avoine. Ensuite on recommence.

« Toutes mes écuries sont pourvues d'un puisard qui reçoit les urines des animaux ; tu sais qu'il faut à un cheval autant de litière que de fourrage, et aussi qu'il faut arroser le fumier pour l'empêcher de s'échauffer, de fermenter.

« Le fumier contient 60 p. o/o d'eau, 30 de matières organiques et 10 de matières inorganiques. Desséché il contient 2 p. o/o d'azote environ.

« Après la culture du sainfoin ou du trèfle, un hectare de terre peut rapporter sans engrais 20 hectolitres de froment.

« L'olivier se plait dans les terrains ingrats, mais quand on en prend soin il enrichit son propriétaire malgré les arachides et les choux à colza.

— Pourquoi n'enterre-t-on pas les morts partout ? en tous lieux ? dis-je tout à coup à Chauvin.

— Je l'ignore. On ne veut pas que la terre en profite. Aussi nous employons le sel comme engrais sans nous lasser, et nous faisons une guerre à mort au chiendent, que nous arrachons et brûlons, aux orties armées de piquants mais inutiles, enfin à la ciguë vénéneuse qui ressemble au persil.

« Tu vois déjà combien je cherche à rendre mes fermiers

égaux, libres et heureux, afin qu'ils soient laborieux et dociles.
Si j'ai quelque chose de bon, de délicat dans mon verger ou
mon potager, ils l'ont aussi dans le leur. Par exemple j'ai un
figuier magnifique qui me donne tous les ans, sans se lasser, car
cet arbre ne connaît pas le repos, une grande quantité de figues
bellonnes de toute beauté et plus savoureuse que les dattes ;
mais chaque fermier a aussi le sien. Ces fermiers n'ont donc
aucune raison d'être envieux et de convoiter mes fruits. Ainsi
de tout le reste.

« Selon moi il faut savoir gagner beaucoup d'argent, quand
on a le goût des dépenses, ou bien savoir se passer de tout,
lorsqu'on est paresseux ou qu'on est sans ambition. Le meilleur
moyen de ne se priver de rien et de ne pas se tuer au travail
c'est d'être paysan et de travailler pour la patrie. Elle seule peut
venir en aide à tout le monde et empêcher que l'étranger profite
de notre bien ou n'en devienne le ravisseur.

« Ainsi que je l'ai dit mes produits sont variés à l'infini ;
mais les principaux et les plus importants par les bénéfices qu'ils
me donnent sont le raisin, le vin, le blé, le maïs, les légumes,
les figues sèches et les pommes de terre.

« En défalquant des cent mille kilogrammes de raisin que je
récolte tous les ans, à raison de 5 kilog. par pied de vigne, les
20 mille kilog. que je vends au marché, il m'en reste 80 mille
kilog. ce qui me donne 40 mille litres de vin sans compter la
piquette que nous consommons de suite et qui est excellente.

« Je récolte 500 kilog. environ de figues sèches.

« Le blé me donne 15 hectolitres par hectare, soit 200 hectolitres en tout. Nous en consommons la moitié et nous vendons
l'autre moitié. Il pèse 75 kilog. et donne 100 kilog. de paille.

« L'avoine à raison de 4 hectolitres par hectare me rapporte
50 hectolitres, et les pommes de terre 60 mille kilogrammes.

« Le maïs espacé à un mètre et associé aux haricots me donne
200 hectolitres.

« Enfin l'orge me rapporte 20 hectolitres.

« En récapitulant nous trouvons les chiffres suivants : Je ne compte pas les 200 kilogrammes de pain que je vends, tous les ans à 25 centimes, aux pauvres gens du voisinage.

« Vin, 40 mille litres, vendus franco à 0.25	10.000 fr.
« Raisin frais, 20 mille kilogr. à...... 0.25	5.000
« Figues sèches, 500 kilogrammes à.. 0.25	125
« Blé, 100 hectolitres...... *le kilo* à 0.25	1.875
« Maïs, 100 hectolitres..... — 0.25	1.500
« Confitures et miel, 200 pots à..... 0.25	50
« Cocons expédiés à Lyon et prime y afférent	400
« Cire, 200 kilogrammes à.......... 0.25	50
« Pommes de terre, 30,000 kil. à 25 centimes les 5 kilogrammes.......................	1.500
TOTAL..........	20.500 fr.

« Tu vois que si d'un côté mes produits sont variés, de l'autre le prix est le même pour tous. En effet j'ai voulu simplifier mon administration et braver les effets de la hausse et de la baisse, de l'offre et de la demande en fixant un prix unique aussi bas que possible, dans l'intérêt des consommateurs, mais qui me permette de vivre et de faire vivre ma famille et mes fermiers. Vin, pain, raisin, blé, farine, maïs, farine de maïs, huile, haricots, lentilles, fèves, pois, pois chiches, tout est à 25 centimes le kilogramme, le litre ou le quart de litre. Il en est de même des pots de confiture, de miel et des œufs qui sont vendus au prix de 0 fr. 25 le pot ou la douzaine.

« Si j'ajoute à ce chiffre de.................	20.500 fr.
le montant de ma pension de capitaine, soit....	3.000
A reporter..........	23.500 fr.

$Report$..........   23.500 fr.

« Les intérêts de mon capital économisé de
20,000 fr. que j'ai porté à 25,000, soit........   1.000

« Les intérêts des caisses d'épargne........   500

« Le lait et les œufs que je reçois des fermiers   500

« Et les ventes d'herbage, de légumes, d'œufs
et de fruits au marché, à raison de 4 jours par
semaine et par ferme, soit $4 \times 4 \times 52 = 800 \times 5$ 4.000

« J'arrive au TOTAL GÉNÉRAL de.....   29.500 fr.

auquel il faut encore ajouter le produit des trois jours de vente au
marché concernant mes fermiers soit 1,000 multiplié par 4 égale
4.000. Mais il faut doubler ce chiffre. quelque élevé qu'il te paraisse,
car notre alimentation à tous, (ici nous sommes 40) représente,
à raison de 1 franc par jour et par personne, environ 15,000 fr.,
nos logements à raison de 200 francs pour les fermes et de
1 200 francs pour moi, 2,000 francs, et notre agrément, nos
plaisirs, nos avantages à 1,000 francs par ménage, soit 5,000
francs. Total 22,000 francs. Tu vois qu'on peut être heureux et
riche à la campagne quand on veut s'y occuper et qu'on sait s'y
plaire. Et les grognons ! et les œufs frais ! et le beurre ! et le lait !

LETTRE V

« Tu vas me demander, sans doute, continua Chauvin, ce que deviendraient ces 40 ou 50,000 francs de revenus, si mes clients délaissaient mes denrées, si mes fermiers ne pouvaient rien vendre au marché, si le ciel et la terre, coalisés contre nous, montraient leurs dents affreuses D'abord ayant un titre de rente sur l'Etat de 1,000 fr. je pourrais toujours solder mes impositions, ensuite ma pension de 3,000 francs suffirait à l'entretien de ma famille et à celui des familles de mes fermiers. Voilà donc une base assurée. Enfin nous avons chacun un livret de caisse d'épargne comme grande réserve. D'ailleurs la Terre produirait toujours quelque chose, et on vendrait toujours quelque chose au marché. Quant à mes clients je les conserverais quand même, parce que travaillant pour l'Etat, l'Etat travaillerait pour moi si j'étais en détresse.

« Comme je te l'ai dit mes clients sont les fonctionnaires de l'Etat, à Cannes, et les principaux hôtels à Cannes et à Nice. Je ne vends rien aux particuliers à moins qu'il ne s'agisse de vieux amis comme toi auxquels on ne peut rien refuser. En dehors de ces ventes normales, régulières, je ne livre mes denrées, qu'aux marchands, aux débitants. Mais j'assure la fidélité de ma clientèle en offrant, chaque année, une bordelaise de vin à l'hospice, une autre à l'asile des vieillards, une autre à l'asi'e évangélique, une autre à l'orphelinat, enfin une autre au fourneau économique, ce qui fait 1,000 litres en tout. J'en donne aussi aux malades et aux malheureux quand j'en trouve l'occasion. Pourquoi donc délaisserait-on mes produits qui sont supérieurs à tous les autres, qui coûtent moins cher et que l'on peut prendre en confiance?

« En regard de mes recettes qui s'élèvent, comme tu viens de le voir, à une vingtaine de mille francs je place les dépenses suivantes :

« Achat du sel de cuisine pour engrais, 1,000 kilogrammes à 20 centimes............................ 200 fr.

« Assurance en cas d'incendie............... 100

« Impositions pour tous..................... 1.000

« Assurances en cas de décès............... 200

« Gratifications distribuées aux fermiers tous les dimanches et tous les ans.................... 300

« Achat de livres et de journaux... 200

« Abonnement à l'eau de la Siagne, 2,000 litres par 24 heures.................................. 100

« Traitement de 1 franc par jour alloué à chaque fermier et versé par mes soins à la Caisse d'épar-gne, 120 × 12.................................. 1.500

« Gages de mes domestiques et appointements de mes employés.................................. 4.000

« Factures de mes fournisseurs, 1,000 francs par an, ci.................................... 1.000

« Frais de pension de mes enfants au collége et au pensionnat.................................. 2.000

« Somme allouée à ma femme tous les mois 100 1.200

« Menus frais.................................. 800

TOTAL............ 12.600 fr.

« Il me reste donc environ, 7.000 francs que j'abandonne à l'État ou que je consacre à l'achat de terres, de machines et de maisons, et aussi à l'achat des choses nécessaires, telles que le savon, le pétrole, le riz, les pâtes, le sucre, le café, le vin doux, les épices, le fil, l'encre, le papier, etc., etc. Toutes ces dépenses secondaires, y compris la viande de bœuf et le poisson que nous achetons en carême s'élèvent à 1,000 francs environ. Je les solde souvent en vin et en pommes de terre. Tu vois que nous sommes à flot.

« Des vêtements confectionnés nous en achetons rarement, vu que nos effets, vestons et redingotes, durent toujours ; nos chaussures sont éternelles, vu que nous faisons usage de forts souliers à clous forme brodequin qui coûtent 5 francs la paire seulement et qui sont inusables. D'ailleurs nous sortons rarement.

« Tout le reste nous le récoltons ou nous le fabriquons ici. Ainsi j'ai un atelier où l'on peut travailler le bois et le fer et où l'on trouve par conséquent tous les outils nécessaires. J'ai une crêmerie à côté de chez moi où l'on fabrique le beurre et le fromage, un moulin à farine à cylindre et mû par l'eau, quatre moulins à huile, un four à pain, un four à chaux et un four à plâtre, enfin des caves avec cuves, ascenseurs, machines à fouler, pressoirs et tonneaux. Quant aux travaux de couture et de repassage, les femmes et les jeunes filles de ma principauté se chargent de les accomplir avec autant de zèle et d'exactitude que d'adresse et de goût. Nous les aidons en portant des faux-cols en caoutchouc et des chemises de flanelle en coton foulé.

« Figure-toi que je possède dans ma cave 100 doubles compartiments ou supports de fer de 110 litres chacun à raison de 5 litres par rang et de 11 rangs par compartiment, ce qui donne 11,000 litres. Presque tout est plein. Et quel vin ! du vrai beaune, du vrai chambertin. Je ne parle ni des tonnelets, ni des bonbonnes. Ces bouteilles écussonnées et portant mon chiffre, sont toutes d'un litre, d'un demi litre ou d'un quart de litre.

« Ce que j'impose à mes fermiers est écrit dans chaque ferme et placé dans un endroit apparent.

— Tu n'avais pas beaucoup de partisans ; mais je partageais tes idées, quoique tu les portasses parfois un peu loin, par exemple quand tu demandais 4 cantinières par compagnie, 4 enfants de troupe, 4 prévôts d'armes et je crois aussi 4 curés ; ou quand tu voulais que toute troupe en marche eut un quart de sa force employé à l'éclairer, à la protéger, en avant, en arrière et sur les côtés.

— Ce n'est pas 4 curés que je demandais ; c'est 4 savants ou professeurs brevetés.

— Peut-être ! mais oublions cela.

« Je dois encore te faire savoir que je possède à Cannes une maison de ville que j'habite l'hiver et où j'ai des entrepôts de vin et de pommes de terre ; je possède aussi des maisons plus modestes au Cannet, à Mougins, à Mouans, à la Roquette et à Mandelieu qui sont les communes de notre canton. Cela m'aide à emmagasiner et à débiter mes produits. Mais ce n'est pas tout ; tous les ans j'achète un, deux, trois, quatre arpents de terre dans le voisinage de la *Grand' Bastide*, au prix de 4 ou 500 fr. l'arpent afin d'agrandir mon domaine du côté du midi, mon intention étant de le porter à cent hectares de superficie. Tu vois donc que tout prospère ici. Seulement je me fais vieux.

— Et moi, donc !

— Quant à mon bien-être et à celui de ma famille je ne le trouverais nulle part à moins de 10 mille francs par an et avec bien moins d'agrément qu'ici. Et puis je ne serais ni propriétaire, ni roi, ni bienfaiteur comme je le suis ici.

« A Cannes même une maison comme celle que j'habite ici me coûterait.............................. 2.000 fr. de loyer ; mon équipage m'en coûterait au moins 3 ou 4,000. Mettons.......................... 3 000

Ma nourriture, qui ne me coûte rien ici, deman-

A reporter........ 5.000 fr.

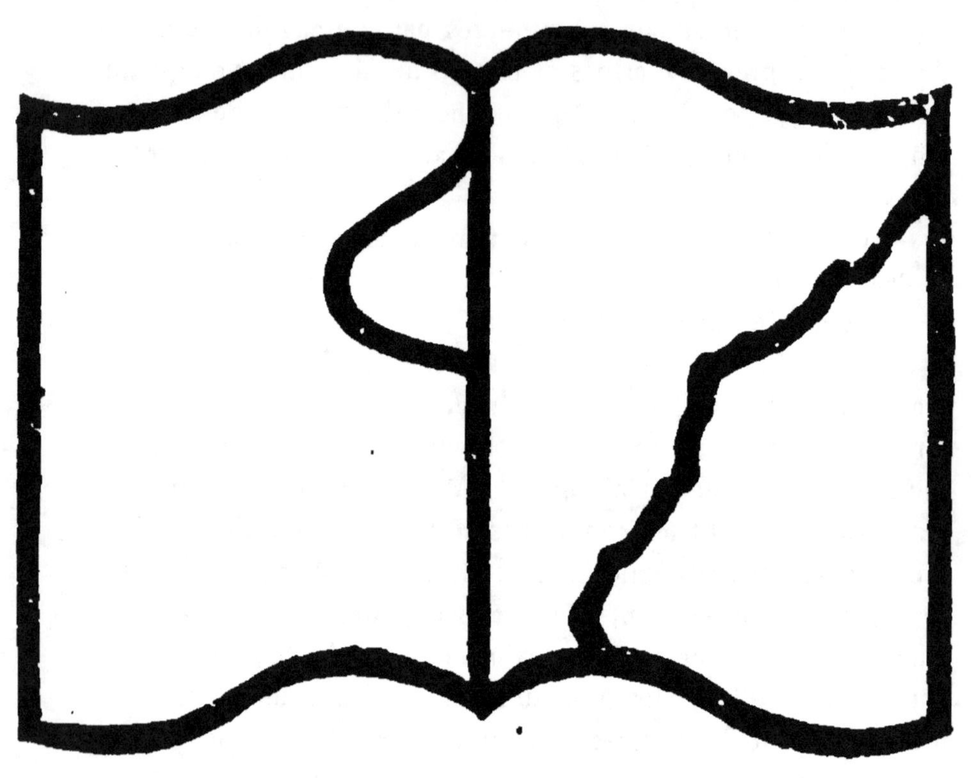

Texte détérioré — reliure défectueuse
NF Z 43-120-11

Report....... 5.000 fr.

derait une somme de................,.............. 3.000

   Enfin mon entretien et celui de ma famille en-
traînerait une dépense annuelle de............. 2.000

TOTAL.................... 10.000 fr.

   « Ici j'ai tout et je ne dépense rien; bien mieux, je vis comme un seigneur et je fais des économies.

   « Quand j'arrivai en France sur un vaisseau qui venait des « Indes, dit Bernardin de Saint-Pierre, je vis les matelots aussi- « tôt qu'ils eurent distingué la terre de la patrie, devenir par « l'émotion incapables d'aucune manœuvre Les uns regardaient ◄ cette terre sans en pouvoir détourner les yeux, d'autres par- « laient tout seuls, enfin d'autres pleuraient d'attendrissement.» C'est ce sentiment que j'appelle l'amour de la patrie.

   « On nous dit bien aujourd'hui, en nous montrant les chemins de fer qui font 400 lieues par jour, que nous devons nous rési-gner à changer de patrie comme on change de ville et d'hôtel en voyage ou comme on change d'habits, que la patrie est par-tout, que l'homme est voyageur ; nous ne comprenons pas ce langage ; aussi nous répondons aux novateurs comme les Chi-nois et les Japonais répondirent aux conquérants européens du XVIᵉ siècle qui les engageaient à partir, à les suivre, à voyager : « Dirons-nous aux os de nos pères qui reposent ici : Levez- « vous et suivez-nous dans une terre étrangère ? » Ou bien comme Danton : « Emporte t-on la patrie à la semelle de ses « souliers? » Non, jamais; nous croyons que les tombeaux font les arbres, les plantes, le froment, en un mot tout le règne végétal. Ils sont donc la patrie ancienne, c'est-à-dire nos ascen-dants. Nous nous sommes la patrie nouvelle, mais nous tenons au sol, qui nous vit naître, aussi fortement que le chêne et l'eu-calyptus ! Nous ne voulons ni donner ni perdre ce trésor.

LETTRE VI

« Mais, dit tout à coup notre ami, en s'interrompant et en regardant du côté de la route et du portail, voici un visiteur inconnu qui s'avance vers nous ; allons au-devant de lui afin de savoir ce qu'il désire. »

Ayant fait quelques pas dans la grande allée des Châtaigniers qui va du portail au château, nous nous trouvâmes en présence d'un homme vigoureux, très brun, âgé d'une quarantaine d'années environ et portant sur son gilet noir la ceinture de coton verte et blanche qui, dans nos contrées, indique la nationalité italienne. Son pantalon, sa veste et son feutre mou étaient noirs.

« Que désirez-vous, mon ami, lui dit avec bonté, le capitaine Chauvin quand il l'eut rejoint ; que puis je faire pour vous ?

— Monsieur, excusez-moi d'être venu ici sans permission ; on m'a dit que vous aviez une place de fermier vacante, et je viens vous prier de me la confier.

— Etes-vous du pays ou étranger ?

— Je suis italien de naissance, mais j'habite Cannes depuis plus de trente ans ; mes enfants sont français ; l'aîné sert même dans un régiment français en ce moment. Il fait ses trois ans dans l'artillerie. Je suis de la Briga, mais laborieux et honnête.

— Je vous crois. Vous savez à quelles conditions je prends mes fermiers? Je veux qu'ils soient aussi bien logés, aussi bien vêtus, aussi bien nourris que moi, qu'ils soient pères de famille comme moi, qu'ils travaillent comme moi, sans se fatiguer, enfin qu'ils soient plus riches, plus libres et plus heureux que moi.

— Oh ! monsieur, c'est trop.

— Mais je veux qu'ils aiment leurs familles comme eux-mêmes, ma terre comme leurs familles, et la France comme ma terre. La famille c'est le commencement de la grande pyramide sociale la de la patrie. Je ne vois rien au-delà, c'est-à-dire que Dieu en est la fin.

— Monsieur, je suis italien et je n'ai aucune raison de changer de nationalité, ce serait aussi inutile que niais ; mais j'aime la France où je n'ai trouvé que des amis et des bienfaiteurs et où je me suis marié. Selon moi la France et l'Italie sont sœurs, et elles doivent être toujours unies, comme elles le furent en Crimée en 1854 il y a juste vingt-six ans, ce qui indique l'âge de mon frère, étant né cette année-là ; à Dijon, en 1870, avec Garibaldi, enfin à Magenta et à Solférino, en 1859, avec Victor Emmanuel et Napoléon III. En un mot, je suis italien, ma femme cannoise et mes enfants français. Quant au reste vous pouvez compter sur moi. J'aime le travail, je sais travailler et j'ai du sang dans les veines ; mais du sang d'homme sensible non de bête féroce.

— Mon ami, voici un livret qui contient toutes les conditions d'admission chez moi ; emportez le, lisez-le, et si tout est à votre convenance, revenez demain et vous vous installerez ici. J'ai combattu personnellement en Crimée, avec les Italiens sous les ordres du général de La Marmora et eux ont combattu avec nous en 1870-1871 ; vous devez donc comprendre que j'aime l'Italie autant que la France, les Italiens autant que les Français, d'autant plus que beaucoup de français habitent l'Italie ; j'ai habité moi-même longtemps la ville de Rome, où j'ai compté un grand nombre d'amis, enfin je parle un peu l'italien, que j'ai beaucoup oublié, mais que je comprends toujours.

— Oh ! monsieur, j'approuve d'avance tout ce que vous exigerez ou que vous ferez à cet égard. Je m'en rapporte à votre sagesse dont on parle partout, que l'on vante partout.

— Dans ce cas, allez visiter le pavillon n° 4, que vous voyez ici à droite et qui est ouvert, s'il vous convient installez vous-y tout de suite. Comme vous je n'aime pas les négociations qui traînent en longueur. Après cette rapide visite, vous reviendrez ici, où l'on vous servira à dîner. Je ne veux pas que vous vous en retourniez sans avoir goûté à mon vin et à ma cuisine.

— Monsieur vous êtes vraiment trop bon. Si vous connaissez M. Y... de Cannes, vous pourrez lui demander des renseignements sur moi. Il a été mon propriétaire pendant plus de quinze ans. Aujourd'hui j'ai une petite terre à moi, à la Croisette, mais qui ne me donne que le strict nécessaire même quand les récoltes sont abondantes. Ce n'est pas assez.

— Combien avez-vous d'enfants ?

— Quatre, monsieur, deux garçons et deux filles ; l'un des garçons, ainsi que je vous l'ai dit, est absent. Celui qui vient après a dix-huit ans, les filles ont l'une douze et l'autre quinze ans. La plus jeune a fait sa première communion l'année dernière.

— Cela suffit. Allez et comptez sur moi. Je ferai mon possible pour que vous soyez ici mieux que Daniel ne le fut dans la fosse aux lions, à Babylone. »

Le nouveau fermier salua et se dirigea vers le pavillon désigné.

— Il m'a l'air d'un brave homme, nous dit Chauvin après qu'il se fut éloigné.

— Je suis bien sûr qu'il en dit autant de toi, de son côté, répondis-je.

— Tu crois ?

— Parbleu, tu as le cœur sur la main et tu leur donne tout, le pain, le couteau et le fromage !

— Mon cher, notre devoir est de relever la France et de la faire aimer en inspirant l'amour, le culte de cette noble, utile et indispensable profession de laboureur ; l'Etat a fait déjà beaucoup dans ce sens ; les expositions régionales et la création du Mérite agricole le prouvent. C'est à nous à faire le reste. Le meilleur moyen d'inspirer l'amour de la terre, c'est de l'aimer soi-même

et de la montrer, non pas ingrate et cruelle, mais sensible et
bienfaisante ; non pas aride et hérissée mais féconde et souriante,
non pas misérable, triste et nue comme le rocher de Pathmos ou
le Golgotha, mais avec les mêmes agréments, les mêmes avantages, les mêmes plaisirs que l'on trouve dans les villes et les
capitales. Tout ce que j'ai fait a été motivé par ces considérations.
J'ai voulu que les paysans fussent heureux. J'ai dépensé beaucoup dans ce but ; mais j'en suis déjà récompensé, car mes fermiers m'en savent gré ; s'en montrent reconnaissants; la preuve
c'est qu'ils ne me quittent que, quand ils ne peuvent faire autrement. Quand tu verras leurs logements, tu comprendras la
différence qui existe entre leur bien-être et celui des paysans
d'autrefois et même des paysans d'ailleurs. Il n'y a pas de fonctionnaire de l'Etat qui soit aussi bien logé, et je n'ai pas fini.
Je vais faire construire pour eux une cité ayant des logements
symétriques, commodes et à bon marché. L'année prochaine je
commencerai cela.

« Mais mon pauvre camarade, s'exclama Chauvin, tu dois avoir
faim, moi j'en meurs. D'ailleurs ma femme doit languir de ne pas
nous voir arriver. »

Alors nous revinmes sur nos pas en suivant la grande allée
droite et, en ayant atteint l'extrémité, nous nous trouvâmes de
nouveau devant l'habitation seigneuriale, dont nous avons déjà
parlé. Elle était bien construite, bien décorée et située sur un
point dominant ; nous y entrâmes. Dans le vestibule un domestique en livrée noire et rouge se promenait gravement. En nous
voyant il prit aussitôt une attitude militaire, puis se plaçant à côté
de la porte de droite qui conduisait au salon, il l'ouvrit et annonça : Les capitaines ! Y ayant pénétré nous y trouvâmes
Mme Chauvin en robe de soie noire, avec des fleurs naturelles
dans ses cheveux et des sourires aux lèvres, un fichu de dentelles noires couvrait ses épaules et un livre occupait ses mains,

c'est-à dire qu'elle était dans tout l'éclat de la grâce et de la beauté.

« Vous regrettez peut-être, nous dit Mme Chauvin, avec un doux sourire, en s'approchant de nous, d'être venu à la campagne où l'on vit tristement séparé du reste du monde.

— C'est tout le contraire qui a lieu, madame, croyez-le bien ; je suis dans l'enchantement, dans le ravissement. Je ne m'attendais pas à tant de surprises agréables.

— Et tu n'as pas tout vu, ajouta notre ami.

— Si vous aviez parcouru cette propriété avant l'arrivée de mon mari, de votre ami, elle ne vous eût rien dit. Elle était presque en friche ; c'est à peine si elle me permettait de payer mes impositions. Aujourd'hui elle nous donne le bien-être, la fortune même, et tout en assurant le sort de mes enfants, nourrit et enrichit encore quatre familles nombreuses de fermiers, qui ne demandent qu'à rester ici et à y finir leurs jours.

— Cela signifie, madame, que les bons administrateurs sont rares, que les Joseph, les Daniel, les Sully, les Colbert, les Richelieu ne paraissent qu'à des siècles d'intervalle ; mais si les bons ministres sont rares, plus rares encore sont les bons rois comme Sésostris, Aménophis, Salomon, Saint-Louis, comme Henri IV et le capitaine Chauvin.

— Tout ce que tu as vu, tout ce que tu vas voir est l'œuvre de ma femme plutôt que la mienne ; ce sont ses inspirations, ses bons conseils, sa sincère et tendre amitié pour moi qui ont tout fait, tout transformé, tout embelli.

— Ah ! monsieur, mon mari est l'activité personnifiée, l'iniative faite homme; il est aussi le bon sens incarné. Il ne dit pas : Il faudra faire cela ; il le fait et il est bien rare qu'il se trompe.

— Elle ne dit pas que je trouve en elle mon modérateur, ma boussole, mon inspiratrice, mon soleil, mon Dieu.

— Je suis si surpris, si heureux de ce que je vois ici, que je me permets de demander pour moi-même la première place vacante de fermier, quand elle se produira, et que je vous supplie, madame, de l'appuyer, de l'apostiller, de toutes vos forces.

— C'est entendu, seulement, tu auras patience car mes fermiers se portent bien et ils n'ont aucune envie de s'en aller, de me quitter. Mais pensons au sérieux. Midi sonne et la cloche va retentir. Offre donc ton bras à ma femme et entrons dans la salle à manger. Si vous permettez, je vais vous en montrer le chemin.»

Au même instant les sons argentins d'une petite cloche se firent entendre, et nous vîmes accourir, auprès de nous, presque tous les enfants de notre ami. Ils s'approchèrent de nous silencieux, tenant leur casquette à la main, et nous souhaitèrent la bien venue, après que leur père leur eut dit que nous étions un de ses anciens camarades de régiment, un de ses vieux compagnons d'armes qui venait le visiter.

Nous dîmes à chacun d'eux quelques mots aimables, et offrant le bras à Mᵐᵉ Chauvin nous traversâmes de nouveau le vestibule et nous entrâmes dans la salle à manger. Dans cette salle qui faisait pendant au salon et qui se trouvait comme lui sur la façade principale, on voyait des images de la France, du président de la République, les armoiries de la ville de Paris, des dessins de Gostiaux, le plan de la propriété de Ranguin, mais pas de sabres, pas de brevets, pas de batailles, tout cela était enfermé. A table chacun prit sa place accoutumée. Les enfants ne changeaient la leur que lorsqu'il se trouvait des invités. On me fit l'honneur de me placer à la droite de Mᵐᵉ Chauvin pendant qu'à sa gauche se plaçait l'un de ses fils ; mon ami se plaça vis-à-vis de sa femme, et eut à sa droite et à sa gauche ses deux plus grandes demoiselles. Les autres enfants se placèrent un peu partout au hasard en causant entre eux. A l'extrémité de la table se placèrent quatre domestiques, trois hommes et une femme. Il y manquait la cuisinière, le boulanger et la bonne occupée à servir à table. Aux petits côtés on voyait de grands vases chargés de fleurs.

Le déjeuner fut frugal ; mais confortable et gai ; tout avait été improvisé et tiré de la ferme ; mais le pain et le vin étaient excellents, le potage et les hors-d'œuvre, jambon, radis, beurre parfaits ; les poulets froids à la mayonnaise, les entrées de lapins et les œufs à la coque exquis, enfin les pommes de terre, les gâteaux au riz, les asperges, les crèmes, ne laissaient rien à désirer. Au dessert il y eut des noix, des figues, du raisin, des noisettes, des jujubes, des mûres, des pruneaux, des amandes, des biscuits, des confitures et du vin blanc délicieux.

Quand on eut versé le champagne Chauvin se leva et tendant son verre, dit : « Je souhaite la bienvenue à mon · excellent concitoyen et ami Georges Crist de Lafoux qui m'a fait l'honneur de venir me visiter dans ma chartreuse, et je lui présente ma nombreuse famille composée de ces quatre éléments, le père, la mère, les enfants et les serviteurs. Tous nous buvons à sa santé, à sa prospérité, à sa gloire. Personnellement je lui souhaite un sort égal au mien. Il n'en existe pas de meilleur ni de plus doux. »

Déjà vivement impressionné par la grandeur et la beauté du tableau que nous avions sous les yeux, notre cœur s'attendrit et fut vaincu par l'émotion en entendant ces aimables paroles de notre ami. Nous y répondîmes quelques instants après dans les termes suivants : « Je remercie du fond du cœur mon noble ami Chauvin de son accueil bienveillant, cordial, sympathique, de sa réception somptueuse et surtout des bonnes paroles qu'il vient de m'adresser. A mon tour je lui souhaite santé, bonheur, prospérité. Je prie Mme Chauvin de recevoir l'expression de ma sincère gratitude et l'hommage de mon profond respect. Je bois à la très honorable famille Chauvin qui est, à mes yeux, l'image du paradis car elle comble tout le monde de bienfaits. »

— Je sais gré à notre aimable visiteur de ses paroles flatteuses, dit aussitôt Mme Chauvin ; je propose un toast à la France, à son armée, à sa marine, et plus particulièrement la santé de nos trois fils qui sont l'un à Brest, l'autre à Saint-Cyr et le troisième à Fontainebleau, tous militaires ou marins.

— Bravo ! c'est cela. Oui, à la France, à l'armée, à la marine, à Charles, à Auguste et à Louis. Hourra ! »

Les verres se choquèrent et le dîner s'acheva dans la plus franche gaîté, au milieu des causeries générales, des rires des enfants et des doux reproches des serviteurs placés à côté d'eux.

Le café fut remplacé comme d'habitude par une infusion de fleurs d'oranger et de tilleul.

Le tabac était proscrit ; personne ne fumait ni ne prisait, bien mieux personne ne voulait faire de ce poison usage ni ne regrettait d'en être privé.

« Comme tu le vois nous avons ici tous les fruits pectoraux possibles et cela pendant toute l'année. Tu sais qu'ils comprennent la figue, le raisin, la datte et la jujube. La datte ne voulant pas atteindre un degré de maturité suffisant, quoiqu'elle devienne très grosse, est remplacée par les figues et par les pruneaux que ma femme prépare et qui sont excellents frais ou secs.

— Je suis de plus en plus émerveillé.

— Tu le serais tout à fait si je te faisais savoir que la soie dont ma femme, mes enfants et moi faisons usage pour nos vêtements provient des vers à soie que nous élevons ici.

— Comment ces belles robes ? ces belles cravates ? ces beaux fichus ?...

— Sont des produits de notre seigneurie.

— Alors je ne m'en vais plus. J'attendrai ici la place de fermier vacante et je l'attendrai à genoux.

— Et vous nous ferez plaisir à tous, dit vivement Mme Chauvin. Nous ne cherchons qu'à faire des heureux. »

Après le déjeuner Mme Chauvin et ses demoiselles rentrèrent au salon, les enfants sortirent pour aller jouer et les domestiques reprirent leurs places. Quant à notre ami il nous engagea à le suivre au premier et au second étage, ainsi qu'à la terrasse d'où il voulait nous faire embrasser d'un seul regard toute la vaste étendue de son domaine féodal, ainsi que celle de la mer et des cieux qui l'avoisinait ou la dominait.

Chaque étage comprenait dix pièces ; deux d'entre elles, les principales, contenaient deux lits, les autres un seul. Il y avait grand et petit salon, bibliothèque, cabinet de travail, balcon, etc. A la bibliothèque du 1er notre ami déboucha une bouteille cachetée et nous versa un petit verre de topaze liquéfiée, dont le bouquet aurait dilaté un rocher. C'était du cognac vieux et parfait. « Il est du cru, nous dit notre ami, soigné et distillé par moi, l'année de mon mariage. » Nous le trouvâmes divin, il possédait un moelleux que nous n'avions trouvé nulle part. Après cette libation discrète, amicale et intime qui servait en quelque sorte de cachet, de sigillo au repas, que nous venions de faire, nous montâmes à la terrasse. Là nous fûmes véritablement émerveillé, en extase.

L'air était calme et le soleil resplendissant.

A nos pieds et formant un premier plan s'ouvraient comme d'immenses éventails trois des principales avenues du château. La quatrième tournée vers le nord était derrière nous.

Rien de majestueux comme ces avenues plantées d'arbres immenses, couvertes de fleurs et de fruits et peuplées d'oiseaux. Elles me rappelaient celles de Versailles, à leur extrémité se dressaient comme des nids de verdure ondoyants les habitations confortables et tapissées de lierre des fermiers. Ça et là des animaux domestiques brouttaient ou paissaient en liberté; la basse-cour s'ébattait tout entière dans le torrent de la Frayère qui limitait la propriété et qui fuyait paresseuse et altérée vers la Bocca.

Plus loin le sol, légèrement ondulé, comme la vaste surface de l'Océan, était coupé, constellé, émaillé de bois, de vergers, de vignes et de fermes ou bastides qui donnaient l'idée du paradis. Tous les arbres, et ils étaient nombreux, étaient encore verts et

tous parfumaient l'air de leurs émanations résineuses ou embaumées. C'était l'olivier, le doyen des végétaux, avec les cheveux
gris, presque blancs, accusant la vieillesse ; c'étaient les pins
d'alep au corsage blanc et aux aiguilles fines; c'étaient encore les
frênes, les peupliers, les sycomores et tous les arbres fruitiers
d'Europe et d'Asie. Les orangers chargés de fruits verts et couverts de fleurs attiraient et charmaient le regard par leur feuillage
odorant, persistant et sombre ; ils ravissaient aussi l'odorat par
les parfums pénétrants de leurs petites fleurs blanches. Nous
étions en octobre mais on se serait cru au printemps. La rivière
de la Frayère qui prend sa source près de la chapelle de N.-D.
de *Vie* ou du *Vivier* et qui traverse la route de Grasse au pont
de Campane, coulait tristement sur un fond noir, caillouteux et
couvert de mousse qui contrastait avec la blancheur de la route,
la verdure des champs et la limpidité du ciel bleu, mais que des
canards et d'autres oiseaux aquatiques animaient et égayaient
par leurs cris joyeux.

Au delà des monts de Saint-Jean et du Grandjas, qui formaient
la limite de ce second plan, la Mer s'étendait à perte de vue
jusqu'à l'horizon, semblable à une vaste surface de plomb fondu
qui attend une nouvelle destination. Des vaisseaux à voile et à
vapeur la sillonnaient en tout sens; au-dessus d'elle le ciel éclatant, inondé de soleil, de lumière, était d'une blancheur de lait.
Il n'était d'un bleu pur et foncé qu'au-dessus de nos têtes.

A gauche les îles de Lérins, toutes vertes, toutes brillantes,
semblaient animées, c'est-à-dire flottantes ! A droite, l'Estérel
aux tons bleuâtres et vaporeux, paraissait, nouveau Prométhée
nouveau Persée, ou nouveau Titan faire des efforts conscien-
cieux afin de se détacher de sa base de granit et de basalte, et
aller au-devant ou au secours de ces sœurs fortunées qui donnent
la santé aux malades, le contentement aux passants, la sécurité
aux étrangers et la joie à tous et que l'on voudrait nous ravir,

nous enlever. Il est vrai que sous le règne de Louis XIII et de Richelieu on en avait fait une prison d'Etat, un tombeau pour les grands personnages vivants, mais gênants ou criminels. Le dernier qui l'habita fut Bazaine ; il s'en échappa au moyen d'une corde à nœuds. Le premier avait été l'Homme au Masque de fer, propre frère de Louis XIV qui y fut enfermé le 30 avril 1687 et qui y resta 5 ans.

En arrière de ces points délicieux se dressaient, à droite les *Maures* aux tons rougeâtres, et à gauche la *Californie* aux forêts de bruyère et de pins sylvestres mais que l'on commence à défricher et à transformer en jardins. Ce sont ces jardins d'orangers et de cassiers qui donnent au Golfe Jouan ce cachet asiatique, cet aspect enchanteur qui plaisait tant à Juliette Adam et à Juliette Joinville.

Derrière nous, vers le nord, la ville de Mougins ou Mongins, l'ancienne *Egitna* des Oxybiens, conquise par les Romains l'an 155 avant Jésus-Christ, et qui, pour ce motif, portait et porte encore le nom de *villa Vetus* ou ville ancienne, montrait fièrement ses vieux remparts et sa tour carrée et semblait se réjouir de voir tomber à nos pieds, comme d'une immense corne d'abondance, des vignobles estimés, des vergers plantureux et mille charmantes habitations de plaisance. Plus loin Grasse au pied des Alpes de Provence, semblait nous sourire et nous envoyer les mille senteurs de ses champs, de ses laboratoires, de ses parfumeries.

Au-delà de la Méditerranée s'étendait de l'est à l'ouest cette belle ligne de l'horizon qui arrête la vue et qui est engendrée par la sphéricité du globe et le grand cercle qui le sépare en deux dômes égaux, celui d'en haut, le nord, la tête, et celui d'en bas, le sud, les pieds, ayant au-dessus d'eux, le premier cette partie du ciel que l'on nomme *Zénith*, et le second la partie du ciel opposée que l'on appelle *Nadir*.

Cette belle ligne d'une pureté admirable que la surface des

eaux tranquilles indique, dont elle donne l'idée, et qui est perpendiculaire à la direction du fil à plomb, semblait partout confondre, mais séparait au contraire ces deux immensités, le Ciel et la Mer, toujours en mouvement, toujours en querelle et à côté desquelles les continents que nous habitons ne sont que des points imperceptibles, des rochers résistants mais destinés à être broyés et réduits en poussière par l'action simultanée du feu, de l'air, des vagues et des eaux et aussi par le travail de l'homme. Dans quel but ? Sans doute afin que les substances dont ces rochers se composent et qui sont destinées à brûler un jour, soient bien divisées, bien séparées, mieux en mesure de subir les mille combinaisons chimiques de la nature et mieux protégées contre la curiosité de l'homme par les abîmes des profonds Océans. Du sein de ceux-ci sortiront plus tard de nouvelles îles, de nouveaux continents et peut-être aussi de nouveaux êtres. La puissance de la Nature éclate surtout dans la variété des produits qui sortent de ses mains. Les fossiles que l'on trouve en fouillant le sol le prouvent. Tout ce qui nous environne le prouve également. Les êtres disparus auront englouti de l'air qui se sera transformé en os, en chair, en tégument et qui se fondra dans la Terre afin d'augmenter le volume et le poids de celle-ci.

Enfin bien au-delà de l'horizon, à deux cents lieues au sud de la Grand' Bastide, nous apercevions par la pensée Tunis, Alger, Constantine et Oran, villes qui appartiennent à la France, qui en sont le prolongement, la continuation et qui dès lors devraient en faire partie réellement, administrativement au même titre que la Corse. Nous aurions alors 91 départements.

Ainsi la GRAND' BASTIDE nous apparaissait comme une mine d'or, comme le Sacramento ou l'Australie, comme le Ciel lui-même. On la nomme, par dérision, la *seigneurie à 25 centimes*, mais dans les mains puissantes de notre ami elle représente un capital d'un million, soit un revenu de 50 mille francs assurés.

Est ce que cela ne vaut pas une préfecture de première classe ou un siège de sénateur, ou les fonctions de président de la République à Andorre, à Saint-Marin et à Monaco ?

Nous descendîmes de notre observatoire et nous nous promenâmes au hasard, admirant tout, souriant à tout, mais gardant le silence. Nous nous trouvions dans un milieu enchanteur qui nous charmait, nous enchaînait, nous enivrait, et nous en savourions les délices avec acharnement sans mot dire.

Nous étions comme pénétré d'un air nouveau ; nous nous sentions transformé au physique et au moral. Nous commencions à vivre. Ah ! ce n'était plus le Chauvin d'autrefois, esprit frondeur et caustique, aimant les expéditions lointaines, le drapeau de notre régiment, dont il avait été l intrépide et fidèle gardien et la gloire militaire toujours rouge de sang, qui s'était exprimé, confessé devant nous ; c'était un homme nouveau, un esprit mûr, sensé, un ami fidèle, un concitoyen convaincu et reconnaissant qui avait fait briller à nos yeux les vérités économiques et sociales et qui avait réussi à nous les faire admirer, à nous les faire aimer.

LETTRE VII

Nous revînmes au château. Nous fûmes tout surpris de voir flotter au-dessus de la porte d'entrée un grand drapeau national en étoffe d'étamine fine qui semblait un immense sourire de la patrie, tant son aspect était éclatant et joyeux. Chauvin nous expliqua qu'il le faisait ainsi le dimanche et jours de fête et aussi quand il recevait des amis ou des personnes de distinction.

« L'image ou le symbole de la patrie, ajouta-t-il, doit briller aux yeux des Français en même temps que les somptueuses toilettes de leurs femmes. Les deux sont nécessaires et agréables.»

Ainsi le premier jour nous avions tout parcouru, tout visité, tout examiné, dans la ferme de la Grand' Bastide et nous voyions clairement que notre ami n'avait rien exagéré, rien imaginé, rien dissimulé, que son récit était resté au-dessous de la vérité. Il nous restait à voir la magnanerie.

Nous y allâmes ; nous fûmes heureux d'y trouver Mme Chauvin et d'y voir non pas ces vers affreux qui dévorent des feuilles de mûrier pendant l'été, mais des cocons tout blancs ou tout jaunes, hermétiquement fermés et ressemblant à des œufs de pigeons suspendus aux ramées de bruyère.

«Quand cette récolte est faite, nous dit Chauvin, nous envoyons les cocons, ceux du moins qui ont été soumis à la vapeur chaude pour qu'ils ne puissent être percés par les papillons qu'ils contiennent, à des négociants de Lyon qui, en retour, nous expédient des tissus de soie pour robes ou fichus. »

Nous passâmes ensuite devant les ruches d'abeilles, mais sans nous en approcher, sans nous y arrêter, car nous étions, sinon ennemi, du moins étranger ; ce que les abeilles ne tolèrent p..s dans leur voisinage.

Revenus au château nous y trouvâmes un élégant landau attelé de deux magnifiques chevaux noirs. Un cocher et un domestique en livrée étaient sur le siège. C'était l'équipage de la famille. Chauvin y monta et nous offrit la place qui se trouvait à sa droite. Nous partîmes aussitôt au trot dans l'allée des *Oliviers* nous dirigeant vers la ferme n° 4, celle qui était inoccupée; nous la visitâmes rapidement. Tout était à sa place. Nous fîmes ainsi le tour de la propriété en passant successivement devant chaque ferme ; on s'y arrêtait un instant, on échangeait quelques paroles avec le fermier ou la fermière et on continuait la promenade. Nous passâmes ensuite près du lac; nous traversâmes les forêts de pins, nous allâmes au bord de la rivière, et de partout il nous arrivait des émanations embaumées de thym, de pin, de myrte, de lentisque, de bruyère et d'eucalyptus. C'était ravissant: on se serait cru au printemps ou en Égypte.

Lorsque nous eûmes tout parcouru à l'extérieur, tout admiré et que nous fûmes revenus au point de départ, Chauvin demanda à sa femme qui se disposait à monter à son tour en voiture s'il ne lui conviendrait pas de nous emmener à Cannes avec elle, puisqu'elle devait y aller pour conduire ses enfants au collège. « Ce serait un plaisir pour nous, ajouta-t-il. »

— J'allais vous le proposer, répondit Mme Chauvin gracieusement, ce sera plutôt un plaisir pour moi. »

Nous remontâmes en landau et nous allâmes alors à Cannes, au collège STANISLAS, à l'hôtel CONTINENTAL, au pont romain du RIOU, à la CROISETTE, etc. Après quoi nous revînmes à la ferme. Il était 2 heures environ.

« Comment te trouves-tu ici me demanda Chauvin en débouchant une bouteille de vin vieux qu'il plaça près d'une assiette de biscuits?

— Je suis dans le ravissement, dans l'extase : cela dure encore. Je suis heureux.

— Hé bien il faut y rester toujours.

— Je n'ai qu'un espoir, un désir ; c'est qu'il y ait bientot une nouvelle place vacante de fermier dans ta principauté afin de pouvoir la solliciter pour moi.

— Je t'offre mieux que cela : Tu prendras la moitié de mon second étage, tu t'y installeras le mieux que tu pourras et tu l'habiteras ta vie durant, à la condition que tu écriras et que tu publieras un ouvrage en faveur de l'agriculture. A ma table il y aura toujours une place pour toi, comme il y en aura toujours une aussi dans mon cœur. Nous vivrons donc ensemble, tranquilles, libres, heureux. Cela te va-t-il?

— Je crains d'abuser de tes bontés, de ton hospitalité, de ton amitié. Je ne puis t'offrir en échange qu'une modeste place dans ma maison hypothéquée de Cannes.

— Ne t'inquiète de rien. Tu es chez toi, tu resteras ici tant que tu voudras, je ne te gênerai en rien, et tu ne me gêneras pas davantage.

— Alors j'accepte au moins pour quelques jours Je vais me mettre à l'œuvre, c'est-à-dire meubler ma maison, acheter l'ancien domaine de mon grand-père et écrire mon ouvrage.

— A la bonne heure. »

Et nous restâmes à la Grand' Bastide, nous y sommes encore, nous y resterons jusqu'à la fin de nos jours. Nous y avons notre jardin, celui qui appartient à notre aïeul.

Selon nous il n'existe pour les institutions humaines qu'une seule base solide, rationnelle, durable, la terre, l'agriculture, la production. Le citoyen ayant une famille à nourrir doit être travailleur, c'est clair ; l'Etat ayant des fonctionnaires à entretenir, à payer doit être agriculteur, c'est également clair. Seulement tous les citoyens ne peuvent pas devenir propriétaires de terres et de maisons, ni les conserver après en avoir fait l'acquisition ; l'Etat le peut. Donc que celui-ci se mette à l'œuvre et qu'il décrète la création des fermes communales et cantonales, qu'il devienne propriétaire, agriculteur, producteur.

L'agriculture est l'âme, le sang, le cœur d'un pays civilisé. C'est de là que tout sort et que la vie se communique à toutes les extrémités du corps social. Pas d'industrie ni de commerce, ni de beaux-arts sans l'agriculture.

La seule objection qu'on puisse élever contre l'établissement des fermes communales que nous proposons, consiste en ceci que les fermiers subordonnés verront à leur tête un autre fermier qui prendra le titre de commandant et qui, n'étant astreint à aucun travail, n'en recueillera pas moins tous les benéfices. Mais ces fermiers commandants seront des fonctionnaires de l'Etat; ils ne travailleront que pour lui; ils n'aimeront que leur patrie, leurs familles, leurs semblables. La ferme communale sera une institution immuable, une propriété inaliénable qui n'aura rien à craindre de personne; on pourra l'agrandir, la multiplier, mais non la vendre ou la dissiper. Ce sera la grande association universelle rendant tous les hommes heureux.

Nous étions arrivé à la Grand' Bastide le lundi 1er octobre. Le lendemain nous allâmes, accompagné de Chauvin, faire visite au fermier chef, c'est-à-dire au plus ancien, non par l'âge mais par le grade, par le séjour; il était là depuis 1873, et avait pris part, comme nous, à la guerre contre l'Allemagne. Fait prisonnier de guerre à la suite de la capitulation de Metz, toujours comme nous, il avait été envoyé en captivité à Breslau, capitale de la Silésie et y était resté six mois avec notre concitoyen et ami le capitaine Millet. Il était de Grasse et se nommait Isnard.

« C'est un homme infatigable nous dit Chauvin, lorsque nous l'eûmes quitté, et avec cela doué d'une santé de fer. Il n'a pas été malade un seul instant depuis bientôt dix ans qu'il est ici. C'est en outre un agriculteur modèle et un caractère d'or. Il a toute ma confiance; aussi est-ce plutôt à lui qu'à mon intendant qu'il doit remplacer un jour, que je confie la direction de ma ferme pendant mon absence. C'est lui et M. Deschamps, le célè-bre horticulteur de notre ville, qui sous l'impulsion de M. Méro ont créé la ferme-école de Saint-Donat à Mouans Sartoux. »

Enfin le jeudi soir nous assistâmes sur la pelouse du château, à la réunion générale des fermiers, de leurs femmes et de leurs enfants; quelques-uns de ceux-ci vaincus par le sommeil étaient restés dans leurs berceaux. On demanda qu'ils fussent excusés ; ils le furent. Là ce fut comme un romérage, un pardon, une fête.

Lorsque les salutations, les bouquets, les compliments, les remerciements, les salamalecs eurent pris fin, chacun s'assit sur les bancs qui garnissaient les côtés de la pelouse et Chauvin annonça que du thé, du tilleul, des gâteaux et du vin chaud allaient être servis. Puis embouchant tout à coup sa trompette guerrière nous voulons dire son cornet à piston retentissant (qui ne l'a pas entendu à Cannes, au 62ᵉ à Versailles et ailleurs, avant nos désastres ?) notre ami se mit à jouer des quadrilles, des val-ses, des polkas, des schotischs, danses qui entraînaient tout le monde et qui avaient été composées par lui même et par le célè-bre Strauss, de Strasbourg, que nous avions connu dans cette ville même en même temps que Gustave Doré, Schwilgué, Émile Marco de Saint-Hilaire, Renard le ténor et Montaubry le baryton de l'Opéra. Alors n'y tenant plus, hommes et femmes se mirent à danser aux sons de l'instrument divin, nous voulons dire d'airain et nous en fîmes autant. Que celui qui n'a jamais valsé nous maudisse.

Après ces danses de famille, sans gêne et très gaies, mais sans confusion, ni licence, on approcha une grande table sur laquelle on mit une nappe toute blanche et on la couvrit de verres, de tasses et de plateaux remplis de friandises, de biscuits, de cro-quets et de sucre. Les verres et les tasses étant pleins de vin blanc et de thé, Chauvin en prit un et invita ses fermiers à en faire autant ; ensuite il s'écria : « Mes amis, buvons à la prospérité de notre beau département, de la France et de l'Europe, et à la santé des braves agriculteurs, qui en aiment, qui en cultivent et qui en protègent le sol sacré. »

A ces mots un immense cri de : Vive les Alpes-Maritimes, vive le commandant Chauvin, vive la Grand' Bastide, retentit et les fermiers électrisés choquèrent leurs verres et les vidèrent d'un trait en se donnant des poignées de main, en se promettant et en promettant à leur digne chef de rester fidèles au devoir d'aimer toujours leur métier et de continuer à boire ainsi tous les jeudis pendant l'été jusqu'à la fin du monde.

« Mes amis, dit Chauvin, je vais partir, mais je ne vous oublierai pas. Vous êtes mes enfants. Vous viendrez chez moi à Cannes quand il vous plaira, de mon côté je viendrai quelquefois vous voir. »

Peu après l'on se sépara.

Quand tout le monde fut parti : « Chauvin, dis-je à mon ami, tu es un grand homme. »

— Dis plutôt que la France est un grand pays et le peuple Français un grand peuple ! »

Le domaine de Chauvin que nous appelons *ferme nationale* est l'image exacte d'une patrie, de la France surtout. On y voit au centre le château seigneurial qui représente la capitale, et aux extrémités, aux limites, aux frontières, des voisins, des passants, des amis, que l'on estime, que l'on aime et que l'on aide à l'occasion. Entre ces points éloignés qui, dans la ferme de la Grand' Bastide, sont séparés par une distance de 500 mètres et dans la France continentale par un espace de 200 lieues, se trouvent des fermes secondaires, des hameaux, des communes, des cités, des centres populeux où l'on travaille, où l'on produit, où l'on protége la maison du chef et la capitale de la patrie, où l'on aide et où l'on défend ses concitoyens contre les injustices des uns et les crimes des autres ; puis au sein de ces agglomérations d'hommes que la civilisation a perfectionnées on trouve des plantes utiles et des animaux domestiques qui sont de véritables amis et que nous devons aimer, nourrir et... manger avec componction afin d'être agréables à Dieu.

A 500 mètres au nord du domaine de la Grand' Bastide il existe une ferme modeste qui marque l'emplacement du domaine de notre grand père paternel qui y éleva douze enfants : c'est celle dont nous allions faire l'acquisition. Quant à notre maison de la rue Bossuet, à Cannes, où notre père et notre mère sont morts, elle est hypothéquée, parce que nous l'avons restaurée, embellie avec le plus grand soin ; mais elle rappelle un souvenir historique important. Elle indique la place qu'occupait le bivouac de Napoléon, le 1er mars 1815, lorsque ayant quitté l'île d'Elbe et débarqué au golfe Jouan avec les généraux Bertrand, Cambronne et Drouot, suivis de 400 hommes, l'empereur se dirigeait sur Paris en passant par Cannes, Grasse, Digne, Grenoble et Lyon.

A Cannes, Napoléon eut le bonheur de trouver un ami dans la personne de M. Vidal, capitaine marin, propriétaire et chef de la Municipalité, qu'il avait connu en Egypte et qui lui fournit tout ce qui lui était nécessaire, notamment des chevaux pour traîner ses canons, des voitures pour porter ses bagages et 4,000 rations de pain ce qui représentait la subsistance des 400 hommes pendant dix jours et ce qui devait leur suffire jusqu'à Lyon.

Quelques uns des habitants suivirent Napoléon dans sa course aventureuse, d'autres l'accompagnèrent jusqu'à la place qu'occupe aujourd'hui le cimetière du Grands-Jas, tous lui témoignèrent le plus grand respect. Il n'est pas exact qu'on ait tenté de l'assassiner dans son bivouac du Châtaignier qu'il quitta à 5 heures et demie du matin.

Notre maison, avantageusement située, entre la rue d'*Antibes* et la Mer, a été habitée par des personnages célèbres, entre autres par Camille Sardou, A. Karr, Prévost-Paradol, le prince de Poli-

gnac, la marquise de Guer du Couedic, Mme Juliette Joinville
femme de lettres, général d'Andlau, Féraud, ministre plénipoten-
tiaire de France au Maroc, le docteur de Valcour, le statuaire
Fourdrin, l'ingénieur Bucquet de Paris, la comtesse de Chalot.

Elle fait face à la paroisse de Notre-Dame de Bon Voyage, où
les princes Humbert et Amédée, fils de Victor-Emmanuel et
devant être rois tous deux, l'un en Italie où il règne toujours,
l'autre en Espagne où il abdiqua en 1875, venaient accompagnés
du général Cialdini, leur gouverneur, que nous avions connu en
Crimée, assister à la messe, le dimanche, pendant l'hiver de
1860. Elle a au sud la Mer et la promenade de la *Croisette*, à
l'est l'immense palmérier du jardin *Gray et d'Albion* et l'hôtel
Beau-Rivage, à l'ouest les magnifiques *Allées de la Liberté* où la
musique se fait entendre 3 fois par semaine, enfin au nord la rue
d'*Antibes* et la *Gare*, l'*Imprimerie Cannoise* et le *Casino* théâtral.

Entre notre maison et la paroisse qui touche l'hôtel des postes
et télégraphes il y a la rue Bossuet et la rue Notre-Dame où
stationnent l'hiver des équipages de luxe somptueux.

Pour bien aimer la patrie il faut la connaître ; on la connaît par
l'étude mais surtout par les voyages, par le frottement, par
l'échange des idées, des sentiments. Donc que chaque citoyen
puisse voyager librement et sans frais quand il en exprimera le
désir. Voyager c'est apprendre, c'est connaître, c'est aimer les
hommes, d'autant plus qu'il existe un peu partout des expositions et des concours régionaux qui sont de véritables merveilles.
Qu'on puisse aller de la ferme à la cité, de la cité au chef lieu
régional ou départemental, de ce chef-lieu à la capitale et de la
capitale partout. Alors nous aurons le dernier mot de la civilisation, on aura admiré les chefs-d'œuvre de tous les peuples, on
aura appris à estimer, à respecter toutes les nations, on connaî-
tra tous les pays, tous les coins du globe. Après ce tour de
France qui comprendra le service militaire, on reviendra à la

ferme ou on ira ailleurs ; mais l'éducation sera complète et parfaite. L'homme n'aura ni le droit ni les moyens d'être méchant.

De l'agriculture, de la terre naissent le commerce pour les cités, l'industrie pour les grands centres et les beaux-arts pour les capitales. La progression doit être la même partout c'est-à-dire que la terre, la ferme doit produire tout ce qui est nécessaire à la vie ; la cité concentrer tous les produits, et les beaux-arts s'exercer surtout dans les capitales en vue d'agrandir les esprits, de les attirer, de les illuminer.

Pas de commerce possible sans les produits de la terre. Que le commerce donne naissance à l'industrie, nous l'admettons mais nous ferons cette remarque que l'industrie s'exerce surtout en vue de la culture. Toutes les machines agricoles qui ont été inventées, tous les procédés de culture et d'assainissement, tels que drainage, colmatage, écobuage, dessèchement, canaux d'irrigation, etc., qui ont été mis en usage, le percement du canal de Suez lui-même n'ont eu en vue que les produits de la terre, la culture de la terre. Si bien que la distillation, la transformation des betteraves en sucre blanc, des fruits en conserves, en compotes, en confitures, des grains et des pommes de terre en alcool, de la viande de bœuf en liebig ou en conserves, même le renversement des Cordillères par le canal de Panama, en un mot, tout a été inspiré par l'agriculture. La guerre elle même est bien plus agricole que sociale. Les inventions de Lebel et de Turpin préparent des engrais puissants au sol épuisé. On peut donc dire que cet art tient directement et essentiellement au commerce et à l'industrie et par suite aux beaux-arts et à tout. Il faut donc que l'État l'exerce et en fasse la plus sérieuse, la plus lucrative, la plus importante de ses occupations.

Ce que Sully et Henri IV pensaient de l'agriculture au XVIe siècle est toujours vrai, seulement on semble être intéressé, dans un certain monde, à couvrir ces vérités d'un voile, à mettre la lumière sous le boisseau. Nous protestons contre ces tendances absolutistes et ténébreuses et nous engageons tout le monde à nous imiter. Plus d'éteignoirs ; du gaz et de l'électricité partout

Pour ce monde, dont nous voulons parler, le Ciel est tout, tandis qu'il n'est pour nous qu'une simple combinaison de deux ou trois gaz qui nous font vivre, qui nous empêchent de mourir, mais à la condition de travailler et de procréer. Et comme d'un autre côté l'homme réduit à ses seules forces n'est rien tandis qu'associé, groupé, réuni il est tout, il y a nécessité pour lui de faire partie d'une association quelconque. Or de toutes les associations, de toutes les religions, de toutes les conventions, de toutes les congrégations, la plus utile, la plus noble, la plus puissante c'est le patriotisme qui assure les progrès de la civilisation et rend possible cette forme idéale de gouvernement, la République, où tous les citoyens sont frères, égaux et heureux, où toutes les nations se rapprochent, s'unissent, se donnent la main, en vue du maintien de la paix, de la sécurité, du bien-être et du bonheur de tous. Puisqu'il n'y a qu'un Dieu dans tout l'univers, nous sommes tous ses enfants, donc nous sommes tous frères. Nous ne devons donc pas nous battre.

LETTRE VIII

On a vu la constitution, l'aspect, le plan de la ferme communale que nous souhaitons dans l'intérêt de tous les citoyens, de toutes les cités et de l'Etat lui-même ; c'est celle que notre ami Chauvin a créée à la Grand' Bastide, près de Mougins, que nous avons visitée, décrite, que nous habitons encore et que nous trouvons parfaite sous tous les rapports. Elle offre en effet tous les avantages possibles et pas le moindre inconvénient. Elle seule peut prévenir le retour de la misère et de l'ignorance, ainsi que celui des crimes monstrueux qui ont eu lieu en 1894 en France et ailleurs et qui ont épouvanté l'Europe. Nous voulons parler des explosions à la dynamite, des meurtres collectifs, des destructions générales, des renversements en masse et aussi des meurtres individuels contre les chefs des Etats. Puisqu'on reconnait qu'à tout il faut une base solide, un point d'appui résistant pourquoi laisser la propriété en l'air avec ses erreurs, ses préjugés, ses habitudes mauvaises d'où naissent les colères et les vengeances ? Pourquoi ne pas jeter à cette société haletante l'ancre de salut, la corde de rédemption ? On dit qu'elle a eu tort d'abandonner les pratiques de la religion et on veut la ramener de force sous la tutelle de celle-ci. Mais puisqu'elle n'en veut plus de ces pratiques ? Qu'elle s'y montre indifférente, même hostile pourquoi la violenter ?

Sans doute il existe des choses qui doivent être obligatoires, par exemple, l'instruction primaire, qui est un outil, mais il en est d'autres qui doivent être facultatives ; de ce nombre sont les croyances religieuses. D'ailleurs puisque cette religion prétendue miraculeuse n'empêche rien, ne prévient rien, ne produit rien,

sinon la discorde et la haine, pourquoi vouloir l'imposer au peuple? On la rend bien plus méprisable par ce moyen. C'est déjà
beaucoup qu'on s'abstienne de lui demander ses trésors comme
on le fit aux Templiers au XIVe siècle. Le seul moyen de légiti-
mer, de protéger, de sauver ces trésors qui sont considérables,
c'est de faire table rase de tout et de tout édifier sur la justice et
l'humanité, c'est-à-dire sur l'agriculture et le patriotisme, sur
l'indépendance et la civilisation.

Nous ne voulons pas engendrer de nouveaux concurrents
destinés à nuire aux intérêts des agriculteurs, nous demandons
pour eux des modèles, des guides, des soutiens qui soient entre
les mains de l'Etat, c'est à-dire que rien dès lors ne puisse faire
varier. L'Etat consomme, donc il doit produire. Tout est là.

« Mon brave ami dis-je, un jour, à Chauvin, je veux devenir
agriculteur.

— Vraiment ?

— Oui c'est plus fort que moi. J'ai acheté l'ancien domaine
de mon aïeul situé tout près d'ici et je veux le labourer.

— Alors il faut que je t'instruise ou plutôt que je te conseille.

« Tu sais que notre pays est situé dans la zone tempérée du
nord, c'est-à-dire entre la zone torride et la zone glaciale boréale.
Tu sais aussi que cette zone, que cet espace en ce qui concerne
la France, a été divisé en cinq régions, des *oliviers*, des *vignes*,
des *céréales*, des *herbages* et des *forêts*. Or, pour te faire plaisir
j'ai apporté, de mon autorité privée, une modification à cette
division administrative, scientifique et nationale, c'est-à dire qu'à
l'imitation de Sganarelle *j'ai changé tout cela*. En effet, j'ai divisé
notre pays en quatre parties, en quatre zones, en quatre climats
au lieu de cinq et je les ai désignés sous le nom de région des
orangers et des oliviers, des pommiers et des chênes, des vignes
et du froment, des sapins et des mélèzes, c'est-à-dire du Nord et
du Midi, de l'Est et de l'Ouest. Là on s'y reconnaît. La première

zone c'est le pays chaud, le Sud-Est, c'est à-dire la Provence, le Languedoc, l'Aquitaine ; la deuxième c'est l'Ouest ou pays humide, c'est-à-dire la Bretagne, la Touraine, le Poitou, l'Angoumois ; la troisième c'est la Côte-d'Or, le Jura, c'est-à-dire la terre tempérée, la Bourgogne, la Franche Comté, le Berry ; la quatrième c'est le climat froid, c'est-à dire Paris, les montagnes du Nord-Est, de Châlons, de Mézières, ainsi que les plaines de la Flandre.

« Tu remarqueras que les zones sur le globe et dans chaque hémisphère sont au nombre de 4. Equatoriale ou torride jusqu'à 23° ; tropicale ou chaude jusqu'à 45° ; tempérée ou froide jusqu'au cercle polaire ; enfin polaire et glaciale jusqu'au pôle.

« Or quand on s'occupe d'agriculture, il faut d'abord connaître le climat du pays où l'on veut opérer. On s'occupe ensuite du terrain à exploiter et du choix des cu'tures, enfin on apprend le nom et les propriétés de toutes les plantes.

« Inutile de te dire que le froment est la céréale par excellence, celle qui nourrit le plus, qui plait le mieux et qui croît à peu près partout. dans les montagnes couvertes de neige aussi bien que dans les plaines couvertes de fleurs. Ici le sol convient admirablement à la culture de cette plante.

« Dans ce grain précieux on distingue le *tendre* et le *dur*. La *touzelle*, la *seisette*, les *poulards* appartiennent à la première de ces catégories ; les *aubaines*, les blés de *Pologne*, de Tangarock et d'Ancone, à la seconde. Les blés durs servent à la confection des pâtes alimentaires. Les bords du Danube produisent du blé tendre en abondance.

« Le blé tendre se sème en automne et le grain dur au printemps. Les récoltes sont toujours bonnes lorsque le sol, suffisamment préparé et fumé, contient, avec les principes azotés, la silice, le fer, la chaux, les phosphates, les alcalis, etc. Il y a encore un détail qu'il faut connaître, c'est que cette plante précieuse ne veut ni

terrain sablonneux, ni calcaire, ni glaise, ni argile. Les terres
fortes lui conviennent parfaitement; aussi j'en sème autant que je
peux.

« Il rend en moyenne de 25 à 35 hectolitres par hectare, à peu
près partout, dans toutes les zones. Cependant dans notre pays,
en France, il ne donne en moyenne que 15 ou 20 hectolitres. On
a l'habitude d'y consacrer environ 5 hectolitres par hectare ; le
rendement est donc de 15 pour un. Il pèse de 70 à 75 kilog.
l'hectolitre et il donne de 110 à 120 kilogrammes de paille. La
France continentale en produit 120 millions d'hectolitres chaque
année.

« Le seigle rend à peu près comme le blé. L'orge, qui sert à
la fabrication de la bière dans le Nord et à la nourriture des chevaux dans le Midi, également. L'orge sert aussi de nourriture aux
bœufs, aux moutons, à la volaille et aux *grognons*. On peut
aussi en faire du pain. On en fait avec le sarrazin ou blé noir ; on
en fait avec le maïs, on en fait même avec le varech.

« L'avoine qui est la nourriture de luxe des chevaux, donne
12 pour un ; on emploie 4 hectolitres de semence par hectare et
on en récolte 48 hectolitres. Il faut à un cheval 4 kilogrammes
de foin, 4 kilog. de litière et 4 kilog. d'avoine par jour.

« Le maïs (nous supplions l'Académie de donner à cette céréale le nom plus exact de *blé d'Amérique*), le maïs mûrit en 80
jours à peu près. Il donne 15 pour un. On en fait des gaudes,
de la *polenta* et au Mexique du pain et des tortilles.

« Ici je récolte 50 ou 60 mille kilogrammes de pommes de
terre, 30 mille kilogrammes par hectare ; mais si je le voulais,
je pourrais avoir 100 mille kilogrammes de betteraves dans la
même superficie et par suite 100 mille kilogrammes de fourrage.
Je n'en ai pas besoin.

« En fait de vignobles, je suis loin de posséder, comme à la
pépinière du Luxembourg, 1,200 variétés de vignes, mais on

trouve ici les meilleurs plants, savoir : le *pineau*, le *muscat*, la *clairette*. J'ai beaucoup de *gamays* parce qu'ils produisent beaucoup de vin. Cette plante essentiellement grimpante, monte très haut ; mais si on la laisse faire elle donne un fruit médiocre. Il vaut mieux la tenir basse en la taillant tous les ans. Alors elle redoute moins les gelées ; on la taille ordinairement en février. Elle n'aime pas l'humidité.

« Une bouture de vigne n'est autre chose qu'un sarment d'un an coupé sur une vigne et enterré au printemps ou en février, qui pousse naturellement, qui prend racine et qui produit du raisin la même année ou l'année suivante. Malheureusement cette plante précieuse est attaquée, dévorée par des insectes gloutons, qui finissent par la faire mourir. Le seul moyen de l'en débarrasser c'est d'employer le sel comme engrais et le varech ou œgagropiles de mer comme insecticides. C'est ce que je fais. Tu peux voir mes vignes ; aucune n'est malade.

« Maintenant sais-tu la différence qui existe entre un palmier mâle et un palmier femelle ?

-- Oui, l'un donne des fleurs seulement, l'autre des fruits.

— C'est cela. Mais ces plantes modestes et salutaires qui sont là sous nos yeux, les connais tu ? en sais tu le nom ?

-- Ma foi non.

— Hé bien voici l'*hélianthe* appelée aussi tournesol, soleil et topinambour ; le *cyclamen* dont les racines sont purgatives, les feuilles panachées, épaisses, charnues et les fleurs mélancoliques; le *séné* d'Orient dont les feuilles sont également purgatives ; le *sénevé* qui donne la moutarde ; le *seneçon*, émollient qui guérit les inflammations; le *semen-contra* de l'Asie dont les graines sont vermifuges ; le *ricin* ou *palma-christi* dont les fruits sont des purgatifs puissants ; enfin la *rhubarbe* connue de tout le monde et dont les racines sont purgatives. Ici nous avons le *pavot* qui donne l'*opium* et l'*huile d'œillette*, la *ciguë*, la *belladone* aux fleurs rouges et l'*aconit* de la famille des renoncules qui sont toutes trois vénéneuses, toxiques ; là-bas tu vois l'*ortie* armée de pi-quants, le *chardon* dont on se sert pour la prépartion des draps, la *menthe sauvage* ou *marjolaine*, le *cresson* dépuratif, le *fenouil*, la *lavande*, le *cassier* aux fleurs dorées et parfumées et aux casses purgatives.

« Toutes les autres plantes tu les connais, tu connais les arbres aussi. Connais-tu le pistachier? C'est celui qui produit les pista-ches aux amandes vertes. En voici deux pieds de quinze ans qui sont superbes.

« Quant à la vigne que tu cultiveras comme moi de préfé-rence, il faut tâcher de mélanger en égales proportions la *clairette* qui donne le vin blanc mousseux, le *chasselas* de Fontainebleau, le *muscat* parfumé, le *pineau* de Bourgogne qui donne beaucoup de vin et le *gamet* qui est le plus mauvais de tous mais qui se bonifie en étant mélangé avec les autres cépages.

« Et ces plantes aromatiques les connais-tu ? L'une est l'utile et délicate *pimprenelle* que l on mêle à la salade et qui la parfume, l'autre la *capucine* potagère aux fleurs brillantes d'un jaune foncé qui donne aussi un meilleur goût à la salade, ceci est la *passiflore* grimpante aux pompons élégants ; voici encore des *troènes* et des *lauriers roses* qui sont fleuris pendant tout l'été malgré la sécheresse et qui réjouissent la vue par l'éclat et la pureté de leurs nuances. Voici du thym, de la sauge, du romarin, des lauriers d'Appollon, etc. Et ces vieux oliviers ne te disent-ils rien ?

— Ils m'inspirent le plus profond respect, la p'us sincère admiration. J'aimerais mieux mourir de froid que de me chauffer avec leurs branches ou leurs troncs vénérables.

—Maintenant je dois te parler des engrais et des insecticides, c'est par eux que les arbres sont beaux et les récoltes abondantes.

« Toute agriculture, a dit M. Dumas, de l'Institut, qui ne reconstitue pas est dévastatrice. » C'est la vérité.

« Le mauvais côté de l'agriculture, celui qui en inspire le dégoût, le mépris, c'est précisément cette question des engrais et
surtout des engrais humains. La manipulation de ces matières
organiques qui sont la nourriture de la terre mais qui dégagent
de mauvaises odeurs, nous éloignent des champs. J'ai diminué chez moi les désagréments de ce travail, je les ai même supprimés tout à fait, en faisant vider, tous les six mois, mes fosses
d'aisances par la Société d'Engrais des Alpes-Maritimes. En un
instant, et pendant la nuit, les machines pneumatiques de cette
société font le vide dans mes fosses sans que nul ne s'en aper-
çoive, ni ne se dérange, ni soit incommodé ; or comme j'ai cinq
fosses de deux mètres cubes chacune, cela fait 10 mètres cubes ;
ce qui, au prix de 3 ou 4 francs le mètre, porte cette dépense à
30 ou 40 francs tous les six mois et pour l'année entière à 60 ou
80 francs. C'est pour rien.

« Cette société ne se borne pas à ce travail utile et peu coûteux,
elle transforme encore les matières qu'elle extrait des fosses en
poudrette ; l'agriculteur peut donc se procurer cet engrais à peu
de frais et l'employer sans difficulté et sans en être incommodé.
Quant à l'engrais des animaux, au fumier de ferme il ne présente
pas les mêmes inconvénients, n'inspire pas le même dégoût.
Bien mieux les savants prétendent que l'odeur de ce fumier est
favorable à la santé ; qu'il peut guérir certaines maladies de poitrine, qu'il engraisse.

« J'opère le déplacement de ce fumier de ferme sans trop de
peine ni d'ennui. J'ai fait confectionner ici même, avec mes
arbres divisés en planches à la scierie de la Badie, des caisses
mobiles de deux mètres cubes pouvant se monter ou se démon-
ter à volonté au moyen de chevilles de fer et d'encastrements.
Ces caisses à fumier reposent sur un petit charriot (1) à roues

---

(1) Nous supplions l'Académie de nous pardonner cette faute d'orthographe.
Nous avons fait tout ce que nous avons pu pour ne pas la commettre, tous

basses que les petits bourriquets peuvent traîner, ou les enfants mouvoir en les poussant en avant, et qui porte ainsi le fumier dans les champs. Là on enlève les chevilles, les parois de la caisse tombent et le fumier se répand sur la terre. On n'a qu'à l'étendre au moyen de la fourche et du râteau, ce qu'un enfant ou une femme peuvent faire. Pendant ce temps on ramène les caisses à l'écurie, on les remplit de nouveau et on les fait rouler aux champs. C'est le travail du samedi.

« Les cuves à purin sont mobiles ; c'est à-dire qu'il s'y trouve au fond une caisse revêtue de tôle à l'intérieur et ayant 50 centimètres de haut sur 2 mètres de large et un de longueur, laquelle faisant office de réservoir reçoit le liquide des écuries. Ce réservoir repose sur un petit *charriot* à quatre roues de fer assez basses. Comme ces cuves sont en sous-sol à un mètre au-dessous du rez-de-chaussée, j'ai pratiqué sur l'un des grands côtés formé d'un arceau une rampe de 10 mètres de longueur sur un mètre de pente et garnie d'un chemin de fer américain, ce qui permet aux bourriquets de déplacer ces réservoirs. Ceux ci sont munis à leur partie inférieure et postérieure d'un tube arrosoir qui s'ouvre et se ferme à volonté au moyen d'une clé. Le charriot étant arrivé au champ on tourne cette clé et le liquide se répand

nos efforts ont été inutiles. Le penchant mauvais a été plus fort que notre volonté. Cela provient sans doute de ce qu'écrivant *charrette*, *charreton*, *charroi*, *charretée*, *charrier*, *charriage*, *charron*, *charronnage*, *charroyer*, *charroyeur*, *charretier*, *charrue*, nous avons pensé que *charriot*, qui a la même étymologie que ces noms, devait avoir aussi deux *r*, d'autant plus qu'il a quatre roues et qu'il se meut dans le ciel sous forme de constellation sans que jamais les étoiles qui le composent se dérobent à nos regards.

Voyant donc là une simple erreur ou coquille d'imprimerie nous avons essayé de la corriger. Nous trouvons une deuxième erreur de ce genre dans *mimosa* du genre féminin, une troisième dans l'âge de Mathusalem que les massorètes ou docteurs juifs avaient exactement fixé à 96 ans et que l'erreur typographique dont nous parlons a porté à 969 ans, enfin une quatrième dans *abatage* qui jure avec *abattu*, *abatteur*, *abattement*, *abattre*, etc.

en pluie fine sur la terre, le véhicule continuant sa marche. Quand le récipient est épuisé on revient à la cuve, où on le remet en place et on le laisse se remplir de nouveau.

« On doit tout faire dans l'intérêt du peuple et des agriculteurs. Il faut que ceux-ci soient assez éclairés pour être chefs, les chefs assez humains pour être maîtres et les maîtres assez respectés pour être dieux. Ces dieux sont toujours bienfaisants, mais nous les accusons de nos maux parce que nous leur prêtons nos défauts, nos passions, nos imprudences, de même qu'en chemin de fer nous nous figurons que les arbres tournent et s'éloignent de nous lorsque c'est nous au contraire, ou le train qui s'éloigne d'eux. On nomme cela un effet d'optique, une illusion des sens. C'est une simple erreur, mais non typographique, causée par la force de nos habitudes et la violence de nos passions. Nous devons tout faire pour que notre raison seule soit souveraine.

« Avant tout il faut protéger les oiseaux en vertu de la loi du 3 mai 1844. Ils détruisent les insectes.

« Lorsque le fumier de ferme reste à découvert on voit se perdre inutilement dans l'air *l'ammoniaque* dont cet engrais s'est enrichi à la suite de la décomposition des principes azotés de l'urine, et qui, tu le sais, est pour les végétaux un précieux élément de force, de *productivité*, mais si l'on jette sur ce fumier une couche de plâtre, une couche de charbon ou du sulfate de fer dissous dans l'eau aussitôt ces substances s'emparent des vapeurs ammoniacales et les convertissent en sulfate ou en carbonate d'ammoniaque, sel qui ne peut se vaporiser. A défaut de plâtre et de charbon on doit mettre de la terre.

« J'arrive aux insecticides. Les cendres provenant des végétaux et renfermant du carbonate de potasse, du carbonate de soude, du carbonate de chaux, du phosphate de chaux, de la silice, etc., sont propres à être utilisées comme engrais et comme insecticides.

La suie formée de matières végétales est un insecticide puissant.

« Puisque les cendres des végétaux c'est-à-dire les végétaux eux-mêmes contiennent les sels indiqués ci-dessus, il faut fournir au sol les matériaux nécessaires, au moins à la production de l'un d'eux. On obtient ce résultat par l'usage du sel ordinaire ou chlorure de sodium qui est un chlorhydrate de soude; mais pour que ce sel devienne du carbonate de soude il faut remplacer l'acide chlorhydrique par l'acide carbonique, ce qui est facile lorsque le sol que l'on veut enrichir renferme du calcaire comme ici. On peut même employer le sel comme engrais et comme insecticide dans les terrains non calcaires en le mélangeant avec de la chaux vive. Au contact de l'air la chaux le transforme en carbonate et l'échange qui produit le carbonate de soude a lieu aussitôt après.

« Le sel, dit Bescherelle, engraisse la terre et la féconde. » C'est pourquoi Jésus disait à ses disciples : « Vous êtes le sel de la Terre. »

« Maintenant tu devras te souvenir de cette belle maxime de l'école de Grignon (Seine-et-Oise) : « Le sol, dit-on là aux élèves, le sol c'est la patrie; améliorer l'un c'est servir l'autre ! »

« Tu sais qu'au printemps la sève des végétaux circule activement ; elle monte et elle descend ; elle se ralentit en août et cesse tout à fait en septembre ; mais sous les tropiques la sève circule toujours et les arbres ont sans cesse une parure nouvelle. Ici nous sommes presque dans ces pays bénis. Les arbres y sont toujours verts, les palmiers immenses, les mimosas fleuris en hiver comme les lauriers-roses en été.

« Tu connais la racine, la tige, le tronc, le cœur, l'aubier d'un végétal, ainsi que leurs fonctions de nutrition ; tu en connais les feuilles qui en sont comme les organes de la respiration ; je vais donc te parler de ces fleurs que tu vois là. On remarque dans celle-ci le *pédoncule* ou tige, l'*ovaire* ou partie centrale, enfin le *style* et le *stigmate* qui le couronne ; ces trois dernières parties forment le *pistil* entouré des *étamines* qui sont pleines d'une poussière jaune et fécondante appelée *pollen*.

« On y voit encore les *pétales* formant la *corolle* de la fleur et le *calice* ou enveloppe extérieure. Mais tu sauras cela aussi bien que moi en peu de temps, si tu t'occupes tant soit peu d'herborisation. Tu verras comme cette occupation est agréable et utile!

« Jussieu a rangé les végétaux par classes et par familles, les premières au nombre de 14 depuis l'*acotylédonie* jusqu'à la *diclinie*, et les secondes au nombre de 14 également depuis les *algues* et les *graminées* jusqu'aux *conifères* et aux *renonculacées* ; celles ci comprenant les pins, le thuya, le mélèze, le chou, le colza, la giroflée, celles-là les fougères, le blé, l'orge.

« Dans la nature on trouve quatre règnes, l'animal, le végétal, le métallique et le minéral. Dans la science de l'histoire naturelle tu trouveras également 4 branches, la zoologie, la botannique la miréralogie et la géologie. Tu pourras donc t'occuper. Je mets d'avance à ta disposition tous les livres de ma bibliothèque Buffon et Jussieu en tête.

« Encore un mot. J'emploie pour mes animaux la *farine azotée nutritive* et les *biscuits* qui en proviennent, du chimiste Romain, de Paris. La première permet de faire pondre de suite les poules, même par les hivers les plus rigoureux, et d'en nourrir une dizaine avec six ou sept centimes par jour, les seconds de nourrir les chiens de grande taille moyennant quinze centimes par jour. Ces aliments coûtent 30 ou 35 francs les 100 kilogrammes.

— Tu ne m'as pas parlé de l'excellent pain que tu consommes. Le fabriques tu ici ou le reçois-tu du dehors ?

— Ce pain nous le fabriquons ici. Il nous en faut 60 kilog. tous les trois jours. Le boulanger est un de mes employés. Il dirige le moulin et le four ; il fait donc mentir ce proverbe ancien que tu connais : On ne peut pas être au four et au moulin.

Quant à la farine, au blé, au maïs, etc., nous les envoyons aux municipalités de Cannes et Mougins qui possèdent, outre l'hôtel-de-ville, un four, un entrepôt, un magasin et une halle spéciale pour leurs employés. »

LETTRE IX

Avant de quitter la Grand' Bastide pour venir passer l'hiver à Cannes, nous allâmes faire visite à la villa Sardou, au Cannet, qui fut le berceau de Victorien Sardou et le tombeau de Rachel, puis à nos camarades, voisins ou amis, MM. Roustan, lieutenant de vaisseau en retraite, à Mougins, propriétaire agriculteur comme notre ami Chauvin et obtenant comme lui des résultats merveilleux en s'occupant de cet art ; Augier, lieutenant de vaisseau en retraite, propriétaire et maire de la Roquette, où il possède dans sa vigne 3 ou 4.000 pieds d'oranger qui lui rapportent 15 ou 20 mille francs par an ; Hugues, capitaine en retraite et maire de Mouans-Sartoux, sa ville natale, où il possède des vignobles étendus et renommés ; au général Gazan, comte de Lapeyrière, né à Grasse mais propriétaire à Mougins, à l'ami André Teisseire, ingénieur, à Pégomas, au capitaine Deel, à la Croix-des-Gardes ; à M. Guichard, à sa villa *Anaïs* ; à nos cousins et amis J. Pajot et Pilot, à Auribeau, à l'ami Reillane, à Vence ; au général Bérenger, à Cagnes ; aux capitaines Marco-Torchino, Olivier, Laty, Roubion, Ricard, Seytre, propriétaires, ici, au Bar, à Mouans, à Antibes et à la Colle, berceau d'E. Suë ; au commandant Tajasque. Enfin nous allâmes à la ferme école de Saint-Donat, à Mouans-Sartoux tout près de la Grand' Bastide, à la villa de Notre-Dame de Vie, devant laquelle coule le beau canal de la Siagne, et à la chapelle du même nom où nous trouvâmes un ermite qui avait fait comme nous la campagne de Crimée.

Cette ferme de Saint-Donat, devenue propriété de l'Etat fut fondée, en 1860, par les soins de notre concitoyen et ami M. Méro, qui était alors maire de Cannes et archi-millionnaire et qui demanda à y être enseveli après son décès, ce qui lui fut accordé quelques années plus tard. C'est à M. Méro que notre ville doit ses principales améliorations, savoir la construction du canal de dérivation de la Siagne, celle du chemin de fer du P. L. M., celle du *Cercle nautique*, du *Grand Hôtel*, du *Tir aux pigeons*, etc. MM. Girard et Gazagnaire qui ont succédé à M. Méro ont fait le reste. C'est à eux qu'on doit l'hôtel de-ville, les marchés, les Allées, les boulevards, les théâtres, les cimetières, le port, etc.

La ferme de Saint-Donat est sous tous les rapports remarquable. On voit là ce que peut la science unie au travail.

Partout nous fûmes reçus avec amabilité et courtoisie, on semblait vouloir nous faire oublier notre ancien régiment et Paris notre dernière résidence et nous faire aimer la terre, la propriété, l'agriculture que nous aimions déjà avec passion, mais dont la fatalité semblait prendre plaisir à nous éloigner. On nous offrit partout, avec des compliments affectueux, tous les trésors de la cave, des vignobles, des vergers et des basses-cours, c'est-à dire ce que Dieu a créé de meilleur, de plus appétissant, de plus savoureux, trésors précieux, exquis que nous plaçons sans hésiter au-dessus de tous ceux de l'Amérique, de l'Australie, de l'Océanie quoique ceux-ci soient plus pesants, plus brillants, plus éblouissants que ceux-là ; c'était du vin vieux à réveiller les morts, de l'eau-de-vie digne du paradis, des fruits secs et frais à se compromettre, des compotes, des crèmes à s'agenouiller, que sais-je encore ?

Après avoir visité Grasse, ses parfumeries, ses monuments, ses beaux tableaux de Fragonard, de Ch. Nègre et de Rubens ; Antibes, patrie du maréchal Reille, et le fort Carré qui protège cette place et où repose le brave général Championnet, l'un des héros de Fleurus, et mort de douleur en 1800, en apprenant l'assassinat de son collègue et ami Kléber, au Caire, nous revinmes à la Grand' Bastide et nous nous préparâmes au départ. Nous fîmes nos malles.

Le lendemain tous les fermiers vinrent nous faire visite et souhaiter, à leur vaillant chef, Chauvin, à sa famille et à nous, bon voyage et bonne santé, c'est-à-dire bonheur, prospérité, gloire et honneurs. « Tout ce que vous nous souhaitez, leur dit Chauvin, est ici; aussi je reviendrai vous voir le plus tôt possible ; mon ami m'accompagnera, n'est-ce pas ?

— Cela va sans dire. »

Enfin huit jours après notre arrivée, ayant reçu partout, notamment de notre ami et de sa famille, des autorités et des principaux habitants de Mougins, MM. Henri, Sardou, Bareste, Lautier, Faissoles, Devaye, comte Gazan, Giraud, Roustan, Simon, etc , toutes les marques possibles de bienveillance, tous les témoignages imaginables de sympathie, d'amitié, nous retournâmes à Cannes où nos meubles venaient d'arriver de Paris et où nous possédions notre maison aussi vaste que confortable et bien située mais ayant eu besoin de réparations urgentes, ce qui avait causé notre ruine.

A Cannes nous redevinmes un instant chétien. En effet, le 29 octobre, anniversaire de la capitulation de Metz, Chauvin nous ayant dit qu'il allait à la paroisse de *Notre-Dame de l'Espérance*, avec sa femme et ses enfants parce qu'on allait y célébrer un service funèbre en l'honneur des militaires morts en combattant pour la patrie, en 1870, et qu'à cette occasion Mgr Forcade, archevêque d'Aix, y prononcerait un sermon, nous y allâmes avec lui. La cérémonie fut imposante. Le général de B... la présidait. Le prélat nous tint longtemps sous le charme de sa parole en nous parlant de la... main de la divine Providence qui élève et abaisse, qui récompense et punit tous les mortels, qu'ils soient dans l'atelier ou sur le trône, qu'ils vivent isolés ou réunis. A ce moment l'empereur était mort en exil, le maréchal Bazaine avait été condamné à mort, puis à la détention perpétuelle ; le capitaine Rossel avait été fusillé et Rochefort, le rédacteur du journal satirique la *Lanterne*, déporté. Quant à la France elle avait été

vaincue, humiliée, démembrée, déshonorée! La Providence
est-elle le hasard, la fatalité, la vengeance ou l'injustice? Nous
ne savons au juste ; mais cette divinité terrible existe, il faut donc
y croire, l'aimer, la combattre ou la craindre. A nos yeux la meilleure Providence est celle qui inspire l'amour de la patrie de
l'agriculture, le culte de la civilisation, de la vertu. C'est la nôtre.

De la paroisse nous allâmes à la villa *Alexandra* l'ancienne
kasbah de Cauvin, berceau de notre adolescence, de notre ambition, de nos rêves. Nous la trouvâmes agrandie et embellie.
Elle était devenue sous la puissante main de son propriétaire,
M. Tripet-Skripitzine, une élégante construction de style mau-
resque, avec minaret, kiosques, bosquets, jardins et avenues
bordées de mimosas, de rosiers du Bengale, de platanes,
d'agaves et d'eucalyptus.

Plus tard nous allâmes à Nice avec notre ami et nous y assistâmes, en complète liberté et dans la plus parfaite insouciance à
tous les défilés carnavalesques, à toutes les batailles de fleurs et
de confetti, à tous les concerts, à tous les bals, à tous les diver-
tissements, à toutes les mascarades du carnaval, si bien décrits
par M. Stephen Liegeard dans sa *Côte d'Azur*, et par notre
concitoyen et ami Emile Négrin dans ses *Promenades* de Nice.

Nous allâmes aussi à Monaco, à Monte-Carlo, à Menton et
dans les Alpes-Maritimes afin de respirer l'air pur des montagnes
et nous consoler tout à fait de l'absence de Paris, de ses beautés,
de ses splendeurs et même de son bruit assourdissant.

Définitivement installé à Cannes et à la *petite* Grand' Bastide,
nous vîmes également, dans cette ville et à Grasse, de charmantes
fêtes, des fêtes enfantines, des régates, des courses, des exposi-
sitions qui nous intéressèrent autant que celles de Paris.

Ayant visité les belles villas des *Violettes* appartenant à M. Stephen Liegeard, d'*Eléonore Louise* à lord Brougham, de *Victoria*
à lord Murray, de la *Terrasse* à M. Woolfield, de *Saint-Georges*

à M. Grandval, des *Tours* au duc de Vallombrosa, celles aussi de M. Menier et de la baronne de Rothschild, nous allâmes voir les belles fabriques de poteries artistiques de MM. Massier, à Vallauris, où tout est intéressant, curieux, original, où tout donne une haute idée des conceptions de l'esprit humain, des beautés de l'art et des richesses de la France.

Nous allâmes encore aux *Sablons* où M. Pilar nous fit visiter ses immenses laboratoires de distillation, aux *Hespérides* où M. Marius Aune nous laissa circuler partout, mais sans pouvoir nous offrir les mandarines de son jardin qui n'étaient pas encore mûres, à l'établissement de Pisciculture, au Tir aux pigeons, etc. De là franchissant en bateau le détroit qui sépare la Croisette de l'île Sainte-Marguerite et qui n'a qu'un kilomètre de largeur, nous allâmes rêver sous les beaux pins d'Alep de cette île célèbre au donjon veuf de prisonniers d'Etat, mais toujours occupé par des soldats et des malades militaires, revenant d'Alger et des colonies. Une surprise agréable nous y attendait. Le docteur Jubelin, l'un de nos meilleurs amis, possède là depuis quelques années un magnifique jardin qui, à cause de son étendue, se nomme le *Grand-Jardin*. Tout ce qu'on y cultive et qu'on y récolte est invraisemblable comme quantité et comme qualité. Ce sont des primeurs, des fruits, des dattes, des bananes, etc. Mais ce qui fait le charme de ce séjour délicieux c'est qu'il contient une sorte de château fort imposant et en même temps gracieux quoiqu'il soit couronné de mâchicoulis et de tourelles, où l'on est aussi bien qu'à Paris et à Versailles. Il nous a semblé être le modèle, la miniature de la grande abbaye de Lérins, que la mer baigne de tous côtés dans l'île voisine de Saint Honorat et qui est parfaitement conservée quoiqu'elle date de mille ans, sans doute parce que l'académie des monuments historiques l'a prise sous sa haute protection. Là, dans ces îles on est mieux que Cicéron à Tusculum, que Marius à Arpinum, que Lucullus à Frascati, que le roi Humbert au Quirinal et que le pape au Vatican. C'est tout ce qu'il y a de plus ravissant, de plus enchanteur, de plus délicieux au monde.

On y mange des figues, des pommes, des murènes, des lamproies et des langoustes délicieuses. Le raisin y est exquis, l'air fortifiant, le vin capiteux et les cannes à sucre abondantes.

Le docteur nous reçut comme si nous eussions été des ambassadeurs ; séance tenante il nous fit goûter aux produits variés de son magnifique éden, c'est-à-dire aux grenades, aux jujubes, aux figues ; ensuite débouchant un flacon de forme originale, il en versa le contenu doré dans trois verres à liqueur et nous en présentant un à chacun, il nous déclara modestement à voix basse que c'était là le *premier* et le *meilleur rhum* du monde.

« On vous dira, ajouta finement le docteur qui a passé presque toute sa vie aux colonies, quoiqu'il soit millionnaire, on vous dira que le meilleur rhum est celui de la *Jamaïque* ; n'en croyez rien. Pour nous Français, le meilleur ou le premier rhum du monde est celui que l'on fait soi-même en France, dans le Midi ou que l'on fabrique dans nos colonies, que les Français noirs et doux ont vu naître, grandir et vieillir ; celui là seul est sans défaut. C'est un rhum national. Il n'en est pas ainsi du rhum de la Jamaïque ; celui-là est étranger ; il peut devenir ennemi ; il l'a été. C'est même à cause de cette inimitié qui existait au commencement du siècle entre la Jamaïque et la Martinique, entre l'Angleterre et la France, que nos savants, entre autres Achard et Chaptal, ont cherché à fabriquer du sucre avec la betterave et de l'alcool avec les topinambours. Ils y ont pleinement réussi. Au surplus dégustez-moi cela et faites-moi connaître votre sentiment. »

Nous absorbâmes la liqueur. Un peu plus tout y passait contenant et contenu. C'était divin. Et nous étions loin de la Martinique où les cyclones sont terribles, mais où la nature est plantureuse et divinement belle, où les palmiers et les bananiers croissent jusque dans la mer ou montent jusqu'aux cieux, où la vanille embaume comme l'encens et la myrrhe de l'Arabie !

« La canne à sucre ou graminée, que je cultive ici, nous dit encore le docteur, atteint deux ou trois mètres de haut lorsqu'elle est complètement développée. En six ou sept mois elle est suffisamment mûre. Je l'arrache alors et j'en extrais le sucre au moyen d'un petit laminoir qui comprime les cannes et que j'ai fait faire exprès pour cela. Ensuite mon préparateur qui est mon fermier et quelquefois un soldat de la garnison fait bouillir ce sucre na-rurel pendant une heure environ, ce qui me donne le *sucre brut* ou *cassonade* et aussi la *mélasse* liquide ou résidu. Celle-ci noyée dans l'eau et distillée dans une chaudière Deroy, donne le rhum ; plus il y a du sucre, plus le rhum est concentré ; quant à la matière épuisée qui reste au fond de la chaudière, elle sert à faire des rouleaux d'imprimerie dits à encrage.

« Vous savez comme moi que cette *canne* précieuse nous vient de l'Inde et de la Chine et qu'elle n'a rien de commun avec le nom de notre cité qui provient des roseaux qui croissaient et qui croissent encore, dans ce lieu, au bord de la mer, à l'embouchure des torrents et que l'on nomme *canno* en patois, en roman.

« C'est au IIIe siècle que la canne à sucre, escortant le chris-tianisme, alla de l'Asie en Europe, c'est-à-dire en Sicile, en Gaule, en Espagne et enfin à la Jamaïque et partout lorsque Christophe Colomb eut découvert le nouveau monde. Aujourd'hui elle a une rivale dans la *betterave* qui donne en France seulement près de 40 millions de kilogrammes de sucre chaque année et dans le *sor-gho* autre graminée que l'on cultive dans le Languedoc avec succès.

« Je fabrique aussi du *curaçao* dans mon île qui vaut celui que les Hollandais obtiennent dans l'île de ce nom, aux Antilles, en mélangeant des écorces d'oranges amères, de l'eau-de-vie et du sucre. Vous allez me faire le plaisir de le déguster, »

Et nous absorbâmes du curaçao. « Dans les pays caniculaires, nous dit le docteur, les toniques sont nécessaires. »

Le docteur Jubelin nous montra encore ses herbiers. Ils étaient complets et admirablement conservés.

« Cela m'occupe, m'amuse et m'instruit nous dit-il. Le plus difficile est d'obtenir la dessication des plantes et des fleurs sans l'aide du soleil. J'y parviens en plaçant ces fleurs entre plusieurs feuilles de papier non collé dit papier *brouillard*, ensuite en empilant ces feuilles les unes sur les autres, enfin en plaçant sur cette pyramide végétale enfermée dans des cahiers un dictionnaire ou une boîte quelconque, en évitant l'inconvénient des poids trop lourds qui obligeraient les sucs de la plante à s'épancher au dehors, ce qui en altérerait les qualités. Je recommence cette opération chaque jour. Lorsque les tiges sont trop épaisses, comme dans l'asperge, je les fends dans le sens de la longueur avec mon bistouri afin d'en laisser échapper l'eau qui y est contenue et je continue l'opération. Enfin lorsque les plantes sont bien sèches je les fixe sur des feuilles de papier blanc au moyen de bandes gommées ou passants, afin de pouvoir les déplacer facilement. J'ai soin de placer mes herbiers dans un lieu bien sec, loin du soleil et de les saupoudrer de camphre afin d'en éloigner les insectes. Comme on le devine nous adressâmes au docteur nos plus vives félicitations. »

« C'est non en disciple de Bacchus, mais en disciple d'Esculape que je m'occupe ici de distillation et d'herborisation. J'ai voulu trouver une liqueur qui, n'ayant pour origine ou pour base que la canne, le sucre, le rhum, la lavande, l'essence de fleurs d'oranger ou *néroli*, l'eau de menthe, certaines épices et certains médicaments dont je connais les propriétés, fut en même temps hygiénique, thérapeutique, alimentaire et parfumée. J'y ai réussi.

« En étudiant les végétaux on voit qu'ils se divisent en quatre classes principales, ceux qui nourrissent, qui guérissent, qui rajeunissent et qui ravissent; on a donc tiré parti de ces qualités. De là sont venues les distillations, les macérations, les mélanges. Sans doute des progrès ont été réalisés dans ce sens, mais des erreurs ont été commises. La plus grave de ces erreurs se rapporte à la fabrication des liqueurs qui aujourd'hui sont innombrables et qui, à très peu d'exceptions près, sont toutes nuisibles pour ce motif que l'alcool employé est de mauvaise qualité. Vous connaissez la chartreuse de Grenoble, c'est la plus ancienne et la plus justement renommée; viennent ensuite le rhum de la Jamaïque, l'eau de noyau, l'anisette, les sirops, les rogommes, l'élixir des Bénédictins, la Lérina des cisterciens, le Raspail, le Byrr, le Saint-Roman, la gentiane-quina, l'amer Picon, le Fernet-Branca, le Fox-Land (nous approchons de l'*Assommoir*), l'origan d'Avignon, le Banyuls-Trilles, le bitter, l'absinthe, le vin Vial, le Quina-Laroche, le vespetro, le marasquin, le kirchwasser, le curaçao hollandais, les rossolis parfumés, la bénédictine de Fécamps, le mastic turc, le mescal mexicain, le brandevin allemand et 50 autres liqueurs soi-disant hygiéniques, apéritives, digestives, toniques, analeptiques et reconstituantes que l'on prend à jeun et qui dès lors agissent sur le cerveau au lieu d'agir sur l'estomac, ce qui fatigue au lieu de guérir ou de fortifier.

« Je ne parle ni de l'eau de mélisse des carmes, ni de la bière, ni du vermouth, ni des élixirs des charlatans, ni de l'eau de menthe odoriférante. Or, c'est beaucoup trop selon moi ; mais comme il faut des stimulants soit pour les idés, soit pour les désirs, soit pour le travail, il y a nécessité de recourir aux alcools qui sont le combustible des organes et qui donnent la force, l'élan, l'enthousiasme.

« Si on consentait à me céder en toute propriété la moitié de l'île Sainte-Marguerite qui a 200 hectares de superficie, ce que j'avais demandé à mon parent et ami Jubelin, ancien sous secrétaire d'État au ministère de la marine, je fabriquerais avec le rhum des cannes à sucre que j'y cultiverais, une liqueur nouvelle que j'intitulerais *liqueur de Cannes et des Iles* et qui, prise à certaines heures et à certaines doses, empêcherait nos soldats et nos marins, guerroyant au loin, d'être malades, ou de se guérir promptement de leur anémie. Cette liqueur présenterait un autre avantage ; elle ne coûterait rien, le sucre et les rouleaux d'imprimerie suffisant à payer tous mes frais. Mais on ne peut pas toujours faire comme on veut. »

Après ce discours et ces libations solennelles presque sacrées, — pourvu que le correcteur ne nous fasse pas dire sucrées, — en l'honneur de l'amitié et des anciennes divinités, le bon docteur nous entraîna vers le rivage et nous montrant son yacht à vapeur le *Mimosa*, commandant Chabaud, bien plus élégant et plus rapide que la *Girelle* d'A. Karr à Saint-Raphaël ou le *Britannia* du prince de Galles, il nous offrit de nous conduire à l'île voisine, à Saint-Honorat, où il allait donner ses soins à des malades qu'on lui avait recommandés ; nous acceptâmes avec empressement et en quelques tours d'hélice nous atteignîmes, nous abordâmes au rivage des cénobites, presque désert en ce moment, mais où vécurent au Ve siècle, dans l'étude et le recueillement, plus de 4000 religieux. Mais là ce fut une autre affaire. Non seulement les cisterciens nous reçurent avec cordialité, comme tout le monde l'avait fait jusque là, mais ils ne voulaient plus nous laisser partir. C'était pousser trop loin les devoirs de l'hospitalité. Il y avait pour nous, disaient ils, des lits et des vivres. Nous partîmes une heure après cependant, après avoir été comblés de politesses, de prévenances et de bons procédés de la part du supérieur le R. P. Bernard et de l'économe. le P. X. Cependant, tout en causant, nous voyions l'Estérel s'élever dans les airs et, en même temps, la ville se rapprocher de nous c'est-à-dire que Cannes changeant de position, allait de l'ouest à l'est. Nous finîmes par comprendre que le *Mimosa* s'était éloigné des îles de Lérins et que nous abordions en ville, au quai Saint-Pierre, où le docteur possède une magnifique habitation. Aussitôt sortis du yacht nous montâmes en voiture et le soir nous prenions tous trois notre repas et ensuite notre café à La Napoule, au pied du terrible Estérel peuplé de sangliers. Nos vieux camarades de Mandelieu, Gaston, qui possède 700 hectares de terre, Ardisson, Ch. Ferrand, ces deux derniers avocats, Guize, maire, Escarras, capitaine au long cours, A. Teisseire, Sicardi, Caire, Rigal, Jean Thémèze, Caisson aîné, F. Mouton, tous agronomes, tous propriétaires, tous heureux vinrent nous visiter et nous offrir l'abondance qui régnait chez eux, dans leurs fermes. Les amis Escarras et Teisseire firent plus ; ils nous offrirent une portion de leur terre pour rien, à la condition que nous en deviendrions le cultivateur, que nous la ferions valoir à notre convenance et à notre seul profit. C'était trop.

« C'est donc bien ici, demandai-je à l'avocat Ch. Ferrand, que les Romains vainquirent, pour la première fois les Gaulois, Celtes ou Ligures qui s'y trouvaient en même temps que les Phocéens?

— L'histoire ancienne de notre arrondissement, répondit l'avocat, présente quelques obscurités que je vais tâcher d'éclaircir.

« D'abord dans les temps anciens la Ligurie commençait au Var, rive gauche, et non pas à l'Estérel comme le prétendent certains auteurs. Ce qui le prouve c'est le nom ancien d'Antibes (Antipolis), qui signifie ville opposée. Opposée à qui ou à quoi? Évidemment aux Ligures qui étaient d'une autre race et par conséquent ennemis des Gaulois et qui occupaient l'autre rive du Var.

« Ensuite le fleuve que les romains nommaient APRON, sans aucun doute d'*Apricus* exposé au soleil, ou d'*Aprugnus*, sanglier, n'était pas la Siagne qui coule là sous nos yeux, mais bien le Var qui en est à six ou sept lieues.

« Enfin la preuve que les Phocéens, amis des Romains occupaient bien réellement les points remarquables situés entre l'Estérel et le Var, c'est-à-dire la Napoule, Cannes et Antibes, c'est que les noms de ces trois villes sont d'origine grecque et non romaine. En effet *Néapolis*, Napoule, signifie nouvelle ville, *Antipolis*, Antibes, ville opposée, et *Marscella*, Cannes, lieu de dépôt, magasin militaire pour toute espèce de provisions.

« Maintenant pour bien comprendre les récits des historiens latins en ce qui concerne le passé de notre pays, on doit se persuader de ceci que les Celtes superstitieux et sauvages avaient peur du mistral, des tempêtes et particulièrement de la Mer. Ils en croyaient les bords malsains et s'en éloignaient le plus possible. Ils n'aimaient que les forêts qui contenaient leurs divinités et les points élevés, dominants, où ils se croyaient à l'abri des inondations. Les Grecs, au contraire, étant avec les Phéniciens les premiers navigateurs du monde, s'établissaient de préférence au bord de la Mer, là où les vaisseaux pouvaient être à l'abri du vent et leurs entrepôts en sûreté.

« A l'origine le territoire formant l'arrondissement de Grasse était occupé par trois peuplades aborigènes gauloises les Décéates ou VENCÉATES, les OXYBIENS et les SUELTERI ; les premiers ayant pour capitale VENCÉA, Vence ; les deuxièmes MONS-EGITNA, Mongins et les derniers SUELTERO, l'Estérel.

« Les Phocéens s'étant établis à Marseille l'an 600 avant Jésus-Christ ne tardèrent pas à s'étendre le long de la côte jusqu'au Var, où le climat est plus doux et le rivage plus sûr qu'à Marseille. Ils y cultivèrent et firent connaître aux Celtes l'olivier, l'oranger, le figuier et la vigne, ce qui les mit en odeur de sainteté.

« Pendant cinq siècles les Celtes n'opposèrent aucune résistance aux Phocéens qui commerçaient et civilisaient le pays sans nuire à personne ; mais l'an 155 avant Jésus-Christ ce ciel limpide s'assombrit tout d'un coup.

« Ces Phocéens établis à Marscella (Cannes) sont en effet

attaqués à l'improviste et pillés par les Oxybiens descendus de Mongins (Mons-Egitna). Ne pouvant avoir raison par eux-mêmes de cette injustice, de cette audace, ils demandent aide et protection aux Romains, maîtres du monde. Ceux-ci s'empressent d'envoyer dans cette partie de la Gaule Transalpine des ambassadeurs ayant pour mission d'aplanir les différends qui pouvaient exister entre les Phocéens et les Oxybiens. Ces ambassadeurs arrivés à Cannes sur des vaisseaux sont mal reçus des notables Oxybiens, et, sur leur refus de se rembarquer, maltraités indignement : c'est à grand' peine qu'ils parviennent à s'éloigner du rivage. Ayant eu connaissance de cette violation du droit des gens, de cette insulte faite au peuple romain dans la personne de ses députés, le Sénat décréta l'envoi d'une armée en Gaule et en confia le commandement au consul Quintus Opimius. Celui-ci rassembla les éléments de ses légions à Plaisance et se mit en route. Il franchit les Alpes occidentales et arriva à Nice, en Ligurie où il fut bien accueilli. Il passa ensuite l'APRON (le Var), repoussa quelques Vencéates qui en défendaient la rive droite et arriva à Antibes (Antipolis). De là, suivant la route de Clausonne, il se dirigea sur Mougins (Egitna) afin de tirer vengeance de l'insulte faite au peuple Romain par les notables de cette ville. Ayant pris cette capitale d'assaut il la livra au pillage, à l'incendie, et ayant fait de nombreux prisonniers il marcha sur Marscella (Cannes) assiégée par les Oxybiens militants.

« Ceux-ci apprenant que les Romains viennent les prendre à revers, abandonnent le siège de Marscella et, instruits par leurs concitoyens que tout avait été anéanti à Egitna, ils gagnent les hauteurs du Grand-Jas, de Saint-Jean qui dominent Marscella, et, dès qu'elles paraissent se ruent sur les légions romaines avec une rage aveugle, et le courage du désespoir. Mais ils sont repoussés et se dispersent dans toutes les directions en laissant sur le terrain un grand nombre de morts. Tout en s'éloignant du lieu du combat ils rencontrent 4,000 Vencéates qui venaient, un peu tard, partager leurs périls et leur gloire ; ils se joignent à eux, reviennent sur leurs pas et attaquent une seconde fois avec fureur les Romains disciplinés. Ils sont de nouveau battus, repoussés de partout et ils disparaissent après avoir laissé aux mains des Romains un grand nombre de prisonniers. Après cet exploit Opimius passa l'hiver en Gaule et envoya à Rome des otages, des prisonniers et des armes (154 ans avant J.-C.).

« A partir de ce moment plusieurs révoltes eurent lieu dans ce coin de la Gaule ; car les Phocéens parlèrent en maîtres ; mais elles furent toutes réprimées.

« En l'an 123 avant Jésus-Christ Calvinus Sextus arrive en Gaule et y fonde la ville d'Aix ce qui met fin au pouvoir des Grecs.

« Enfin de 58 à 50 avant Jésus-Christ, Jules César conquiert la Gaule entière et son successeur l'empereur Auguste partage cet immense pays en 4 provinces, l'Aquitaine, la Belgique, la Lyonnaise et la Narbonnaise. C'est alors que la Provence se couvrit de cités splendides et de monuments remarquables dont la plupart sont encore debout.

« Des deux grandes tours qui existent à Cannes, au Mont-Chevalier (Castre, Suquet, Coste-au-corail), l'une, celle du midi est romaine ; l'autre, du Nord, chrétienne. La première ressemble à tous les monuments de ce genre qui existent à Grasse, à Antibes, à Vence, à Fréjus et ailleurs ; la seconde plus légère fut l'œuvre des abbés de Lérins qui mirent 300 ans à l'achever.

« Cannes s'est appelée d'abord Marscella ; ensuite Marcellina en 155 ; Castrum Marsellinum en l'an 1000 ; Castrum Francum en 1100 ; et cent ans plus tard Castrum de Canoïs, c'est-à-dire château ou *casteoou dei caneïs* (en roman château des Roseaux). Aujourd'hui on la nomme Cannes tout court, mais on y cultive des cannes à sucre et elle a changé le simple roseau de ses armoiries primitives en une belle palme d'or accompagnée de deux fleurs

de lis également d'or avec cette devise : *Præmium palma victori.*
La palme est la récompense du vainqueur.

« A partir des Barbares qui, au Vᵉ siècle, mirent fin à la domination romaine dans les Gaules, il n'y a plus rien d'obscur dans l'histoire de notre pays. Deux seuls événements importants s'y produisent vers l'an 1000. C'est d'abord la donation aux abbés de Lérins par le comte de Gruetta, des territoires de Cannes, d'Antibes et de la Roquette, dont il était le seigneur propriétaire, et cela parce que la fin du monde étant proche, le donateur, en bon chrétien, *ne voulait pas être rangé parmi les boucs*, ensuite l'usurpation de Boson, beau-frère de Charles-le-Chauve, qui, en 879. se fait couronner roi d'Arles et de Provence.

« Ici même à la Napoule nous retrouvons les glorieux souvenirs de plusieurs familles illustres que notre pays vit naître. Ce sont les Villeneuve, qui y construisirent le beau château où nous sommes réunis et que la mer baigne de trois côtés, ensuite les comtes de Tourrettes, enfin ceux de Montgrand qui possédaient aussi le château de Cannes et dont les descendants habitent Marseille.

« Grasse porte dans ses armoiries un agneau pascal d'argent au diadème d'or et une croix d'argent ornée d'un guidon ; Vence une tour crénelée et cinq pièces d'argent ; Antibes une croix d'argent, quatre fleurs de lis d'or et un lambel de gueules ; Mougins, *villa vetus*, ville ancienne, deux palmes et trois fleurs de lis d'or ; enfin Vallauris deux palmes et une fleur de lis d'or. Toutes ces armoiries sont sur fond d'azur.

« L'*Histoire de Cannes et ses environs* par MM. Girard, pharmacien chimiste, ancien maire, et Bareste, l'un ayant écrit le texte de l'ouvrage, l'autre l'ayant illustré, me semble être, avec celle de l'abbé Alliez, la plus exacte, la plus détaillée et la plus intéressante de toutes celles qui ont été publiées sur le même sujet. »

Tel fut l'intéressant récit de notre ami. Nous l'applaudîmes avec frénésie ; il nous portait à 2,000 ans de distance.

« Ce que vient de nous exposer mon confrère et ami Ferrand, dit à son tour l'avocat Ardisson, au sujet des premières guerres qui eurent lieu dans ce coin de la Gaule où nous sommes nés, que nous habitons et qui est devenu, grâce aux chemins de fer et aux bateaux à vapeur, le jardin d'hiver de la France et de l'Europe et le point le plus commerçant du monde, me fait naturellement songer à notre dernière guerre contre l'Allemagne qui éclata il y a dix ans et qui fut malheureuse. Ni la nation, ni les soldats, ni les officiers, ni même tous les généraux ne la souhaitaient; seulement au commencement de l'année 1870 des émeutes continuelles se produisaient à Paris. Elles étaient amenées par l'opposition plus ou moins systématique de cinq députés qui par parenthèse étaient tous avocats. Ne voyant là ni un danger sérieux pour le peuple, ni un motif d'abdication suffisant, le chef de l'Etat les laissa s'étendre. A la fin il prit le parti non de les comprimer mais de les dériver, c'est-à-dire qu'il préféra combattre les Prussiens qu'il considérait comme des ennemis, que les Parisiens qui étaient ses concitoyens. Cette guerre faite à la hâte, sans préparation suffisante, se changea pour nous, dès les premiers jours, en un immense désastre. Nous ne devons pas moins estimer ceux qui y prirent part soit dans l'attaque, soit dans la défense et honorer la mémoire de ceux qui y succombèrent. Les uns et les autres restèrent fidèles au devoir, à la patrie. Quoique notre département soit le plus éloigné de la capitale, ses habitants prirent une large part à la défense du territoire. D'abord nos marins étaient à Paris et mon brave cousin Ardisson, lieutenant de vaisseau, qui les commandait y fut tué au plateau d'Avron ; ensuite la compagnie de francs-tireurs, sous les ordres du capitaine Cresp, de Pégomas, eut à son actif la belle défense de Châteaudun, en Beauce, dans l'Eure-et-Loir, défense qui intimida et arrêta les Prussiens et que M. Stephen Liégeard a chantée dans des vers sublimes couronnés par l'Académie ; enfin une compagnie de volontaires commandée par notre ami le capitaine Spinabelli, professeur, prit part à la défense de Mâcon et à la glorieuse journée de Beaume-la-Rolande. En outre Garibaldi qui était de Nice se battit vaillamment en Bourgogne. Quant aux mobilisés ils furent dirigés sur l'Algérie où une insurrection des Arabes semblait imminente. On ne pouvait faire davantage. Aujourd'hui tout est cicatrisé. Les peuples comme les individus se relèvent de leurs chutes, par la patience et le courage. Les Prussiens ont détruit, en un jour, l'œuvre des siècles ; ce qu'avait fondé le génie de César, d'Auguste, de Charlemagne, de Henri IV, de Louis XIV et de Napoléon s'est écroulé d'un coup par la faute des uns et des autres, mais surtout par l'ambition démesurée des Allemands. Or, comme on doit attendre d'autrui ce qu'on a fait à autrui, nous pouvons dire, qui vivra verra. En attendant je propose un toast à la Nation française fière de ses agriculteurs, des ses soldats, de ses marins, de ses artistes, de ses ouvriers, de ses commerçants, de ses industriels, de ses inventeurs, de ses professeurs, en un mot de toutes ses gloires. Faisons des vœux pour que cette nation généreuse grandisse toujours et ne meure jamais. Elle est fille du Christ et mère de la liberté, elle doit donc être immortelle !

— Oui, oui, à la Nation, à la Provence et à l'Alsace, à la Bourgogne et à la Beauce ! Vive Paris ! Hourra. »

Après ces vivats patriotiques on vida les verres pleins de vin blanc et peu après l'on se sépara.

Le lendemain nous retournâmes à Nice en compagnie de M. Léon Chiris, sénateur, et du commandant Trève, capitaine de vaisseau, qui nous dit, à propos des collisions et des naufrages des navires cuirassés ou métalliques dont nous nous occupions sérieusement : « Autrefois les navires sautaient en l'air, aujourd'hui ils s'abiment dans les flots. »

« C'est la marine, dis je à Chauvin, quand nous fûmes arrivés, ce sont les braves marins de la *Victoire*, du *Rhin*, de l'*Infernet*, qui nous ont sorti de la gueule du loup ou de la fosse aux lions, à Mazatlan, au Mexique, en 1867.

— C'est pourtant vrai : sans leur dévouement nous étions rôtis, brûlés comme des hérétiques. »

On voit que le patriotisme est le père du sybaritisme et que celui-ci ne peut être aimé, pratiqué qu'à la campagne, au milieu des fleurs, des fruits et des animaux domestiques, au milieu des moissons et des vendanges, sous l'ombre des bois pendant l'été, auprès d'un bon feu de pin ou de peuplier pendant l'hiver, au sein de sa famille et de ses amis en tout temps.

Qu'on se figure cent hectares de terre avec des allées de sycomores, des bosquets de syringa, des champs d'hélianthèmes, d'hortensias de Chine aux fleurs roses, de rhododendrons, de pivoines rouges, blanches ou panachées, de géraniums aux becs de grue, de magnolias luisants couverts de fleurs blanches, de palma-christi aux feuilles rugueuses, d'oliviers, de figuiers, de noyers, d'amandiers, de châtaigniers enfin de roses, d'œillets, de jasmins et de toutes ces fleurs qui émaillent les prairies depuis le rouge coquelicot et la bourrache jusqu'à la renoncule et à l'anémone nuancées ; depuis l'arnica et la salsepareille jusqu'à la violette et au basilic ; puis à côté de toutes ces merveilles naturelles une habitation spacieuse, commode, où l'eau ruisselle partout, où l'on a sous la main poules, pigeons, chèvres, bétail, et lapins, où l'on a des œufs, du beurre, de l'huile, de la graisse à volonté, où l'on gerbe en juillet et où l'on gerbe encore en septembre, une fois pour le blé et une autre fois pour le vin, enfin où les oiseaux de proie, tels que le noble gerfaut, l'épervier rapace, le faucon courageux, le chat-huant plaintif, la chouette et le hibou nocturnes, font mieux que nous la chasse aux passereaux gloutons, tels que le moineau, à la calandre vorace, au bouvreuil chanteur, qui dévorent le froment quand le grain est formé et

que la moisson va se faire, et on verra que la caille, sorte de
perdrix appétissante, tombe là toute rôtie. C'est cette caille qui
empêcha les Israélites de mourir de faim dans les déserts de
l'Arabie, au temps de Moïse ; aujourd'hui elle est l'un des plus
terribles fléaux de l'agriculture, en Algérie. Qu'on acclimate à côté
d'elle les oiseau de proie dont nous venons de parler, et on finira
par s'en débarrasser. Nous, nous faisons la guerre aux gerces, aux
gerboises, aux mites, aux teignes, aux charençons qui dévorent
nos effets, nos étoffes, nos papiers et nos grains, mais par l'activité, les désinfectants et les insecticides.

Lorsqu'on a rentré le blé, le vin et le fourrage, qu'on voit
passer les cigognes, les grues, les flamands, les oies et d'autres
oiseaux émigrants, frileux et aquatiques qui s'en vont en Egypte
et en Algérie, lorsque nos hirondelles chéries, qui se nourrissent
d'insectes et qui toujours fidèles reviennent du Sénégal et y re-
tournent, enfin quand l'air d'octobre, le vent d'automne s'est
sensiblement refroidi, on fait ses malles et l'on retourne à la ville
où l'on a son domicile, ses clients, ses amis, ses voisins, ses parents et ses plaisirs ; c'est là qu'on se repose un peu, chaque année,
des fatigues de l'été. La civilisation c'est la douceur, mais c'est
aussi l'élégance dans les manières, la parure, le langage, les arts, et
enfin dans les formes plastiques. On va donc un peu au spectacle,
aux expositions, aux fêtes. Cela fait du bien au corps et à l'esprit. Et l'année suivante au mois de mai cela recommence, on
retourne aux champs. Nous ne craignons pas d'affirmer que c'est
la vie parfaite, complète, heureuse, et nous ajoutons que rien ne
peut y être comparé.

Ainsi l'opposition coupable dont nous avons parlé, que nous
combattons, que nous condamnons de toutes nos forces, est
celle qui a pour but de jeter le vaisseau à la côte par un temps
calme, de renverser le gouvernement quand on a celui de tout le
monde ou qui plaît à tout le monde, enfin de remplacer le peu-

ple souverain et tout puissant par un seul homme, un seul citoyen, d'un mérite inconnu et d'un génie plus inconnu encore, qui, conseillé par les uns et les autres et ayant au cœur plus d'ambition que de patriotisme ne peut avoir qu'un but risquer la fortune de la France dans l'espoir de la doubler, faire ou entreprendre une nouvelle guerre terrible en vue d'une paix durable, enfin répandre le sang à flots dans le but de prévenir les apoplexies, les anévrismes, les ruptures de vaisseaux, etc., etc. C'est cette opposition violente que nous avons vu se produire avec les *cinq* en 1870, et plus récemment avec le général Boulanger. Celui-ci et ceux-là n'avaient d'autre pensée que de renverser le gouvernement violemment pour se mettre à sa place, et Dieu sait où ce dernier nous aurait conduit s'il eut réussi comme les républicains au 4 septembre, à s'emparer du pouvoir et à l'exercer despotiquement. Nous frémissons d'épouvante rien qu'en y songeant.

L'hiver étant passé, nous revînmes à la petite Grand' Bastide avec notre ami, accompagné de sa famille; nous y sommes encore et nous n'avons nullement la pensée de la quitter. On y est si bien ! si tranquille, si heureux. Voilà quinze ans que nous sommes devenu le voisin, l'élève, l'émule de Chauvin, que nous vivons soit dans sa ferme essentiellement modèle soit dans la nôtre qui ne l'est pas moins et au lieu de marcher vers le Grand-Jas, vers le cimetière, comme la nature, notre âge et nos souffrances passées l'exigeraient, nous allons résolument vers une direction opposée c'est-à dire vers un printemps éternel, vers une seconde jeunesse, vers un temps nouveau. Pas d'infirmités, pas de faiblesses, pas de retards, pas même l'idée d'en avoir. Nous ajoutons que nulle part nous n'avons été ni si bien portant, ni si libre, ni si actif. Ici l'air est si pur, la campagne si belle, le ciel si limpide et si doux ! On est fort quand même !

Notre ami a considérablement étendu les limites de son domaine. Il aura bientôt ses cent hectares, but de son ambition. Nous sommes devenu l'un de ses admirateurs passionnés, l'un de ses plus fervents disciples après avoir été l'un de ses adversaires les plus ardents. Mais nous sommes devenu propriétaire de l'ancien domaine de nos aïeuls et nous le cultivons avec succès. Aussi nous ne savons plus ce qu'est l'argent, nous n'en gardons pas, nous n'en donnons pas, nous n'en prêtons pas, mais nous n'empruntons à personne, nous produisons tant que nous pouvons et nous donnons ou nous vendons nos produits au plus bas prix possible. Nous possédons comme tout le monde notre livret de caisse d'épargne au complet de 2,000 francs et une assurance en cas de décès de 3,000 francs, qui sera le bénéfice de notre ami ou de sa famille. Il héritera aussi de notre petit domaine de 10 hectares. Notre gloire, notre ambition consiste à pouvoir dire et prouver que nous vivons comme des rois et que notre terre qui produit plus que les autres enrichit tout le monde. C'est une satisfaction comme une autre.

En attendant, hiver comme été nous ne nous lassons pas de nous promener dans le grand domaine de Chauvin afin d'y prendre des leçons ou de rêver dans celui plus modeste de notre famille, situé à côté, c'est-à-dire le touchant. Nous avons fait connaissance avec les abeilles, avec les cocons, avec les lapins et même avec les oliviers séculaires qui sont tous devenus des amis pour nous. Nous nous persuadons qu'ils nous aiment comme nous les aimons et cela nous console de bien des choses.

Nous voyons dans ceux-ci et dans les lauriers-roses, les pins sylvestres et les arbres fruitiers qui les entourent ainsi que dans le gazon qui couvre la terre comme d'un immense tapis vert, quelque chose de nos compatriotes et aussi de nos ancêtres, de notre ancienne famille, entièrement disparue, mais qui, à partir du règne glorieux du roi Henri IV, que l'on peut surnommer le Père de l'agriculture française, vécut là heureuse et tranquille, en

cultivant la terre et en exerçant parfois des fonctions publiques
importantes ce qu'atteste une inscription sans orthographe qu'on
peut encore lire sur le rétable de la chapelle de Notre-Dame de
Vie et qui est ainsi conçue : « Henri Pellegrin, Lazare Lautier et
» Cristol Crist, consuls, ont fait faire le présent ouvrage en l'an
» 1673, le 15ᵉ d'août. »

Si Cristol Crist, notre septième aïeul était âgé de 64 ans, en
1673, ce qui est probable, il avait vécu sous les sages lois de
Henri IV, mort assassiné en 1610 et sous le gouvernement de
Sully, mort en 1641.

Oh ! oui, les végétaux tant les anciens que les nouveaux sont
de véritables amis, des concitoyens, des frères que nous devons
aimer, soigner, auxquels nous devons sourire, car ils nous con-
solent de la perte de nos parents, de nos amis, et c'est par eux
que nous vivons, que nous procréons, que nous sommes éternels ;
c'est aussi pour eux que nous mourons, que nous disparaissons
dans le sein de la terre, notre mère, afin de devenir leur nourriture, leur sève, leur vie !

En résumé nous appelons trésors du peuple souverain, la Patrie et l'Agriculture, l'Indépendance et la Civilisation, parce que
dans la patrie, qui est le développement de la famille, nous
trouvons nécessairement la civilisation qui est le progrès de tous,
le bonheur de tous, la perfection de tous, et que dans l'agriculture, qui est le travail par excellence, celui auquel Dieu nous a
plus particulièrement soumis dans la personne d'Adam, nous
goûtons les avantages du bien-être, de la santé, de l'indépendance. Donc soyons patriotes et paysans. Il n'existe pas de plus
beaux titres pour un citoyen que ceux-là ! Quant aux fermes
nationales elles auraient l'avantage de supprimer, en les divisant
et en les plaçant aux champs, les casernes, les prisons, les hôpitaux et les cimetières. Elles supprimeraient même l'oisiveté,
les fourneaux économiques, les quêtes à domicile ou ailleurs,

enfin tout ce qui tient à la mendicité, au paupérisme, à l'humiliation. Nous ne pensons pas que le progrès social puisse aller au delà ni qu'il soit plus facile à obtenir.

LETTRE X

ÉPILOGUE

« Ah ! mon pauvre ami, nous dit un jour Chauvin qui lisait assidûment les journaux, ce qui nous était interdit par la nature de nos occupations et l'importance de nos dettes, je suis au désespoir.

— Que t'est-il arrivé ?

— Rien à moi, mais à quelques-uns de nos anciens camarades, de nos anciens chefs, de nos anciens amis du régiment et de l'armée, il est arrivé de grands malheurs.

— Raconte-moi cela.

— Quand je te parlai, il y a un mois, du général Coffaril, frère de notre ami Anatole, et du général d'Andlaux, notre ancien chef du Mexique, et que je te fis savoir qu'ils étaient accusés de je ne sais quels délits contraires à l'honneur, tu ne voulus rien croire, tu répondis que les journaux et les journalistes étaient tous les mêmes, qu'ils s'efforçaient d'avoir des abonnés par d'immenses racontars, des récits fabuleux dans le genre de celui concernant le fameux thon de Marseille qui, disait-on, avait la tête à la Canebière, la queue à Planier et le corps partout, ce qui fermait l'entrée du vieux port, et qu'il était bon, dès lors, de ne pas les croire et même de ne pas les lire.

— Je pense encore de même.

— Hé bien, prends et lis. L'un est condamné par le conseil de guerre à 6,000 francs d'amende et à la perte de son grade et de ses décorations ; l'autre correctionnellement, par contumace, à dix ans de réclusion. Celui-ci était sénateur, comte, général, écrivain et propriétaire. On dit qu'il est en fuite.

— Que me dis-tu là !

— La vérité.

— Je ne veux plus rien lire ni rien savoir ni même rien croire. Je ne veux même plus vivre. Le général Coffaril était un officier d'état-major distingué et un administrateur hors ligne ; le général d'Andlaux, un écrivain hors ligne aussi et un officier d'état-major également très capable, très distingué. Comment accorder ces choses-là ? Les talents et les vices ? le patriotisme et la cupidité ? Encore une fois je ne veux rien croire et pour cela, je t'en prie, parlons d'autre chose.

— Heureusement, dans les mêmes journaux, il y a la contre-partie de ces tristes nouvelles.

— Dépêche-toi de m'en faire part ; comme toi je suis au désespoir, j'ai besoin d'être consolé.

— Hé bien, nos amis Luzeux, de Lausun, Maurand, Bréard, Madelor, Prax, Royet, Mouton, Godfroy, de Boisfleury, Ladmiraux sont généraux, le général de Courcy commande en chef au Tonkin ; nos compatriotes Carle, Vaton, Duban, Lafosse, Esménard, Bajaud, Delaporte, ont pris leur retraite comme colonels ; enfin les docteurs Massaloup, Caseneuve et Jacob sont médecins en chef des hôpitaux de Perpignan, Paris et Toulouse ; Lafon, de l'administration est à Nice, Boquet des chasseurs d'Afrique et Morland sont aux finances , Bolot et Daguin sont intendants.

— Ah ! tant mieux, c'étaient là de bons garçons, d'excellents camarades et de grands esprits joignant la modestie à la science, la bonté à l'activité. Malheureusement pour eux et pour nous ils souhaitent tous la revanche, c'est-à-dire une nouvelle guerre offensive contre l'Allemagne qui soit plus meurtrière encore que celle de 1870, et c'est ce qui me désespère et m'éloigne d'eux. Moi je veux la paix partout, dans ma maison, dans mon quartier et dans mon pays. Aussi me suis-je promis de ne plus quitter la Grand' Bastide. d'y passer l'été, l'hiver et le restant de mes

jours, d'y être même enseveli. Je ne vois de repos que
là.

— Il y a aussi quelques disparus.

— Quels sont leurs noms?

— Le commandant Verlaque, le capitaine Auvain et le général
Aymard.

— Que la terre leur soit légère !

— Cependant je suis heureux de voir que tu es convaincu de
ces vérités que la paix vaut mieux que la guerre ; le travail que
le repos ; l'agriculture que la poésie ; la Terre que le ciel ?

— Ah ! mon brave ami, répondis-je, non seulement j'en suis
convaincu mais j'en suis devenu fanatique La preuve c'est que
j'ai pris une résolution extrême que je vais te faire connaitre et
qui va t'étonner.

— Voyons cela.

— Je vais adresser aux Chambres et au gouvernement une
pétition à peu près conçue en ces termes :

« *Grand' Bastide (Mougins), le 24 octobre 1895.*

« A MM. les représentants des grands pouvoirs publics, président
de la République, ministres. députés, sénateurs, membres
du parquet et de la magistrature, membres de l'Académie
française et de l'Institut.

« MESSIEURS ET TRÈS VÉNÉRÉS MAITRES,

« Le soussigné Georges Crist de Lafoux, capitaine en retraite,
né à Mougins (Var), en 1830, soldat volontaire en 1848, officier
d'infanterie en 1855 à Sébastopol, ayant pris part aux guerres
d'Orient, d'Italie, du Mexique et d'Allemagne, fait prisonnier de
guerre à Metz, où il reçut une blessure grave en 1870, rentré de

captivité en 1871, admis à la pension de retraite en 1873, aujourd'hui propriétaire du petit domaine de ses ancêtres, à la Grand' Bastide, près de Mougins, a l'honneur de demander qu'il plaise au gouvernement, aux législateurs, aux savants et aux magistrats de notre pays, de prendre en considération les vœux suivants qu'il forme dans l'intérêt de la France, de l'Europe et de l'humanité et qu'il considère comme devant être agréables à la Civilisation et à Dieu, tout en étant conformes à la raison et à la justice, à l'esprit du temps et au sens commun.

« 1° Qu'en vue d'honorer la mémoire de Sully l'un de nos plus grands ministres, une nouvelle académie dite d'Agriculture soit fondée et fasse partie de l'Institut.

« 2° Que des fermes communales, cantonales, arrondissementales, départementales, régionales et nationales correspondant aux diverses classes ou grades des fonctionnaires de l'Etat, tant civils que militaires et marins, soient créées le plus tôt possible, à raison de une au moins par commune, deux par canton, trois par sous-préfecture, quatre par préfecture, cinq par ville principale, de vingt mille à Paris, de dix mille en Algérie et de 80,000 dans nos autres colonies et qu'elles produisent, sous la direction de professeurs diplômés et le commandement des fonctionnaires retraités, tout ce qui est nécessaire à l'homme et à l'Etat depuis le grain de blé qui nous nourrit jusqu'à la houille qui nous éclaire et qui aide à la fabrication des métaux.

« 3° Que les anciens soldats, sous-officiers, officiers et généraux de notre armée, ainsi que les divers fonctionnaires des services civils, ayant quitté la vie active soient admis dans ces fermes à titre de Commandants ou Chefs, en échange de leurs pensions ou d'une partie de leurs pensions et y jouissent leur vie durant avec leurs familles, quelques nombreuses qu'elles soient de toute la liberté, de toute la tranquillité et de tout le bien-être possibles.

« 4° Qu'un logement communal leur soit réservé dans la ville la plus voisine afin de pouvoir y passer l'hiver, s'ils le désirent, et y établir des dépôts de vivres.

« 5° Qu'aucun impôt ne frappe plus l'agriculture, que les bureaux d'octroi et l'administration des droits réunis soient supprimés, enfin que des encouragements quotidiens soient décernés aux agriculteurs qui, par patriotisme, produisent beaucoup de denrées de bonne qualité à des prix modérés.

« 6° Que toutes les fermes communales soient tenues non seulement de délivrer aux fonctionnaires de l'Etat du lieu, ce qui leur est nécessaire, mais encore de recevoir, d'héberger chaque année à titre provisoire et pendant un an, moyennant travail de leur part, deux soldats habillés, équipés et armés et deux infortunés (hommes ou femmes), ayant été condamnés par les tribunaux pour tout autre crime que le meurtre. Que chaque soldat passe un an dans les villes de garnison, un an dans les fermes continentales et un an dans les colonies.

« 7° Que l'Etat soit seul autorisé à délivrer des assurances en cas de décès, d'incendie, de grêle ou de naufrage.

« 8° Que les casernes, les prisons, les hôpitaux et les cimetières, surtout dans les grands centres, soient supprimés ou établis loin des faubourgs et des fortifications.

« 9° Que les loteries et la bourse des fonds publics soient également supprimées, dans l'intérêt de la moralité publique.

« 10° Que l'on ne voie, plus en France, ni course de chevaux, ni courses de taureaux, ni danseurs de cordes, ni acrobates, ni aéronautes extraordinaires, ces exercices étant périlleux et la loi Grammont ne permettant pas de les tolérer. D'ailleurs la dignité convient au peuple souverain surtout au peuple Français.

« 11° Que les simulacres de combats et de batailles qui ont lieu tous les ans aux frontières et qui sont inutiles ou menaçants, prennent fin ; qu'ils soient remplacés par les travaux agricoles beaucoup plus fortifiants et plus avantageux.

« 12° Que la principauté de Monaco devienne française diplomatiquement comme Menton et Roquebrune qui en faisaient partie, le devinrent en 1860, afin qu'en cas de malheur public on puisse venir en aide aux habitants de ce charmant pays par d'autres moyens que ceux de la charité et de l'aumône qui sont humiliants.

« 13° Le soussigné souhaite encore que, n'ayant pas d'enfants et vivant dans le célibat, sa maison de la rue Bossuet, à Cannes, et sa ferme de la petite Grand' Bastide, à Mougins, deviennent, après son décès, propriétés de l'Etat et soient, l'une transformée en jardin public à perpétuité et l'autre abandonnée en viager à un capitaine retraité de la région qui en fera la demande en échange de sa pension. Il faut que notre patrie acquitte ses dettes par d'autres moyens que la banqueroute, l'expropriation forcée ou la guerre offensive. La probité doit être l'âme, la civilisation le Dieu, l'agriculture le sang d'un peuple qui se respecte et qui estime ses voisins. C'est par le travail et les sacrifices que notre pays si éprouvé, si abaissé doit se relever.

« Voici l'exposé des motifs qui dirigent la conduite du soussigné en cette circonstance.

« D'abord lorsque Cécrops, prince Egyptien, aussi riche et puissant que savant et éclairé, eut quitté Thèbes, sa patrie, et abordé aux rivages de l'Attique, il ne tarda pas à fonder sous ce ciel béni une nouvelle capitale dont il devint nécessairement le premier roi, 16 ou 1700 ans avant Jésus-Christ et à laquelle il eut naturellement la pensée, le désir de donner son nom, ce qui était légitime et sensé, mais ce qu'il ne put obtenir. En effet cette nouvelle cité que le génie et l'activité d'un étranger avaient su créer était au pouvoir des dieux et malheureusement pour Cécrops ces dieux en Grèce étaient aussi nombreux et presque aussi intolérants que ceux d'aujourd'hui en Europe. Ils se mêlèrent donc de la question, en passionnèrent les débats et finalement se promirent de se réserver à eux seul l'honneur de donner un nom à la nouvelle ville. Les habitants notables ayant été consultés sur ce point capital répondirent qu'ils consentaient à cette exigence, à cette injustice, à la condition que ces dieux produiraient à leur tour quelque chose de nouveau pouvant être utile ou avantageux à tout le monde. Alors tous les dieux, fils ou frères de Jupiter, Vulcain, Pluton, Neptune, Pallas, Junon et les autres se mirent à la besogne et peu de temps après présentèrent leurs chefs d'œuvre. On n'en retint que deux qui étaient opposés mais réellement divins : le CHEVAL que fit sortir de terre Neptune en frappant le sol de son trident et l'OLIVIER couvert de feuilles, de fleurs et peu après de fruits que créa Minerve en frappant la terre de sa lance. En présence de ces prodiges, les avis furent partagés. Les uns prétendirent avec Neptune que le cheval, ayant la vitesse du vent tout en en ayant la force, était utile à tous ; les autres avec Minerve, que l'olivier produisant l'huile onctueuse et étant immortel, était forcément le symbole de la douceur, de la paix, de la civilisation, ce qui était bien plus utile encore qu'un cheval. Enfin après bien des discussions et des controverses ce dernier avis l'emporta et la ville de Cécrops reçut le nom d'Athènes, du nom de Minerve déesse de la sagesse, des sciences et des arts qui était a' pc. ATHÉNÉE par les grecs savants et PALLAS par les grecs belliqueux.

« D'un autre côté, nous savons par l'histoire qu'au temps de la République romaine les consuls qui revenaient des pays étrangers couverts des lauriers de la Victoire, ne sollicitaient du Sénat qu'une faveur, une seule, celle d'aller cultiver leurs vignes, d'aller labourer leurs champs. C'est ainsi que procédèrent Marius, Cincinnatus, Fabius, Curius Dentatus et les autres.

« Enfin des terres que l'on voit en friche, incultes, malsaines, se transforment par le travail agricole en jardins splendides, en champs plantureux, témoins le jardin des HESPÉRIDES, à Cannes et les côteaux du golfe Jouan, à VALLAURIS qui sont de vrais paradis après avoir été des déserts et qui rapportent de l'or.

« Que conclure de cela sinon que l'art de l'agriculture est le premier de tous, qu'il est le plus indispensable et le plus avantageux et que le délaisser, le négliger ou l'abandonner à des mains étrangères est un non-sens ?

« Mais ce n'est pas tout ; le soussigné qui s'intitule fièrement paysan après avoir été soldat et qui aime sa patrie, abandonne au profit de l'Etat la totalité de sa pension de retraite dont il n'a nul besoin, étant célibataire, et demande en échange qu'à son décès son corps soit enseveli dans sa terre de la petite Grand' Bastide, auprès d'un olivier, d'un laurier-rose et d'un roseau avec pierre tombale portant l'inscription que l'on trouvera plus loin.

« Encore un mot :

« On raconte que Diagoras, philosophe grec du IVe siècle avant Jésus-Christ, saisit un jour une statue d'Hercule, que l'on adorait, et la jetant au feu s'écria : « O Hercule ! le bois manque ;
» fais donc bouillir ma marmite ; tu auras ainsi la gloire d'avoir
» fait un miracle après ta mort ; tu auras augmenté le nombre
» et la grandeur de tes exploits fabuleux, de tes immortels tra-
» vaux. » Le soussigné qui porte le nom du Sauveur et qui a eu comme lui les *mains percées* ne demande pas qu'on agisse de même à l'égard des nombreux crucifix que l'on adore aussi et qui sont aussi inutiles qu'indécents. Il demande simplement qu'ils soient vêtus. Un complet n'est pas une grosse dépense. Un Dieu tout nu laisse supposer qu'il a été errant, vagabond, misérable pendant sa vie, ce qui n'inspire pas du tout le respect. Un Dieu vêtu c'est différent. Hercule était vêtu d'une peau de lion, Apollon d'une peau de mouton ou de brebis, Saint-Jean

de même. Tous les magots chinois sont couverts de soie, d'or et d'ivoire, les manitous de l'Amérique du Nord également ; aussi ne peut-on passer près d'eux sans les saluer. Les crucifix sont devenus méprisables uniquement à cause de leur nudité. On les a même surnommés les *sans culottes,* ce qui désigne les gens qui ne possèdent rien. On doit remédier à cela dans l'in-térêt de la religion, de la civilisation, de l'humanité et aussi de la morale.

« Sur ce, j'ai l'honneur d'être, avec le plus profond respect, Messieurs et très vénérés maitres, votre très humble, très obéis-sant et très dévoué serviteur. »

« Que penses-tu de cela ? demandâmes-nous à notre camarade.

— Si tu adresses cette pétition aux Chambres tu feras une belle action. Aussi je sollicite la faveur de la signer avec toi, en faisant précéder mon nom de ces seuls mots :

« Le soussigné, Ch. Chauvin, capitaine, propriétaire agricul-teur, père de 12 enfants. approuve la résolution et partage entièrement les idées de son camarade, concitoyen et ami, Georges Crist de Lafoux, au sujet de l'agriculture. Il ne voit de salut pour l'Eglise et l'Etat. de grandeur pour les peuples et de bonheur pour les citoyens que là.

« Ch. Chauvin. »

— Je te remercie. Tu signeras ma pétition. C'est toi, ton énergie, ton patriotisme, ton zèle et surtout ton amitié qui me l'ont inspirée. »

Le lendemain par suite d'accident cette pétition transcrite, mise au net sur papier ministre et apostillée ne put être présentée à la municipalité de Mougins afin d'en faire légaliser les signatures. C'est-à-dire qu'étant tombé malade nous fûmes obligé de garder le lit pendant plus d'un mois. Nous fûmes soigné durant cette épreuve terrible par Mme Anaïs Peteille, l'une de nos plus estimables voisines, mère de quatre enfants, laquelle venait travailler quelquefois chez nous comme couturière, et aussi par son mari Julien, tailleur de pierre et sculpteur en lettres. La pétition en question resta donc dans nos papiers. Depuis divers motifs sérieux nous ont empêché de la faire parvenir sans frais au ministre des finances, président du Conseil, à Paris. D'abord notre pauvre ami Chauvin est mort il y a un an en léguant à la commune de Mougins, c'est-à-dire à l'Etat, son grand domaine de la Grand' Bastide, à condition que sa femme, obligée de le quitter, recevrait une pension viagère de 3,000 francs, que ses enfants deviendraient ceux de la Patrie, de la France, enfin que ce domaine serait inaliénable ; ensuite ayant contracté une dette de trente mille francs, en achetant notre domaine, en faisant restaurer notre maison et en publiant nos ouvrages, nous avons considéré comme un devoir sacré d'abandonner à nos créanciers la presque totalité des arrérages de notre pension, ne gardant rien pour nous sinon une dizaine de francs par mois pour acheter du pain, du savon et du papier, car nous écrivons constamment. Cette longue pénitence que nous nous sommes imposée volontairement par excès d'amour propre et d'orgueil va finir bientôt. Elle n'a que trop duré pour le malheur de nos semblables et pour notre propre malheur. Hélas ! on fait le plus souvent comme on peut et non comme on veut. Nous donnerons donc suite à notre projet aussitôt que cela nous sera possible.

En attendant, nous honorerons toujours la mémoire de notre ami ; nous rendons de nouveau une éclatante justice à sa science, à son activité, à sa générosité, à son désintéressement, à son patriotisme, ainsi qu'aux brillantes qualités de Mme Chauvin à qui nous présentons nos plus sincères, nos plus respectueuses condoléances et l'hommage de notre plus vive, de notre plus profonde sympathie. Elle verra par la réception et la lecture du présent ouvrage que les vœux de notre pauvre ami ont été exau-

cés, que notre promesse solennelle a été religieusement tenue.
Nous souhaitons vivement que son nom et son œuvre passent
à la postérité. C'est pénétré de ses conseils et de sa bonne amitié
que nous nous écrions avec le sage, en finissant : « La fortune
» prête, elle ne donne pas. Grande fortune, grande servitude.
» Le plus riche, le plus libre, le plus heureux est celui qui a le
» moins de désirs ou qui, patient, laborieux et juste, cultive son
» champ et se montre indifférent au sort que Dieu, ses pas-
» sions ou les passions des autres lui font ici-bas ! »

FIN DE L'AGRICULTURE ET DES TRÉSORS DU PEUPLE SOUVERAIN

LETTRE D'ENVOI

A M. Jules Simon, sénateur, directeur
de l'académie des Sciences morales et
politiques, à Paris.

Il plut au Ciel de m'accorder
La grâce de penser, d'écrire
Mon ouvrage, et de l'imprimer ;
Le voici. Puissiez-vous le lire,
Cher maître, et me le pardonner :
Avec lui finit mon martyre.

GEORGES CRIST DE LAFOUX.

Cannes, le 24 octobre 1895.

LETTRE D'HOMMAGE

A L'Institut de France, dans la personne de
M. Camille Doucet, secrétaire perpétuel de l'Académie française, et dans celle de M Jules Simon,
sénateur, directeur de l'académie des Sciences
morales et politiques,
Hommage profondément respectueux de l'auteur
GEORGES CRIST DE LAFOUX.

J'ai voulu rendre un juste hommage
Aux dieux de ce monde imparfait,
Par qui tout s'apprend ou se fait,
Et qui forme l'aréopage
Le plus savant, le plus complet
Que puisse souhaiter un sage.

Ne pouvant faire davantage
Mon bon génie aime et se tait.
Il redoute les vents d'orage,
Les ouragans et le naufrage;
Mais ce qu'il conçut, il l'a fait.
On n'est pas parfait, sans courage.

L'Institut éclaire, anoblit. (1)
Puisque son centenaire sonne
Décernons-lui palme, couronne,
Tout notre encens : Il nous grandit.
Grâce à lui nous avons fini
Par donner tout ce qu'on nous donne,
Et ce que nous gagnons aussi.

GEORGES CRIST DE LAFOUX.

Cannes, le 24 octobre 1895.

(¹) Nous maintenons l'orthographe de ce nom. L'Institut de France composé de la noblesse, du savoir, de l'intelligence, du génie, décerne, à bon droit
tous les ans, des récompenses honorifiques qui sont de véritables anoblisse-
ments.

LETTRE DE RECONNAISSANCE

> A la mémoire vénérée de mon père, de ma
> mère, de mes maîtres et de mes amis, qui
> passèrent en faisant le bien. Je désire que le
> jardin public, qui sera construit après mon
> décès, sur le terrain dont ma maison occupe
> l'emplacement, porte l'un de ces noms : JARDIN
> CRIST, NAPOLÉON, HAMMEL OU GAZAGNAIRE.

Tous ces bienfaiteurs je les nomme
Des dieux puissants, car je vois bien
Qu'ils formèrent quelqu'un de rien,
Qu'ils firent d'un enfant un homme !

GEORGES CRIST DE LAFOUX.

Cannes, le 29 novembre 1895.

LETTRE D'ADOPTION

A mademoiselle Rose BETEILLE, née à
Cannes, le 1" mars 1880.

Vous êtes la riche mantille,
Le lustre d'or qui resplendit,
Rosita soyez donc ma fille :
Eclairez mes pas dans ma nuit.

Vous avez tout, Rose gentille,
Tout ce qui plait, charme, ravit,
Ajoutez-y mon nom, qui brille
Partout, comme un soleil béni.

Vous aurez alors ce qui passe,
Et ce que rien jamait n'efface :
C'est-à-dire gloire et beauté,

Et moi n'étant plus solitaire,
Du vrai Christ j'aurai la bonté :
Tous deux nous serons dieux sur terre.

GEORGES CRIST DE LAFOUX.

Cannes, villa Lily de Lafoux, le 1er mars 1895.

MES ÉPITAPHES

—

« *Passant un sage dort ici !*
« *Il aima la terre, elle l'aime :*
« *Son nom était Crist dit Citi ;*
« *Son sort est celui de Dieu même !* »

—

ACROSTICHE

C *rist tout seul et pauvre qu'il fût,*
R *éussit tout ce qu'il voulut :*
I *l fut chevalier, capitaine,*
S *avant, artiste, auteur sans gêne ;*
T *int tête à tous et tard mourut !*

1828-1909

Fin.

TABLE

—

SECONDE PARTIE·
L'AGRICULTURE